forest of light

Ministry of Culture, Sports, and Tourism, Republic of Korea,
Office for Hub City of Asian Culture

문화체육관광부 아시아문화중심도시추진단

forest of light

빛의 숲

asian culture complex 국립아시아문화전당
in progress

kyu sung woo architects 우규승 건축
criticism and interview by hyuk khang 비평과 대담 강혁

youlhwadang 열화당

pp.4–5.
Bird's eye view of the Asian Culture Complex.
아시아문화전당 조감도.

pp.6–7.
Construction site of the Asian Culture Complex, December 2010.
아시아문화전당 건설 현장 전경, 2010년 12월.

Prologue

In December 2005, the design proposal for the Asian Culture Complex (ACC) was selected through an international competition. The project has evolved and increased in complexity in the years since, and the result is a design that is both radical and novel, introducing new approaches and ideas in the design of cultural facilities.

The ACC takes a comprehensive approach, placing more value on being a particular place than a building, and honoring the history of Gwangju through creative transfiguration of an historic site. It transforms the experience of Korea's quest for free democracy into a progressive asset for fostering ecological sustainability, free exchange of ideas, and social symbiosis.

This book is not a simple collection of a design project, a general reference manual, or a promotional brochure. It is a monograph with an autonomous editorial intent for capturing the detailed progress of the project—an archive of a design process, and a critical manuscript. Its publication deliberately precedes the physical completion of the project. The collection of drawings, models and photographs contained here shouldn't simply be stored in drawers as reference documents. They are presented alongside texts providing insight into the architect's design process and philosophy as a way of illuminating the unique issues encountered in building the ACC and the solutions that the architect was able to find.

책을 내면서

국립아시아문화전당은 2005년 12월 국제 현상설계 공모를 통해 디자인이 선정되었으며 이후 실시설계 과정을 거쳐 전체 윤곽이 드러났다. 그것은 종래의 관습적인 문화공간과는 다른 차원의 접근과 아이디어를 담고 있다.

하나의 시설이기 이전에 광주(光州)라는 도시의 특별한 장소이기를 지향하며, 역사적 기억이 새겨진 부지의 창의적인 변용을 통해 문화도시의 비전을 펼쳐 보이고 있다. 더불어 자유와 민주로의 역정이라는 한국 근대사의 소중한 경험을 생태, 소통, 공유라는 미래적 가치로 전환하고 있다.

이 책은 시설의 완공 이전에 계획안 자체가 하나의 '작품'으로 읽히고 보급될 가치가 있다는 인식에서 출발했다. 오랜 시간에 걸쳐 완성된 방대한 도면과 시각 이미지, 모델 사진들, 그리고 그것을 낳은 건축가의 발상, 사고의 전개, 프로그램의 해석과 디자인 과정에 대한 정보들은, 실물 건축의 건립을 위한 기호적 수단으로 머물기엔 너무나 아까운 콘텐츠이다. 다양한 활용이 가능한 이 책은 단순히 계획안을 모아 수록한 것이 아니며, 일반적인 자료집이나 홍보물도 아니다. 독자적인 편집의도에 의해 제작된 계획 단계의 작품집으로, 프로젝트의 상세한 재현이며, 동시에 설계 행위의 기록이자 비평적 자료집이기도 하다.

이 작품집은 오랜 시간 건축가와 편집자, 그리고 참여 필자 간에 대화를 거쳐 이루어진 것이다. 무엇보다도 아시아문화전당을 제대로 이해시키고 보여 주기에 주력했으며, 그러기 위해 충분한 도면과 이미지, 사진, 설명 등을 담고자 노력했다. 이 책에 수록된 비평, 대담은 도면과 이미지를 보완하는 담론으로서, 프로젝트 전반에 대한 더 깊은 이해를 가능하게 해 줄 것이다.

Contents   차례

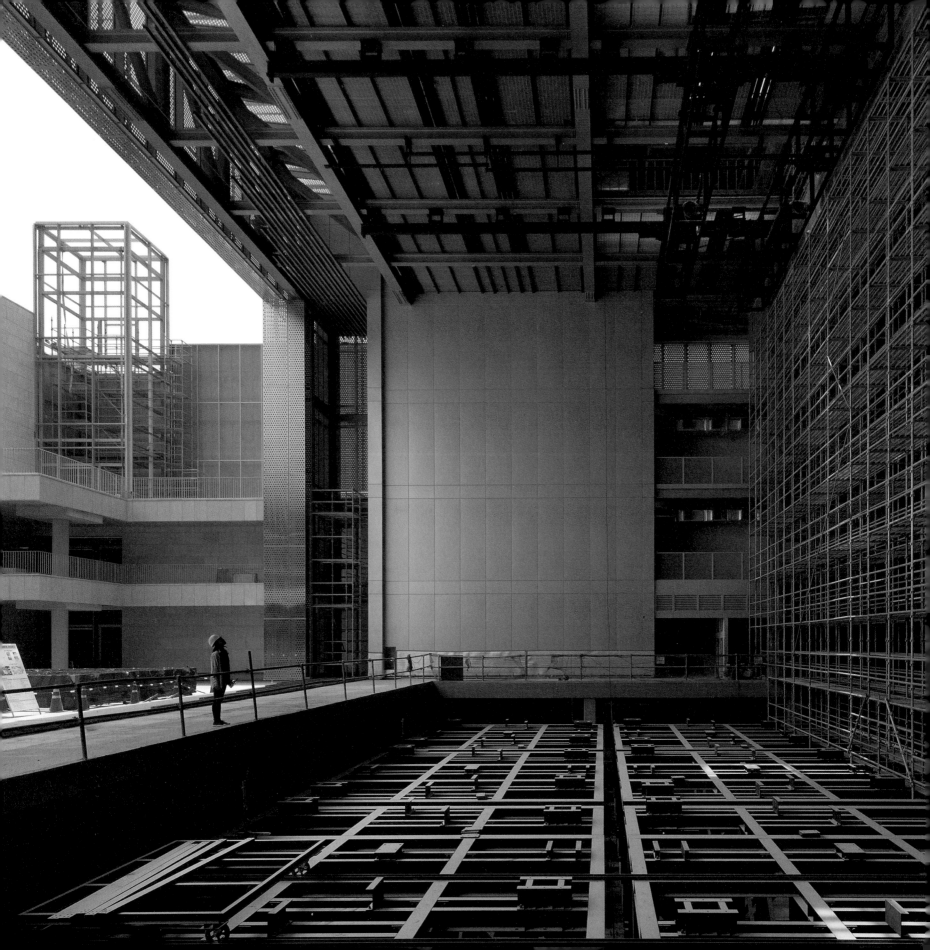

The Asian Culture Complex

Design Selection

In May 2005, the Committee for the Hub City of Asian Culture (HCAC), under the auspices of the Korean Ministry of Culture, sponsored the international design competition for the Asian Culture Complex. The competition, organized by the International Union of Architects (UIA), received 124 submissions from 34 nations, and the jury announced in December 2005 the winning proposal by Korean-American architect, Kyu Sung Woo.

Character and Identity

The Asian Culture Complex (ACC) is a new type of hybrid cultural space. It is a cultural infrastructure that contains revolutionary ideas and beliefs in response to the socio-cultural transition currently in progress, for contributing to the formation of pan-Asian cultural collective, and for supporting the new spirit of our times in the 21st century.

As a productive place for actively promoting the contemporary trends in technological culture—information and digital media, popular culture, cultural industry, and convergent technologies in network communication, the ACC promotes flexibility and fluidity of programs, events, activities, spaces, and facilities. It is a transformative, evolving space, where a variety of cultural events can be staged in found spaces, rather than a rigid cultural venue with fixed structure and form.

At the ACC, the cultural production and its exchange and consumption are programmed to take place at the same location. It is a cultural "power plant" where visitors/citizens can take active initiatives in a myriad of cultural activities, far beyond the ordinary role of passive spectators.

Rooted geographically in the region of Gwangju, the ACC is a cultural launching pad for research, education, and active exchange of ideas across Asia. Its grand scale of 140,000m² will include a variety of

아시아문화전당에 대하여

설계안의 선정

2005년 5월, 대한민국 문화관광부 산하 아시아문화중심도시 조성위원회는 광주에 위치하게 될 국립아시아문화전당 설계를 위해 국제건축가협회의 승인 하에 국제 현상설계를 개최하였다. 총 34개국에서 124개의 응모작이 제출되었고, 심사위원회는 2005년 12월 재미 건축가 우규승(禹圭昇)의 응모작을 당선안으로 선정하였다.

성격과 정체성

아시아문화전당(이하 ACC)은 새로운 형식의 대형 복합문화공간이다. 21세기의 변화하는 시대정신을 수용하고 범아시아적 문화 공동체의 형성에 기여하는 시설로서, 현재 진행되고 있는 문명사적 전환에 부응하는 혁신적 사고와 이념을 담은 문화 인프라이다.

정보화, 영상, 디지털로 대변되는 테크놀로지 문화, 대중문화와 문화산업, 네트워크와 커뮤니케이션, 융복합화 등과 같은 동시대의 추세를 적극 반영하고 창출하는 장소로서 ACC는 프로그램, 행사와 활동, 공간과 시설의 유연성과 융통성을 지향한다. 정형화된 물적 구조와 설비를 갖춘 문화공간이라기보다, 가변적이며 진화 가능한, 다양한 문화적 사건이 발생하는 장치이자 장소의 개발인 것이다.

이 시설은 문화의 생산, 소비, 교환이 한 장소에서 이루어지도록 기획되었다. 일방적인 전달과 감상에 머물지 않으며, 다양한 문화예술 활동을 수용하고, 이용자/시민의 자발적이고 능동적인 참여가 가능한 이른바 '문화발전소'를 지향하는 것이다.

ACC는 지역(광주)에 뿌리를 두고 있지만 동시에 아시아를 위한 문화의 전진기지로서 연구와 교육, 교류와 소통을 지향하는 장소이다. 140,000제곱미터의 거대한 규모에 그 이념의 실현을 위한 다채롭고 풍성한

p.12.
Construction site of the Grand Performance Hall, May 2013.
대극장의 건설 현장, 2013년 5월.

spaces and facilities for all types of cultural activities.
Construction of the ACC heralds a birth of the grand cultural space with local and global significance. It will establish Gwangju as a hub city of Asian culture, while promoting a balanced growth in Korea. The selected architectural concept closely reflects the founding philosophy by rejecting the traditional monuments that emphasize iconic forms. The ACC will be an unprecedented urban space with a uniquely cultural character, for testing ambitious programming, management, and staging concepts.

Gwangju and the Asian Culture Complex
The site of the ACC at the old city center of Gwangju is historically significant as the site of the May 18th Democratic Uprising in 1980. Situated within a place of entrenched historical memory and collective discontent, the new grand cultural complex will mark the city's rebirth as a cultural powerhouse.
The location of the ACC between the old state house and the police headquarters, surrounded by other historical sites of the May 18th Uprising, casts an unavoidable layer of historical significance on the project. The project addresses this challenge by adapting the preserved historical sites for peaceful and cultural uses, to perpetuate and sublimate Gwangju's experiences.
A grand cultural complex outside the metropolitan region of Seoul will contribute to the nation's balanced growth, cultural welfare, and culturally-driven economic growth, while fostering the continuing growth of the historically artistic city of Gwangju as a cultural capital of Korea and Asia.
The regional impact of the ACC, unlike similar institutions within the capital region, will be immense, and serve as a turning point for the fate of the old city center, revitalizing it to regain its political, economic, and cultural influences.
The ACC is not merely a cultural facility, but a large urban park and a plaza. The urban plaza as a symbol of democracy, and a green park as a symbol of peace, will improve the citizens' quality of life, and implement the vision of future that values ecology and the environment. With the completion of the ACC, Gwangju will be transformed into a new city.

Place and Programs
The ACC includes the Asian Culture Information Agency (21,386m²), Cultural Promotion Agency (16,597m²), Asian Arts Theatre (12,880m²),

공간과 시설들이 수용되며, 온갖 형태의 문화적 활동이 가능한 디자인들이 고안되고 적용되었다.
따라서 ACC의 건립은 지역성과 국제성을 겸비한 초대형 문화공간의 탄생을 의미한다. 그것은 광주를 문화중심도시로 자리매김하면서 국가의 균형발전을 추구하려는 의도에서 추진되었다. 건립 목적에 부합하는 건축적 접근과 아이디어의 채택은 조형 위주의 관습적인 문화공간과는 차원을 달리하는 문화시설의 출현을 예감케 한다.
결론적으로 ACC는 전례 없이 야심차고 대담한 구상과 기획, 시설 내용 및 공간 프로그램, 설계와 운영을 시도하는 프로젝트로, 최근 대도시에 건립되는 일반적인 문화시설을 넘어서는 독특한 성격의 문화공간이자 도시적 장소이기를 지향한다.

광주와 아시아문화전당
광주 구 도심에 건립될 ACC는 1980년 오일팔 민주화 운동이 일어났던 역사적 현장을 부지로 삼고 있다. 역사적 기억과 공동체적 열망을 담은 장소에 터 잡고 시행되는 초대형 복합문화공간의 건립은 도시의 미래를 위한 발전과 도약을 약속하는 또 하나의 중대한 사건이 아닐 수 없다.
오일팔 민주화 운동의 현장이었던 구 전남도청과 구 경찰청 자리, 그리고 그 주변에 들어섬으로써 광주 및 한국의 민주화 역사와 불가분의 관계를 맺는다. 역사적 현장을 보존하면서 건물과 장소의 평화적 문화적 전용이라는 방식을 통해서 광주의 경험을 승화시키고 영속화하려는 방안인 것이다.
서울/수도권이 아닌 지역에 건립되는 초대형 복합문화공간은 균형발전, 문화복지, 문화 주도형 성장의 실현에 기여할 뿐 아니라, 전통적인 예향(藝鄕) 광주를 한국과 아시아의 비중있는 문화도시로 성장할 수 있는 계기를 제공할 것이다.
수도권의 문화공간과 달리 지역/광주에서 ACC가 차지하는 비중과 영향력, 그리고 파급 효과는 비교가 되지 않을 정도로 클 것이다. 도시 경제, 지역적 상징성, 도심 공간의 재구조화, 시민의식, 일상생활 등에 커다란 변화를 가져올 것이다.
구 전남도청사 자리는 도시 성장 과정에서 도심 공동화(空洞化) 현상이 진행되고 있는 장소로, ACC의 건립은 구 도심의 낙후를 막고 재활성화시키는 전기를 마련할 것이며, 행정과 경제의 중심이 문화의 중심지로 전환되는 변화를 초래할 것이다.
ACC는 문화시설의 건립일 뿐 아니라 거대한 도심 공원과 광장의 조성이기도 하다. 민주를 상징하는 광장과 평화를 상징하는 녹색공원의 생성은 도시공간의 획기적인 질적 향상일 뿐 아니라, 생태와 환경이라는 미래적 가치를 구현하는 일이기도 하다. ACC의 건립을 통해 광주는 이전과 다른 도시로 거듭나게 되는 것이다.

Agency of Culture for Children (20,542m²), Cultural Exchange Agency (7,194m²), and various support facilities such as the Visitor Service Center, public support facilities, shops, and restaurants. With additional spaces for parking and services, the total area exceeds 140,000m². A cultural space that is also a park and a plaza, the ACC will become a pleasant urban space while providing a cultural infrastructure based on humanistic values. It is not an elite cultural venue disconnected from the ordinary daily life, but a place of shared values and familiar culture, open to all citizens.

The Democracy Square, which represents free, open, and participatory democracy, is closely connected to surrounding roads and transportation networks, and will stage a variety of public events, activities, and festivities. The square is made up of various forms of outdoor spaces and courtyards, and will introduce a new form of public space not found in other Korean cities.

The Citizens' Park connects the green axis between Mount Mudeungsan and Gwangjucheon Stream. This green space is a quiet and peaceful urban oasis for leisure, rest, and encounters. A carefully designed landscape will provide unique sceneries and distinctive outdoor spaces.

Core Design Concept

The symbolic significance of the ACC will be evident to all, without superfluous formal gestures or self-referential monumentality. It does not overwhelm us with huge edifices of grand scale, but instead lies flat over the site as a humanistic, ecological tarp, creating a refreshing urban landscape.

Spanning over 120,000m² of urban land, the ACC reconfigures an entire urban district and the spatial structure inside. Its site plan respects the existing urban fabric and grains, refers to traditional architectural spaces, and moves beyond the realm of architecture toward urban and landscape design. By transfiguring the memory of a place, it attempts to instill a new sense of meaning.

The heart of the ACC is not occupied by buildings or structures, but an outdoor plaza. It is an adaptation of a Western plaza, but also a scaled reinterpretation of courtyards found in traditional Korean architecture, and the East Asia spatial vocabulary of central voids.

The site of the May 18th Democratic Uprising will be preserved, while reinforcing its sense of place. The buildings that contain historical memories will be given new functions through adaptive reuse. Democracy Square surrounds the buildings to highlight the aura of the

장소와 시설

ACC는 그 하나하나가 대형 문화시설이라 할 만한 아시아문화정보원(21,386제곱미터), 문화창조원(16,597제곱미터), 아시아예술극장(12,880제곱미터), 어린이문화원(20,542제곱미터)이 민주평화교류원(7,194제곱미터)과 더불어 수용되며, 그 외에도 방문자서비스센터, 공용지원시설, 숍과 레스토랑 등의 부대시설이 포함된다. 주차장과 공용면적, 설비시설을 포함해 총 140,000제곱미터의 방대한 복합문화공간의 구축인 것이다.

문화공간이면서 동시에 도심 광장의 도입이자 녹색공원의 조성이기도 한 ACC는 인문주의에 바탕을 둔 문화 인프라의 구축이면서 동시에 풍성하고 윤택한 도시적 삶의 장소를 제공하는 일이기도 하다. 또한 삶의 일상에서 유리된 고급문화의 공간이 아니라 시민과 함께하면서 쉽게 다가가고 더불어 영위하는 열린 장소로서 기능할 것이다.

시민 공원은 무등산과 광주천을 잇는 도시의 녹지 축을 형성한다. 이곳은 도심 속의 오아시스로서 시민의 여가, 휴식, 교제를 위한 조용하고 평온한 녹색공간이다. 조경적인 배려와 디자인으로 개성있는 경관을 가지며 여러 특색있는 장소들을 보유하게 된다.

핵심 개념과 디자인

ACC는 그 존재 자체로 도시의 상징적인 장소이자 공간이 될 것이다. 그러나 디자인을 통한 자의식적 기념비성이나 조형성을 추구하지는 않는다. 거대한 규모의 물리적 건조물을 부각시켜 존재를 과시하기보다, 민주와 평화, 그리고 생태의 정신에 부합하는 인본적이면서 친환경적인 수평의 덮개가 대지에 놓이면서 상쾌한 도시 풍경을 발생시킨다.

120,000제곱미터 가까운 대지 위에 놓이는 ACC는 도시공간구조의 재구축이자 도심의 재탄생을 의미한다. 그 배치와 디자인은 기존 도시의 조직과 맥락을 존중하고 전통건축의 공간 이용 방식을 참조하면서 단순한 건축 설계를 넘어서는 도시 설계와 조경적인 접근을 취하고 있다. 동시에 장소적 기억을 변용하여 의미심장한 공간으로의 전이를 꾀하는 시도이기도 하다.

ACC의 진정한 중심은 시설, 건물, 구조체가 아니라 그것들로 둘러싸인 외부 공간, 광장이다. 이는 서구적 광장의 형식을 도입한 것이지만, 동시에 한국 전통건축의 마당 개념을 도시적 스케일로 재해석한 것이기도 하며, 동시에 물적 구조 대신 빈터가 중심이 되는 동아시아적 공간 문법을 수용한 것이기도 하다.

오일팔 민주화 운동의 현장은 원형을 보존하면서 장소성을 강화하도록 계획된다. 과거의 기억을 간직한 건물들은 리노베이션을 통해 재활용되고 새 기능을

preserved buildings. A mixture of preservation, revitalization, and new construction will bring to light a sense of time, and the images reflected on glass façades will lead to reflection on historical meaning.

The name Gwangju means "City of Light," and light and transparency are core concepts in the ACC design. Light offers a symbolic significance, and also performs a functional role for maneuvering the quality of spaces inside and outside. The skylights bring natural light deep into the interior, while serving as lanterns at night, activating the "Forest of Light."

The ACC is open to all, and its openness is embraced in spatial composition, means of access, and structural systems. Unanticipated changes over time will be accommodated through these open and flexible systems. A basic framework for the whole, which will be filled by evolving activities and contents, will allow creative uses of space over time.

The ACC takes advantage of sectional differences of site grading for three-dimensional uses of space. The upper most structure—the roof, supports a 10,000m² Citizens' Park, and semi-underground spaces gain natural light through open plaza and patios.

The ACC incorporates environmentally-friendly, high-efficiency energy systems. The building forms, materials, and mechanical systems are organically integrated for pleasant and efficient interior environment. The exterior façade system, natural lighting, displacement ventilation, geothermal and solar energy all contribute to the dramatic reduction of energy use throughout the complex.

Expectations and Exhortations

The ACC is a grand project of unprecedented scale and ambition. The concept is forward-looking, it reimagines the identity of the city known as the site of an uprising and restores its place as a cultural center for the region. But the ultimate success will depend on solid institutional, legislative, and administrative foundation, backed by financial support for on-going maintenance and professional staffing. Preparatory efforts from various angles must be made in advance not to waste the investments on this groundbreaking cultural infrastructure.

Without a fixed set of programs in place, the ACC is a modifiable and flexible container. The task of determining the suitable contents for this container at a specific moment in time is given to the city of Gwangju and its citizens. The ACC must continue to change and evolve in line with fluctuations and changes in the future. It needs to uphold its role as a precious cultural asset and a cultural hub for Asia, while supporting

부여받는다. 현장 주변을 둘러싼 광장이 보존 건물을 둘러싸면서 그 위상을 부각시킨다. 보존, 재생, 신축을 통해 과거, 현재, 미래라는 시간성을 도입하고, 건축물의 유리면을 통한 반영(reflection)을 통해 역사적 의미의 성찰(reflection)로 유도한다.

수용 시설들은 가시적인 외관 대신 도심의 공적 영역을 형성하는 배경적 장치로서의 역할에 더 중점을 둔다. 건축물 자체를 부각시키기보다 광장 및 공원과 상호보완적으로 공존하면서 도시의 특별한 장소가 되고자 한다. 그렇다고 건축물의 개성과 특이성을 포기하는 것은 아니다. 오히려 세련되고 미려한 외관으로 스스로를 드러내도록 한다.

빛고을 광주의 이미지, 민주의 이념과 상통하는 투명성과 빛의 개념이 핵심 요소로 도입된다. 빛은 상징적 의미뿐 아니라 내 · 외부 환경을 조성하는 실질적인 역할을 한다. 상부의 천창(天窓)은 자연광을 실내로 깊숙이 끌어들이고 야간에는 랜턴으로 작동하면서 '빛의 숲'을 실제 공간에 구현한다.

모두에게 열린 문화공간이기를 지향하면서 개방성과 접근성, 다양한 활동 가능성을 보장하는 공간 배치, 구조 시스템을 도입한다. 이는 또한 시간의 경과에 따라 요구되는 변화에 유연하게 대응할 수 있는 최적의 방안이기도 하다. 전체를 구성하는 기본 틀을 제공하고 활동과 내용을 채워 가는 방안으로 공간의 창조적인 활용 가능성을 허용하는 해법인 것이다.

대지의 수평적 높낮이 차를 이용하여 공간의 입체적인 이용을 꾀한다. 상부 구조, 즉 옥상 지붕은 10,000제곱미터의 시민공원으로 활용되며, (반) 지하화된 시설들은 빛을 도입하여 채광과 에너지 절감을 꾀하는 한편, 한쪽 면은 개방시켜 광장을 형성한다.

환경 친화적이고 에너지 효율적인 시스템을 구현한다. 형태, 재료, 설비 등이 유기적으로 통합되어 쾌적하면서도 효율적인 내부 환경이 조성되도록 계획되었다. 외피 시스템, 자연 채광 및 환기, 지열 에너지와 태양광 이용 등으로 에너지를 획기적으로 절감하는 실내 공간이 생성되는 것이다.

기대와 당부

ACC는 유례를 찾아보기 힘든 방대한 규모와 투자, 그리고 야심찬 기획을 담고 있는 대형 프로젝트이다. 민주화의 성지로서 차별화된 지역성을 문화중심도시로 승화시키려는 기획은 긍정적이며 미래지향적이다. 그러나 그것의 실현과 성공은 제도, 기관, 인력, 전문성, 운영, 유지관리 등이 뒷받침되어야 하며, 이는 한국으로서나 광주시로서나 실로 커다란 도전이 아닐 수 없다. 신개념의 획기적인 문화 인프라의 구축이 과잉 투자가 되지 않기 위해 다각도의 준비와 노력이 필요하다.

other successful cultural festivals in the local region.

The ACC was intended to open on May 18, 2010, the 30th anniversary of the Democratic Uprising, but construction was delayed by landmark issues and disagreements among different citizen groups over the preservation of the annex to the former provincial headquarters. The official start of construction in 2008, upon completion of land acquisition, demolition, and site preparation, was soon halted during long discussions and power struggles surrounding the issue of how the annex building should be preserved, and failure to reach consensus continued to delay the project far beyond the scheduled completion in 2010. After 16 months of arduous discussions, an agreement was reached in September 2009 on partial preservation of the building, and more discussions on planning changes followed. Due to the overall delay of 2 years and 6 months, the completion date was pushed back first to 2012, and then to 2015.

상세한 운영 프로그램이 아직 마련되지 않은 관계로 커다란 가능성을 배태한 가변적인 용기(container)라 할 수 있는데, 이를 어떻게 채울 것인가, 그 안에 구체적으로 어떤 내용과 활동들을 담을 것인가 하는 것이 실로 큰 과제이다. 또한 시대 변화와 미래의 추세에 따라 아시아문화전당은 간단없이 변신하며 진화해 나가야 한다. 또한 이 땅의 소중한 문화 자산이자 아시아의 문화 허브로서의 역할을 수행하도록 해야 할 것이다.

원래 2010년 완공 예정이었던 ACC 프로젝트는 랜드마크 문제가 제기되는 바람에 2012년 5월 18일 광주 민주화 항쟁 십오 주년에 맞춰 완공이 연기되었다. 그리고 다시, 구 전남도청 별관의 보존 문제에 따른 시민단체들 간의 의견 불일치와 갈등으로 공사의 본격적 착수가 상당 기간 지연되었다. 대지 매입과 철거, 부지 조성이 완료되고 2008년 기공식이 이루어지면서 공사가 시작될 즈음에 불거져 나온 구 전남도청 별관의 보존 여부에 대한 견해 차이와 그에 따른 지리한 토론, 힘겨루기, 원만한 합의 도출의 실패는 ACC의 실현이 계속 늦어지는 유감스런 사태를 낳았다. 그 과정에서 시민 사회는 적지 않은 진통을 겪었고 건설 일정은 다시 한번 늦춰질 수밖에 없었다. 십육 개월의 긴 협의를 거쳐 2009년 9월 일부 보존 합의가 이루어졌고, 계획 변경에 대한 논의가 진행되었다. 이 년 육 개월의 논란으로 인하여 완공은 2015년으로 연기되었다. 공사가 재개되어 현재 활발히 진행되고 있으며 시민들의 기대도 커지고 있다.

Criticism
Architecture of Events

Hyuk Khang

Professor, School of Architecture, Kyungsung University

비평
사건의 건축

강혁 姜爀

경성대학교 건축학부 교수

Introduction

Designing the Asian Culture Complex (ACC) was no doubt a dream-project for every architect and emphatically a challenge worth undertaking. At the same time it was exhaustingly difficult, not only because of its distinctive characteristics as a complex cultural facility, but also due to its relationship with the historical event that had initiated this project. Adding to this difficulty were its sheer size, complexity of programs, peculiarity of its founding ideology, and the physical conditions of its urban surrounding. Succinctly, ACC is a new type of cultural space, while aspiring to becoming something more. What it asks of the architect is more than matters of creating distinctive forms or providing sensible functional solutions—it requires an original idea and approach that can generate a true distinction from other cultural complexes.

In the 21st century, there is a competitive undercurrent among major metropolises across the globe to build bigger and more impressive cultural facilities. Investments poured into these projects are so enormous that they remind us of cathedral constructions in Middle-Age European cities. Such an analogy is not unfounded—in today's secularized society, cultural facilities have replaced religious architecture as the sanctum and icon of the city.[1]

The presence of a decent cultural space improves the urban landscape and enhances the image of a city. Construction of cultural facilities, in the form of urban landmarks and spectacular artworks, is therefore a good strategy to renew a city's atmosphere, and to secure a clear urban identity. In addition, a well-designed cultural space, as a tourist attraction, steers the city's economy to prosperity. In this context, recent trends in flourishing Asian cities to invite world-renowned architects to design new cultural facilities is understandable.[2]

ACC doesn't totally reject the features of these recent trends, but it is a

들어가는 말

아시아문화전당(이하 ACC)은 건축가라면 누구나 탐낼 만한 도전적인 프로젝트임에 틀림없다. 더불어 감당하기 어려운 까다로운 과제이기도 하다. 그것은 ACC가 지닌 시설로서의 특수성 때문이기도 하고, 건립의 계기가 되는 역사적 사건과의 관계 때문이기도 하다. 여기에 더해서 방대한 공간 규모와 복잡한 프로그램, 독특한 건립 이념, 그리고 도시의 물리적 현실 여건 등을 감안할 때 더욱 그러하다. 한마디로 ACC는 새로운 형식의 문화공간이면서 그 이상의 무엇이기를 지향한다. 그렇다면 건축가에게 요구되는 것은, 독창적인 형태나 기능적 해결 따위의 차원을 넘어서는, 진정한 차이를 발생시키는 비범한 접근과 발상일 것이다.

21세기 들어 세계 유수의 대도시들은 대규모 문화공간을 경쟁적으로 건립하고 있다. 그것도 중세 서구의 도시들이 대성당을 짓듯이 심혈을 기울여 짓고 있다. 여기에는 그럴 만한 이유가 있다. 세속화한 현대사회에서 문화공간은 종교 건축을 대신하는 도시의 성소(聖所)이자 아이콘이 되었다.[1] 그것은 도시문화의 격조와 품위를 표상하면서 도시적 정체성과 자부심의 원천이 된다. 분주하고 메마른 도시적 삶에서 풍요로운 시민 생활의 가능성을 제공하는 고상한 장소이기도 하다. 수준 높은 문화공간의 존재는 도시 경관을 향상시키고 도시 이미지를 고양시킨다. 그것은 대개가 광장이나 공원과 같은 개방적인 공간으로 존재하면서 도시 내 비중있는 시각적 초점으로 작용한다. 도시의 랜드마크이자 미학적 조형물로서의 문화공간 건립은, 도시 분위기를 일신하고 도시적 개성을 확보하는 좋은 방안이 된다. 한편, 잘 지어진 문화공간은 도시 발전을 견인하고 (관광) 명소가 되어 경제적으로도 기여한다. 지구촌 시대에 도시 경쟁력의 기본 요건이자 매력있는 도시의 필수적 요소로 질 높은 문화공간을 꼽을 수 있다. 한 도시가 진정한 메트로폴리스로 불리기 위해서, 자기만의 독특한 문화공간을 보유해야 함은 상식이 되었다. 최근 번창하는 아시아의 대도시들이 세계적인 건축가들을 초빙해 문화공간을 건립하는 것도 바로 이런 이유에서이다.[2]

p.18.
Construction site of garden area in the Asian Culture Plaza, May 2013.
아시아문화광장 내 정원의 건설 현장, 2013년 5월.

cultural space with bigger ambitions and a broader vision. While it is situated regionally, its aspiration is pan-Asian. More than a container of conventional culture activities, ACC proclaims a progressive stance, and inspires in us a fundamental introspection on the idea of a cultural institution. It presents a solution that marks a sharp contrast to all the cultural centers of recent years known for their visual spectacle.[3]

On the other hand, ACC was already a special project even before the involvement of designers, as it concerns the historical event known as the Gwangju Democratic Uprising. The site of ACC was the very staging ground for the Democratic Uprising, where a collective yearning for democracy and freedom was manifested. Old buildings such as the former Jeollanam-do Provincial Office—both the backdrops and witnesses to the events—are now designated as preservation sites. With the construction of ACC, these spaces, once a traumatic spot in Korean modern history, now become a symbolic and meaningful place—ultimately a spatial intervention—, that becomes an act of sublimation, transferring past memories to values useful for the future. It is not easy to confer such social roles to cultural spaces that are different from conventional memorials. In order to maintain collective memories the ACC calls for a careful analysis on related issues of monumentality. When a building, once a featureless structure serving general administrative purposes, becomes a signified site through an historic incident, it is not a simple task to display such new value while preserving the original layout and composition. The duality of ACC—a public cultural facility representative of the region and the country, and at the same time a monument for the Gwangju Democratic Movement—make this a special, if not extremely difficult, project.

Incidentally, challenges abound regarding the influence ACC will have on the present urban context, as it is inserted into Gwangju's downtown. The enormous size and diverse programs of ACC will surely bring many changes to the city's physical and spatial structure and to the citizen's lives, transforming the old city center and, as a result, renewing the very image of the city. ACC is a project that will lead to rebirth of the old downtown but changes and effects will obviously be quite different in magnitude from a megalopolitan context like Seoul. ACC will prove to be an epoch-defining moment for Gwangju, just as the Democratic Movement had been more than thirty years ago. A consideration on the re-formation of the city, an issue inherent in the project, prompts a contextual response and a macroscopic analysis of its very site. Finally, there is the distinctively architectural problem of dealing with the functional, structural, environmental, and formal issues of ACC. The

광주에 지어지는 ACC가 이런 근자의 흐름을 수용하지 않는 것은 아니다. 그러나 일반적인 범주를 넘어서는 좀 더 특별한 야심과 비전을 담고 있는 문화공간으로, 특정 지역에 지어지지만 범아시아를 표방한다. 기성의 문화 행위를 담는 관례적인 시설 이상의 것을 추구한다. 또한 다양한 문화적인 사건이 발생하는 장소이자 미래의 문화가 나아갈 지향점을 선취하는 일종의 인프라이고자 한다. 문화공간을 재정의한다고 할 만큼 진보적인 이념을 표방하기에, 인습적인 사고를 넘어서는 시설/제도(institution)에 대한 근본적인 성찰을 요구한다. 그만큼 ACC의 디자인은 간단치 않다. 최근 건립된 허다한 문화공간에서 일반적으로 목격하게 되는 화려한 시각적 볼거리와는 다른 차원의 해법이 요구되는 것이다.[3]

한편, ACC는 그 건립의 발단에 광주 민주화 운동이라는 역사적 사건이 자리잡고 있기에 특별할 수밖에 없다. 부지는 오일팔 광주 민주화 항쟁의 현장으로, 민주와 해방을 향한 집단적인 열망이 분출됐던 곳이다. 사건의 무대였고 또 목격자 역할을 했던 구 도청사 등의 건축물은 보존 대상이 되어 역사의 증언자로서의 역할을 부여받았다. 기억의 소환과 상기를 위하여, 그 자리는 세심한 배려 아래 의미심장한 장소로 거듭나야 할 당위를 지닌다. 한국 현대사의 트라우마이자 동시에 숭고한 역사적 경험의 공간이 ACC 건립을 계기로 민주화 시대를 열어 가는 상징적이고 의미심장한 공간으로 다시 태어나는 것이다. 그러므로 디자인이라는 공간상의 개입은 과거의 기억을 보존하면서 동시에 그것을 미래적 가치로 변용시키는 일종의 승화 작업이 될 것이다.

통상적인 메모리얼(memorial)의 건립이 아닌 문화공간의 구축으로 이런 사회적 역할을 부여하기는 쉽지 않다. 공동체적 기억의 지속을 위해 기념비성(monumentality)을 수반해야 하기 때문이다. 따라서 ACC의 디자인은 과제에 대한 심도있는 해석을 요구한다. 실제로 일상적인 행정 기능을 수행하던 구조물이 (역사적 사건을 통해) 영구적으로 보존해야 할 사적(史蹟)이 되었을 때, 전체 배치와 구성을 헤아려 적절한 위상을 부여하는 일은 간단치 않은 문제가 된다. 지역, 나아가 한국을 대표하는 공공 문화시설이면서 동시에 광주 민주화 항쟁을 기리는 기념비의 성격을 지니기도 해야 한다는 이중적 정체성 역시, ACC가 특별한 프로젝트가 되게 하는 또 하나의 이유이다.

다른 한편으로는 ACC가 광주 구 도심에 들어섬으로써, 기존 도시 맥락에 어떤 변화를 가져올 것인가 하는 문제가 있다. 이 시설은 광주라는 중대형 도시 규모에 어울리지 않을 만큼 거대한 덩치에 다기(多岐)한 프로그램을 담고 있다. ACC의 건립은 도시의 물리적 공간구조에 커다란 변화를 야기하고 도시적 삶에 일대 전환이 될 것이다. 광주 구 도심은 이전과 전적으로 다른 장소가 될 것이며, 도시 이미지에도 커다란 변화가 일어날 것이다. 이런 측면에서 볼 때, 구 도심의 재생, 나아가 광주 전체의 도시 기능 변화를 야기할 프로젝트가 된다. 서울과 같은 초대형

initial aim of the project, as defined by the clients, was to provide a center for culture, at once open and elastic, contributing to the production and consumption, exchange and communication, participation and enjoyment of cultural activities. However, specific plans as to how these values will be realized in terms of actual activities and spatial programs were not provided. Out of this somewhat obscure circumstance, it was the responsibility of the architect to supply a plan for 'a house of culture' that can work in various ways under diverse conditions. This was the starting point for the gestation of the overall design and structure—to imagine a space of open possibilities and latent powers.

Such issues are not isolated, as they are intimately associated in reciprocal relationships, and a comprehensive, simultaneous, and multi-faceted approach is required. In this respect, the design of ACC is totally different from the likes of airports and government offices, which, while large in scale and complex in organization, are characterized by a typical pattern. The project itself requires an original perspective and approach, as well as creative solutions that cannot be achieved by mere radicality of design. Instead, an innovative approach deriving from an understanding of and deliberation on the project's essence, is necessary.

An Idiosyncratic Approach to the Project

When we look into architect Kyu Sung Woo's competition-winning scheme, we are struck by two contrasting impressions. The first is that it is a highly rational scheme, providing thoughtful answers to the many inherent issues of the project. On the other hand, although the solution seems reasonable enough, there is a feeling that something is missing, perhaps because it lacks a grand spectacle or avant-gardist gesture often defining such projects. Some may suspect the project is content with commonsensical solutions, when it should take a more active and challenging stance. However, Woo's design is completely free from desires of novelty and vanguard experiments, and this is what clearly sets ACC apart from the recent large-scale cultural facilities around the world.

If the ACC feels at first sight somewhat unfamiliar or plain, it is simply because we are so accustomed to the flashy buildings in major cities built around the world for the last twenty years that are nothing but an overt act of self-expression. Clients asked for bold visual experiments, igniting the *kunstwollen* among architects, whose preference was swayed to futuristic shapes and spaces.[4] A blind adherence to

도시의 경우와는 비교할 수 없을 만큼 그 파급 효과는 대단할 것이다. 도시사적(都市史的)으로도 심대한 사건이 아닐 수 없다. 오일팔 민주화 항쟁이 그 이전과 이후로 광주를 갈랐다면, ACC의 건립 역시 그러할 것이다. 도시와 지역사회에 미칠 영향을 고려해 볼 때, 그것은 건축물의 건립 그 이상의 문제가 된다. 그러하기에, 과제에 내재되어 있는 '도시의 재형성'이라는 성격이 심도있게 고려되어야 할 것이다. 사려 깊은 맥락적(contextual) 대응과 입지(site)에 대한 거시적 분석이 요구되는 것이다.

마지막으로, 복잡하고 다양한 시설들의 집합체(complex)인 ACC를 기능적 구조적 환경적 형태적으로 어떻게 해결해야 하는가 하는 건축 고유의 문제가 있다. 건립의 기획을 살펴보면, ACC는 문화의 생산과 소비, 교류와 소통, 참여와 향유에 두루 기여하면서 개방성과 가변성을 중핵(中核)으로 삼는 문화의 거점이고자 한다. 하지만 가만히 들여다보면 이런 미래적인 가치가 어떻게 공간 및 활동 프로그램으로 구현될지에 대해서는 구체적인 계획의 수립이 미비한 상태임을 알게 된다. 이렇듯 장래 활용이 다소 불투명한 상황에서 건축가의 임무는, 어떠한 경우에서도 원만히 작동하면서 다양한 방식으로 적용이 가능한 '문화의 집'을 만들어내야 하는 것이다. 전체 디자인의 얼개와 구조의 발단은 여기서 시작된다고 할 것이다. 한정된 활동을 위한 완결적 공간이 아니라, 열린 가능성의 공간, 잠재태(潛在態)의 공간을 제시해야 하는 것이다.

이상에서 열거한 이슈들은 별개의 문제가 아니다. 서로 긴밀하게 얽혀 있고 교호적(交互的)인 관계이기에 따로따로 해결될 수가 없다. 종합적이고 동시다발적인 해결방안이 필요하며, 그 결과는 통합된 전체로 드러나야 한다. 이 프로젝트가 난해한 도전인 또 다른 이유이다. 이런 측면에서 ACC의 설계는, 거대하고 복잡하지만 정형화한 공항이나 행정부의 청사 같은 시설과는 전혀 다른 성격을 띤다. 과제 자체가 건축가의 고유한 관점과 접근 방식, 그리고 독창적인 해결안을 요한다. 그리고 급진적인 디자인이나 전위적인 개념만으로 쉽게 달성될 수 있는 것이 아니라는 사실 역시 언급될 필요가 있다. 과제의 본성에 대한 이해와 숙고에서 출발하면서, 진정 창의적인 접근과 구상에 근거한 대안이 도출되어야 하는 것이다.

프로젝트에 대한 독특한 접근

국제 현상설계에서 당선한 우규승(禹圭昇)의 계획안을 보면 두 가지 상반된 인상을 받게 된다. 우선은 대단히 합목적적이고 수긍할 수 있는 대안으로 비친다는 것이다. 과제의 성격에 비추어 볼 때 본연의 요구에 충실하게 부응하고 있다는 판단을 내리게 된다. 다른 한편으론, 납득이 갈 만큼 타당한 대안을 제시했다고 하지만 뭔가 결여된 듯한 느낌을 받게 될 수도 있다. 이런 유형의 과제에 당연히

excessive formal expressions has been a common trend and it is not easy for an architect to go against such a strong tide. But this is exactly what Woo does in ACC—based on reason and composure, and its design shows no hint of an artist's obsession, and this is why some have (unjustly) accused the project as being "passive."

Woo's solution stems from the architect's distinctive approach to the project. His aim was not to produce a work of aesthetics, one that presents a strong visual impression. In other words, ACC's design is marked by an intention that might be summarily expressed in keywords such as city, place and event. In close inspection the whole complex has an impression of an aircraft carrier, suddenly anchored at the heart of the city. This gigantic infrastructure, refusing recognition by a single gaze, incorporates spaces and places with various features within, while its outside presents a new urban landscape.

The most important aspect about ACC's design is that its essence lies not in the buildings/facilities but the places they create. A simple glimpse of the project reveals that the primary focus of ACC's design was the formation of the squares and the park. Here the construction of ACC coincides with generation of urban plaza and park as two sides of a coin. If we continue the analogy of an aircraft carrier, the park and plaza correspond to its landing deck, reinvigorating the declining urban center by supplying a spacious public arena.

In ACC, buildings take a strategy of inversion, emphasizing the exterior spaces while architecture retreats into the ground. This is not simply to say that ACC moves away from the conventions. What makes the design of ACC genuinely new is its attempt to relay architecture's privileged position to the city and landscape.

Primarily, ACC is a cultural facility and a work of architecture. Commonly, a cultural facility is recognized in its physical presence and its design approached as an act of creating a work of art. In the ACC, however, the architect places priority in the generation of public exterior space, in the form of plazas and park. This is perhaps because the architect thought that a more urgent issue under the physical conditions of Korean metropolises was the availability of public space. Regarding urban communities and the lives of the citizens, more important than a visually arresting building—one that uses its urban context to emphasize its own presence—was the creation of an empty downtown area, to provide a place of active participation and interaction among citizens.

No one would deny the positive effects of such urban plaza or park. However, it is not an easy choice to take this seemingly passive

기대하게 되는 장대한 스펙터클이나 실험적 시도가 발견되지 않기 때문일 것이다. 너무 소극적이고 상식적인 해결에 머물고 있지는 않는가 하는 견해가 있을 수 있다. 그것은 동시대의 문화공간에 유행처럼 일상화된 강력한 조형(plasticity)이 거의 눈에 띄지 않기 때문이다. 우규승의 디자인은 참신성(novelty)에 대한 욕망이나 전위적 시도에서 비켜서 있다는 점에서 특이하다. 이는 최근 건립된 유수한 대형 문화공간의 일반적 경향과 크게 구별되는 특징이다.

ACC 안이 첫인상에 다소 낯설거나 평이하게 느껴진다면, 그것은 순전히 지난 이십여 년간 지구촌 대도시에 세워진 문화공간들의 현란한 자태와 비교할 때이다. 그동안 도시를 대표하는 문화의 요람을 건립하는 일은 자기 존재의 과시적 표출을 전제로 진행되었다. 건축주들은 건축가의 표현 의욕을 최대한 부추기면서 대담한 시각적 오브제를 요구했다. 즉, 전위적이고 미래주의적인 형태와 공간을 선호했다.[4] 혁신에 대한 신봉, 그리고 차별화에 대한 과도한 집착은 동시대 문화공간의 공통적 추세이자 발주자/시민 모두가 열망하는 것이었다. 건축가가 이런 분위기를 거스르기란 쉽지 않을 것이다. 뜻밖에도 우규승의 ACC 안은 여기에 역행하고 있다. 대조적일 만큼 차분하고 합리적인 접근인 데다 작가주의의 강박을 찾아볼 수가 없다. 소극적이라는 (근거 없는) 선입견/편견은 이런 성격에 기인하는 것으로 보인다.

문화공간에 대한 일차원적 기대를 저버리는 우규승의 디자인은 과제에 대한 건축가의 상이한 태도에서 비롯된다. 그는 여느 문화공간처럼 강력한 인상을 제공하는 미학적인 작품의 생산을 목표로 삼지 않는다. 다시 말해서 이 시설의 설계는 일반적인 문화공간과 다른 지향성(intention)을 지니고 있다. 구체적으로 그것은 도시, 장소, 장치, 사건과 같은 핵심어로 요약될 수 있을 것이다. 그리고 소통(communication), 연결(networking), 발생(take place), 생성(becoming)과 같은 단어와도 결부될 것이다. 찬찬히 살펴보면 ACC에서 각 부분들은, 자율적으로 존립하면서도 상호 긴밀히 연결되어 전체를 이루고 있음을 알게 된다. 자립하여 기능하는 각각의 영역들이 더불어 견고한 군집체(群集體)를 축조하고 있는 것이다. 적절한 비유인지 모르지만, 그것은 마치 도시 한복판에 정박한 항공모함과 같이 비친다. 단번에 전체 자태를 드러내지 않는 그 거대한 기반 시설은, 내부에 다양한 양상의 공간과 장소들을 품으면서, 외적으로는 상부의 녹색 경관을 주조(主潮)로 삼아 새로운 도시 풍경을 펼쳐 보일 것이다.

그러므로 눈여겨보아야 할 첫째, 그리고 가장 중요한 사실인, 디자인의 핵심은 건축물/시설이 아니라 그것들이 유발하여 생성되고 있는 장소, 즉 광장과 공원이라는 점이다. 한 번만 들여다봐도 ACC 설계의 일차적 주안점이 광장과 공원의 형성에 있다는 사실을 파악하기란 어렵지 않다. 여기서 ACC라는 문화공간의 건립은 도시 광장과 공원의 발생과 동시적 사태가 되며, 양자는 동전의

approach that relinquishes the effects of a building's appearance, especially for a project that was submitted to an international design competition, where proposals fight to gain the attention of the jury through visually striking forms. The architect must have very well known the conventions of competitions, but nevertheless chose to take a risk and ultimately was rewarded by winning the first-prize. In fact, competitions in Korea have long been heated arenas where victors presented schemes prosaic in solution but grandiose in appearance. There was no point in devising a good design if it could not win the competition, so everybody followed the usual and tested path. Competitions are no longer a cradle of fresh ideas. Some chose to go against this trend, submitting works based on his/her own architectural and moral beliefs, but expectedly failed to win the competition. However, such an approach was deservedly rewarded in the ACC competition, and hopefully this will encourage architects to employ alternative strategies in future competitions.

Public Realm and Urban Life

However, considerations of urban context and providing social crossroads are not the only virtues of ACC. More important is the fact that such plans make ACC a distinctive cultural facility with idiosyncratic traits. First, it should be noted that ACC's design does not engage in a zero-sum game, sacrificing architecture and spatial quality for the sake of obtaining decent plazas and park. Provision for generous exterior spaces in the heart of the city will contribute to the dynamic activation of ACC. Furthermore, its indoor facility will form a reciprocal relationship with the outdoor areas, expanding the possibilities of their usage. Visitors to the park and square will naturally visit the ACC, while users of ACC will invariably pass through the outdoor areas, animating them night and day—such complementary relationship will make ACC a lively place for the citizens at any time.

This teleological approach has led the design process of ACC and now reveals several positive features. First, the plazas and the park, as the border between the city and ACC, define its territory, while the central area of ACC is defined by a sunken courtyard serving as the focal point. Referred to as Culture Plaza, this sunken space, lower in level with respect to the neighboring plaza and park, is a direct result of placing most programmed spaces below grade. It is an introversive outdoor space, allowing people's free entry to various facilities, and also capable of holding large-scale events. Secondly, from this sunken *madang* (Korean courtyard) the preserved buildings—including the old

앞뒷면과 같다. 앞서 항공모함의 비유에서 갑판 부위에 해당하는 공원과 광장은 쇠락해 가는 도심에 활기차고 여유로운 공적 영역을 제공하면서 도시적 일상의 일대 변화를 예고하고 있다.

ACC에서 건축물은 스스로 조연의 위치에 머물면서 광장과 공원에 중심 자리를 내준다. 그곳은 민주와 소통을 상징하는 외부 공간이자 도시의 소중한 허파인 녹색 공간이다. 이들 외부 공간을 전면에 부각시키고 건축은 하부로 파고드는 '전도(顚倒)'의 방식을 취하고 있다는 점에서, ACC 디자인은 실로 도전적이고 진정한 '차이'의 모험을 시도하고 있다고 보아야 한다. 이는 단지 ACC가 문화공간의 관행적인 전통에서 벗어났음을 지적하는 것은 아니다. 디자인이 참신하다면, 그것은 건축이 도시와 조경에 자신의 특권적 지위를 양보하면서 더 큰 파장/효과를 시도하기 때문이다.

이 시설의 건립은 일차적으로 문화시설의 조성 사업이고 건축 우선적인 행위이다. 그것은 보통, 물적 실체로서의 건축물을 작품(art of work)으로 드러내는 디자인 행위로 인식된다. 그런데 이곳에서 건축가는 광장과 공원이라는 공적 외부 공간의 형성을 최우선 과제로 삼고 있다. 한국 대도시의 물리적 현실에서, 이들 공공 영역의 확보가 도시 공동체와 시민 생활에 더욱 시급하다고 판단했기 때문일 것이다. 주변을 배경 삼아 자기를 내세우는 인상적인 건축물보다는, 도심 공간을 비워내고 시민들의 자발적 참여와 교류가 가능한 장소를 제공하는 것이 더 중요하고 생산적이라는 것이다.

물론 도시의 광장과 공원이 갖는 긍정적 효과는 누구나 수긍할 것이다. 그러나 문화공간의 설계에서 이런 식으로 외관의 부각을 포기하는 소극적인(?) 디자인을 택하기는 쉽지 않다. 더욱이 현상설계이기에 경합하는 많은 제안들 중에 심사위원들에게 매력있게 비치기는 어려울 수밖에 없다. 건축가도 그런 사실을 잘 알고 있었을 것이다. 그러나 건축가는 스스로 옳다고 믿는 바대로 밀고 나가는 모험을 마다하지 않았고, 당선으로 보답받았다. 이는 설계 경기에서 당선 가능성을 극대화하기 위해 주로 가시적 효과에 매달리는 한국의 풍토에서 상당히 이례적인 일이다. 사실 이 땅에서 현상설계란, 정답이라 가정된 대안을 이미지로 부풀려 경합하는 각축장이 된 지 오래이다. 설계 경기에서 승리하지 않는다면 아무리 좋은 대안이라도 사장되는 현실에서, 가능한 대안들 중에 더 우월한 것의 선택이라는 본뜻은 사라지게 마련이다. 역설적으로, 당선을 포기하고 건축적 소신과 올바름으로 승부하는 건축가들이 있었으며, 그들은 대개 패배의 쓴맛을 보아야 했다. ACC 설계 경기가 고무적이었던 것은, 오랜만에 그런 시도를 한 건축가들이 격려를 받았다는 사실이다.

Provincial Office—are viewed at an elevated angle, enhancing their symbolic presence within the ACC. A visually interesting situation arises whereby existing historic buildings—as witness—overlook inner courts and occupants, with anticipation of visitors looking up to the buildings.[5] This exchange of gazes, based on spatial relationship, is the most efficient method in arousing important memories from the past. The third characteristic is the inversion of the way we approach and recognize buildings. Usually they stand out against the surrounding outdoor spaces. In sharp contrast, a visitor to ACC first encounters the plaza and park, and only then proceeds to the inner sunken court to face the main facilities. It is recognized first as a place defined by plaza, park, and sunken garden, and then as a structure and facility. Hence the image of the ACC is created not by the shapes of buildings but primarily as a landscape. The phenomenological presence of ACC is maintained by the mutual infiltration among architecture, landscape, and urban design. This introduction of a new type of a cultural space to the city will doubtlessly give birth to an unfamiliar but vibrant urban scene.

The fourth feature concerns the placement of an empty court or *madang* as the center of the ACC. Obviously, the visual and symbolic center of ACC is the old Provincial Office but it is equally true that the sunken *madang* also acts as core to the whole complex. It can even be argued that the layout of buildings was specifically intended to create this highly intense space. Surrounded by architectural envelopes, it is a place with infinite potentials, essentially an open stage for the city, ready to be filled with activity and event. It was a brilliant solution to place an empty space without physical properties in the center of ACC, a large-scale complex of diverse cultural facilities.

One related fact that we might examine is the birth of a genuine plaza in Korean cities. In the history of domestic cities, plazas were rather an unfamiliar spatial device. Korean urban life survived without 'plaza' as defined by western societies, and what existed were traffic squares or pseudo plazas made for governmental purposes. In the West, traditions of the square extend from the Greek Agora or the Foro Romano, closely related to the birth of democracy and republicanism. In contrast, Korean society, due to its governing system, suffered from agoraphobia for centuries, not only at the hands of ruling powers but also via society at large.[6]

Since then, street demonstrations for democratic movement in 1987, and the street cheering of 'Red Devils' (supporters for the Korean soccer team) during the 2002 FIFA World Cup games, exposed a necessity for public squares in Korea. In its absence, people wisely

공공 영역과 도시적 삶

그러나 도시 맥락을 고려하고 시민의 삶에 새로운 전기(轉機)를 마련했다는 점이, ACC 안이 지닌 미덕의 전부는 아니다. 오히려 그러한 구상이 이곳을 고유한 강점을 가진 특별한 문화공간으로 만들고 있다는 사실이 더 중요하다. 우선 디자인이 건축과 내부 시설을 희생하는 대가로 광장과 공원을 마련하는 제로섬 게임을 취하고 있지 않음에 주목할 필요가 있다. 도심에 대규모 외부 공간을 제공하는 일은 ACC 자체의 활성화에 기여할 것이다. 한편으로 내부 시설은 외부 공간의 활용 가능성을 확장시키는 선순환의 상호 작용으로 이끌 것이다. 광장과 공원을 찾아온 시민 대중들은 자연스럽게 이곳의 방문객이 될 것이며, 동시에 ACC 이용자들은 광장과 공원을 거쳐 가며 그곳을 활기찬 공간으로 만드는 데 기여할 것이다. 이런 상호적인 상승효과로 ACC는 낮이나 밤이나 항상 시민들이 즐겨 찾고 머무는 활기 넘치는 장소가 될 것이다.

이런 합목적적인 해법은 자연스럽게 디자인의 나아갈 방향을 유도하면서 몇 가지 긍정적인 결과를 낳는다. 그 첫째는, 광장과 공원이 도시와의 경계이자 접점을 그리면서 ACC 전체를 영역화하는 한편, 중앙부를 둘러싸면서 내부로 내려앉은(sunken) 마당을 생성시켜 시설 전체의 중심이 되는 장소를 제공한다는 사실이다. 주변 광장과 공원보다 바닥이 낮게 가라앉은 '선큰 마당' (문화마당)은 시설의 지하화에 따른 당연한 귀결이다. 그것은 이 시설 고유의 내향적인 성격의 외부 공간으로, 각 시설로의 자유로운 진출입을 허용하면서 대형 이벤트 공간으로 사용되게끔 고안되었다.

둘째로, 이 내려앉은 마당으로 말미암아 보존 대상인 구 도청사를 위시한 건물들이 시각적으로 앙각(仰角)에 위치하면서, ACC 전체에서 상징적인 중심으로 부각되는 효과를 제공한다는 것이다. 이런 구도는 역사의 증인인 건물들이 마당과 그 안의 시민들을 내려다보고, 동시에 선큰 마당의 시민들도 역사의 현장을 올려다보는, 상호 의식적인 시각적 관계를 낳는다.[5] 공간적 위상에 의거한 응시 효과야말로 과거의 기억을 소환하는 대단히 유효한 방식이다.

셋째로, 건축물을 접근하고 지각하는 방식의 역전이다. 일반적으로 도시 내 문화공간은 외부 공간을 배경으로 자기 존재를 부각시키는 방식으로 연출된다. 강력한 물적 대상이나 외관(façade)을 먼저 지각하도록 하는 것이다. ACC의 경우는 반대로 도시에서 일차적으로 광장과 공원을 경험하고, 그 후에 중앙의 선큰 마당으로 진입하면서 본격적으로 시설들을 대면하게 된다. 광장과 공원, 그리고 선큰 마당을 매개로 한 ACC의 장소로의 인식이 선행되고, 차후에 구조물이자 시설로서의 경험이 이루어지는 것이다. 그래서 ACC는 건축물의 윤곽과 형상에 의해서가 아니라 말 그대로 풍경에 다가섬으로써 인지된다. ACC 존재의 현전(現前)은 건축과 조경과 도시 설계가 서로 스며들면서 하나로 어우러지는

used streets or other places of the city as alternatives. These important occasions have demonstrated our need and right to have urban public realms for interaction and communication, and as a result, Seoul City Hall Plaza and the Gwanghwamun Square were born. However, questions remain whether they are truly 'squares,' and it is not only because of physical shortcomings—what limits their identity as plazas is their bureaucratic, window-dressing management, lacking the recognition that true owners and users are citizens of the city. In these plazas, we witness a desire to control.

In this respect, we can surmise that the plazas of ACC will be truly worthy of their names. There are two major squares in ACC. One entitled May 18th Democracy Plaza sits between the city and ACC, in the very spot where the Democratic Uprising took place. Its siting at the entrance of the complex, adjacent to the old Provincial Office, promotes voluntary gatherings and citizen events. Such establishment of a true civic plaza is all the more becoming for the city of Gwangju, which ultimately headed our struggle for democracy in the past.

The second plaza is positioned at the core of ACC, sunken from the ground level. It is a living room of the city, or its inner courtyard. Like Sienna Square or the Piazza San Marco in Venice, it is surrounded by buildings, protecting its place from surrounding traffic and noise. A type of urban space the nation had not seen until now, it will be an ideal venue for various festivals or collective cultural events and contribute to the vigor and uniqueness of Gwangju.[7] The characteristic placemaking is similar to urban plazas of the West, with occurrences of random gathering. Importantly, it relates conceptually to the inner courts of Korean traditional architecture, enclosed and open to the sky, and such sense of place is realized here in a bigger scale, embracing the coexistence of calamity and dynamism within the contemporary city.

It is quite significant for a city to possess a plaza. But what is further important is the social, civic maturity that can enjoy such environment. In Korea, we were in an unfortunate situation where the physical structure of cities and their administration had not yet caught up with the matured civic consciousness. With the construction of ACC, we now have a plaza worthy of its name, a place that catalyzes our creative use and contributes to further development of civic culture and collective conscience.

A New Interpretation of Monumentality

What ACC most crucially brings forth is the issue of monumentality, as it is built on the very site of the May 18th Democratic Uprising. It is quite

특이한 양상으로 현상(現像)된다. 이러한 독특한 형태의 문화공간의 개시(開始)는 도시에 낯설고도 신선한 경관을 탄생시키면서 체험 중심적인 공공장소의 구축을 유도하리라 예상하게 한다.

넷째로, 전체 배치의 중심으로서 빈 마당/터의 형성이다. 물론 시각적으로나 상징적으로나 구 도청사 위치가 ACC의 중심인 것은 분명하다. 그러나 내정(內庭, courtyard)인 선큰 마당 역시 또 하나의 중심인 것도 부인할 수 없다. 건물들의 배치가 이 긴장감 넘치는 공간을 발생시키기 위해 의도되었다고 보아도 무리가 없을 정도이다. 시설들의 외면으로 둘러싸인 그곳은 비워진 채, 어떠한 활동과 사건이 채워지기를 기다리는 무한한 가능성의 장소이다. 도시의 열린 무대로서 그곳은 미래의 다양한 활용을 용인하는 곳이라는 뜻이다. 여러 문화시설들의 복합체인 거대한 ACC에서, 물리적 실체가 부재한 텅 빈 공간을 가운데 두어 또 하나의 중심으로 삼은 것은 적절한 설정이 아닐 수 없다.

관련하여 짚고 넘어가야 할 것은 한국 도시에서의 진정한 광장의 탄생이라는 사건이다. 한국 도시사(都市史)에서 광장은 낯선 공간적 장치였다. 우리는 제대로 된 광장을 가져 본 적이 없었다. 있다면 교통광장이나 오일륙 광장 같은 관제의 의사(擬似, pseudo) 광장이 있었을 뿐이었다. 서구에서 광장은, 고대 그리스의 아고라(Agora)나 로마의 포로 로마노(Foro Romano)에서 기원하며, 민주주의나 공화주의 전통과 깊은 연관이 있다. 한국 사회는 체제의 속성상 오랫동안 광장 공포증을 지니고 있었다.[6] 지배 권력은 물론이고 대중 역시 마찬가지였다.

1987년 민주화의 경험, 그리고 2002년 월드컵 개최 당시 '붉은 악마' 의 결집은, 우리 도시에서 광장의 필요성을 부각시켰다. 광장이라는 물리적 장치가 마련되어 있지도 않은 상황에서, 시민들은 거리나 특정 장소를 광장으로 전용하는 지혜와 역량을 보여 주었다. 거꾸로 그 사건들은 우리 도시에서 공적 영역, 혹은 소통과 교류를 위한 공간의 당위성에 대한 요구를 인식시켰다. 그 결과로 서울의 시청 앞 광장이나 광화문 광장이 탄생했다. 그러나 그것들을 제대로 된 광장이라고 부를 수 있을지는 의문이다. 물리적 여건이 결핍되어서만은 아니다. 광장의 진정한 주인이자 이용자가 시민이라는 전제가 미약하며, 그 성격 또한 여전히 전시적이고 관료적이기 때문이다. 거기서 우리는, 아직도 광장을 관리하고 지배하려는 욕망을 본다.

이런 점에서 ACC 건립과 더불어 생겨나는 광장이야말로 명실상부하게 광장이라는 공간에 부응할 만한 자질을 지니고 있다고 감히 말할 수 있다. 이곳에는 두 개의 커다란 광장이 있다. 하나는 진입부이자 구 도청사에 면한 광장이다. 도시와 ACC 사이에 생겨나는 이 광장은 광주 항쟁의 기억이 서린 외부 공간으로, 다양한 시민적 행사에 부응할 수 있는 도심 광장이다. 그 물리적 특징은 시민의

natural for the citizens of Gwangju to express a desire for a monument that pays tribute to that important historic incident. Woo's competition winning scheme, however, does not directly address these issues. Its first impression lacks any sense of monumentality, and the city citizens of Gwangju were initially disappointed.[8]

The architect had a different approach to the given problem. He did not wish to build another secular and conventional monument, perhaps because he thought that it would not be fitting to the historic experience Gwangju went through. Woo chose to present a monument that would permeate the lives of citizens, rather than estranging people in a pretentious presence. The common desire to build a lavish monument is understandable, but execution can be misguided, and such a monument risks freezing the meaning and memory of a historic event to a singular spot or form. Monument as visual symbol has the tendency to reduce historic memory to a single fixed idea, suspending the generation of new interpretations in the present tense. In this respect, it is clear that the memorialization of Gwangju's wounds and its proud renaissance cannot be reified in a heroic gesture, in the construction of a grand monument.[9]

For ACC, as a result of his search to find a solution that best fits Gwangju, Woo suggested a space of healing and consolation, a place of communication and reconciliation for the urban community, retaining both historical trauma and pride of Gwangju. Such intention is disclosed primarily in the architect's effort to emphasize and commemorate the old buildings and their sites. These objects for preservation, together with their surrounding spaces, were left as they were, without formal intervention, allowing them to become meaningful places in their own right. Perhaps the true function of monuments in a social sense is to let people recall past memories in the present tense, and inspire new readings. Here we can understand why such approach is more appropriate for Gwangju. The historic places of the city have already become sacred on their own, and hence their honorable aura need not be interfered by an architect's arbitrary involvement. Woo lets the buildings and sites themselves testify for the historic events, and in a humble but more active way, he comprehends the inherent potential of a place and enhances it.

Due to its enormous scale and the variety of its programs, there was a natural danger for the preserved buildings and their surroundings to be overlooked, to be merged into the whole as just another part of the complex. With additions of massive volumes here and there, the symbolic status of the old Provincial Office and its surroundings would

자발적인 군집과 참여가 가능한 개방적인 성격의 공간이라는 점이다. 민주화 운동의 본산인 광주에서 이러한 본격적인 시민 광장이 최초로 생겨나는 것은 당연한 일로 여겨진다.

또 하나의 광장은 ACC 가운데 내려앉은 선큰 마당이다. 이것은 도시의 거실이자 안뜰에 해당하는 공간이다. 이탈리아 시에나의 캄포 광장이나 베네치아의 산마르코 광장처럼 건물들로 둘러싸여 주변 소음이나 교통으로부터 보호받는 장소로, 도시의 축제나 다양한 집단적 문화 활동을 수용할 수 있는 장소이다. 이 역시 우리 도시에서 가져 보지 못한 유형의 공간으로 도시의 활기와 개성에 크게 기여할 것으로 예상된다.[7] 그곳의 장소적 성격은 서구의 도심 광장과 유사한 것으로, 불특정 다수가 모여 대면하고 교류하는 곳이다. 개념적으로 그곳은 한국 전통건축에서의 내정(內庭)과도 상통한다. 둘러싸인 채 하늘로 열린 내정을 참조하면서 현대 도시에서 정(靜)과 동(動)이 공존할 수 있는 큰 스케일의 외부 공간을 제시했다고 볼 수 있을 것이다.

한 도시가 광장이라는 물리적 형식을 보유하는 것은 의미있는 일이다. 하지만 더 중요한 것은 거기에 부응할 만한 사회적 시민적 성숙일 것이다. 불행하게도 우리의 현실은, 신장된 시민의식을 도시의 물적 구조와 행정이 따라가지 못하는 양상이었다. ACC 건립을 계기로 등장하게 된, 그 이름에 값하는 진정한 광장은, 장소의 창의적인 사용을 허용하면서 시민문화의 신장과 연대의식 강화에 기여하리라 예상된다. 아울러 우리에게 광장의 존재 이유에 대하여 다시 생각해 볼 기회를 제공할 것이다.

기념비성에 대한 해석

ACC가 오월 민주 항쟁의 현장에 세워지면서 제기되는 가장 문제적인 화두는 기념비성(紀念碑性)일 것이다. 광주 시민이나 발주처가 광주 민주화 항쟁을 기리는 기념비에 대한 욕망을 피력하는 것은 당연하다. 역사의 현장에 건립되는 초유의 대형 문화공간이기에, ACC는 응당 모뉴먼트(monument)가 되어야 하고, 강한 시지각적 파급력을 지닌 랜드마크가 되어야 하리라는 상식적인 기대가 있다.

그런데 놀랍게도 당선안은 거기에 직설적으로 부응하고 있지는 않다. 계획안을 보면서 받게 되는 인상은, 기념비 일반이 추구하는 숭고미가 결여되어 있고 정서적 감흥이나 파장이 미약하지 않느냐는 의문이 든다. 실제로 광주 시민들이나 발주 측에서 유사한 반응이 제기되었다. 그들은 강력한 미학적 충격을 원했던 것 같다.[8] 하지만 건축가는 다른 방식으로 과제에 접근했다. 그는 또 하나의 세속적이고 인습적인 기념비를 만들려 하지 않았다. 아마도, 그것이 광주의 역사적 경험과 부합하지 않는다는 판단 때문이었을 것이다. 대신 다른 차원의 대안을 제시하면서 기념비성에 대한 참신한 해석을 제시하고 있다. ACC는 일상과 동떨어진 채

certainly have been encroached. Such was avoided by the architect's wise decision to make ACC half-sunken. The orientation of parks, plazas, and new facilities, while maintaining their own functions, are conscious of the presence of the preserved historic scene, which retains its symbolic position. The May 18th Democracy Plaza, acting as a spatial prologue and entry into the historic scene, is itself an outdoor area with monumental meaning, while the green park surrounding the inner court conveys values such as peace, reconciliation, and ecology, complementing the frontal plaza. The monumentality of ACC refuses a conventional approach to monuments as a physical reification of a particular event or idea. What it suggests instead is meta-monumentality, generating meaning through metaphoric indications rather than formal rhetorics.

Additionally, there were problems of deteriorations of preserved buildings and the monotony of their exterior projection. Their indoor spaces also called for some sort of intervention. The architect approached this problem by injecting new life and function into the old facilities while preserving their original form and materiality, thus enhancing their monumental values. Atriums were designed between the buildings, generating courtyards with bright sunlight, while some buildings were imbued with functions such as a visitor's center. On the other hand, the indoor spaces were fashioned with exhibition halls displaying Gwangju's history, as well as conference rooms. This careful dialectical arrangement between preservation and renovation successfully enabled the old buildings to convey both the past and future of Gwangju, its meanings and symbols.

Why do we erect monuments? It is to perpetuate important memories, to continuously remember their significance, and to activate them in a present tense. In this respect, the construction of a monument is an architectural 'ritual.' But there is also an irony in monuments—as noted in Derrida's criticism towards monuments for the holocaust.[10] Its construction relegates the historic event to a thing of the past, and fossilizes its meaning to a single, official interpretation. Rather than igniting continuous readings, monuments become a pretext for our oblivion. In the same way, the desire to build a grand monument for Gwangju, understandable as it is, also has the danger of ossifying the singular historic experience, rendering it as a by-gone incident. On the other hand, we can never escape the question of whom the monument is for, and why it is erected. Surely it is to commemorate those who were sacrificed in the incident and the memories of those who survived it, but this answer is counteracted by the question of 'how.' Such conclusion is

고상하게 존재하는 기념비가 아니라 시민적 삶 속에 스며들어 함께하는 것으로 기념비성을 추구한다. 거창한 기념비에 대한 욕망은, 쉽게 그리고 충분히 이해된다. 하지만 그것은 자칫하면 역사적 사건과 기억을 한 지점과 조형에 동결시켜 버릴 위험이 있다. 기념비가 지닌 시각적 표상은 기억을 현재화하기보다 지나간 것으로 종결하면서 단일한 고정 관념으로 환원하는 경향이 있기 때문이다. 광주의 아픈 상처와 자랑스러운 부활을 기리는 방식이 영웅적 제스처를 취하는 장대한 기념비의 건립일 수 없음은 자명하다.[9]

건축가 우규승은 전통적인 유형의 기념비를 넘어서는 다른 형태의 기념비를 제안한다. 그는 디자인을 통한 작위적인 개입을 최대한 피하면서 광주에 적절한 대안을 모색하고 있다. 피상적인 시각적 대상(object) 대신에, 외상(trauma)과 자부심을 함께 간직한 도시 공동체를 위한 치유와 위무의 공간이자 소통과 화합의 장소를 제안하는 것이다. 그것은 일차적으로 보존 대상인 건물들과 그것들이 놓인 터를 (기단으로) 부각시키면서 성지화하려는 의도에서 드러난다. 조형을 절제한 채 보존 건물을 둘러싼 공간과 주변을 그냥 놔둠으로써 스스로 의미심장한 장소가 되게 하는 것이다. 아마도 진정한 기념비의 사회적 기능은, 과거의 기억을 지금 이곳에서 회상하면서, 새로운 의미를 발생시키는 방식으로 지속 보존하는 것일 터이다. 그렇다면 사물화한 웅장한 기념비보다 이러한 접근 방식이 더 적합한 이유를 이해할 수 있다. 이미 역사의 현장은 신성한 제단이 되었고 그 자체로 고귀함의 아우라를 획득했다. 건축가의 자의적인 첨삭이 불필요한 이유이다. 과거의 건축물과 터가 스스로 증언하도록 놔두되, 겸손하게 그러나 오히려 더 적극적인 방식으로, 장소 고유의 잠재력을 파악하여 보강하기만 하면 되는 것이다. 이런 관점에서 볼 때, 구 도청사 부지를 둘러싼 광장과 주변의 푸른 공원, 그리고 각 시설의 포진, 모두가 여기에 부합하도록 배치되어 있음을 깨닫게 된다. ACC 프로젝트의 거대한 스케일과 각 시설들의 존재는, 보존 대상 건물과 주변을 간과하게 되거나 그저 하나의 내부 시설로 전락시킬 위험을 다분히 갖고 있다. 커다란 덩치의 시설들이 이곳저곳에 돌출하게 된다면, 구 도청사 주변의 상징적 위상은 불가피하게 침해될 것이다. 현명하게도 ACC가 데크(deck)화·반지하화하면서 시설들이 스스로를 낮추어 구 도청사 주변을 둘러쌈으로써, 자연스럽게 보존 구역을 성역화하고 상징적 지위를 부여하고 있다. 공원과 광장, 기타 시설 들은 모두 자체의 기능을 포기하지 않으면서도, 전체적으론 역사적 현장을 의식한 정위(定位, orientation)를 취하고 있다. 특히 오일팔 민주광장은 역사적 현장으로 진입하기 위한 공간적 프롤로그이면서 그 자체로 기념비성을 띤 외부 공간이 된다. 대조적으로 내부 마당을 둘러싼 녹색공원 역시 평화나 화해, 생태 같은 가치를 내포하면서 열린 광장을 보완한다. 요약하자면 ACC에서의 기념비성은 특정 사건이나 관념의 물리적 재현이라는 안이한 기념비성을

natural only if the monument is for everyone and not just for a specific few. And it is indeed clear that the monument for Gwangju, established in the name of the city, should contain a universal value—it should be a monument not only for Gwangju's citizens but also all Koreans, and furthermore, for Asians and the whole of mankind.

Then it is easily understandable why an obsession with physical solidity and imperishability is incapable of securing monumental values. The world is filled with self-imposing monuments, with overwhelming forms and scale. Gwangju cannot have another one. For the city, a monument should truly speak of condolence and cure, reconciliation and hope. What is needed is a monument that overcomes the secular lures of conventional monumentality, one that is capable of recalling the historic experience here and now. In this respect, Woo's proposal for ACC, to go beyond matters of figure and abstraction, to build a monumental place from the historic ground and to apply its meaning to the creation of cultural values of tomorrow, is indeed appropriate to Gwangju and its spirit.[11]

Those who actively participated in the Gwangju Democratic Uprising were neither intellectuals nor the upper classes but grass-root citizens. It is our duty to remember their great sacrifice. But to propose a 'monument without a monument,' to monumentalize place itself without appealing to romantic remembrance or attractive rhetoric, needed not only clear reason but also courage. Only such a monument can endure through time without degrading to kitsch and retain that capacity to constantly re-present historic event here and now. What needs further investigation in this respect is the impossibility of representation and re-presentation.[12] The Gwangju incident can never be represented by words or forms, since it is impossible for letters and images to fully convey the experience of and reflection on that absolute, singular tragedy/event. Any (reckless) attempts are destined to fail. The only possible way is to let the preserved buildings and its surroundings remain as they were amid silence, and to transform context, allowing the fragments to speak for the historic event. Here the old building, now absolved of its function, becomes a silent mirror indicating and interpreting the past event.

ACC rejects representation, the oldest convention of monuments. Instead it puts forward the presence of the place, which, through history and time, becomes a re-presentation. Only then can the emptied and purified place become meaningful, and await the filling of new values and speak of tomorrow's hopes. This is how the architect faces the problem of monumentality, in an honest and truthful way, from an

거부한다. 대안으로 제시하는 것은 은유적인 지시를 통해 발생하는 메타적인 기념비성이다. 혹은 형태의 수사학 대신 공간과 장소 자체로부터 산출되는 우의적(寓意的)인 기념비성인 것이다.

여기서 또 하나 고려해야 할 것으로 노후된 보존 대상 건물들과 그것의 단조로운 외관의 문제가 있다. 그냥 방치할 수 없는 실내 공간 역시 마찬가지이다. 건축가는 원래의 형태와 물성을 보존하면서 건물에 새 생명을 부여하는 방식으로 기념비성을 보강한다. 공간의 개조와 변용, 그리고 새 기능의 부여를 통하여 장소적 고유성을 강화하는 것이다. 건물과 건물 사이에 아트리움을 두어 빛이 침투하는 환한 중정(中庭)을 만들고, 방문객 센터를 유치하여 ACC 방문의 출발점으로 삼는다. 또한 내부에 광주를 증언하는 전시장, 회의장 등이 만들어져 광주의 체험을 알려 준다. 이러한 보존과 변형의 변증법은, 과거와 미래를 동시에 수용하면서, 여느 건물로 하여금 의미와 상징을 함축하게 하는 유효한 전략이 아닐 수 없다.

기념비는 무엇을 위해 세우는가. 기억을 영속화하고 사건의 의미를 잊지 않고 현재화하기 위해서이다. 이런 측면에서 기념비의 건립은 건축적인 '제의(祭儀, ritual)'이다. 그러나 기념비에는 역설이 있다. 그것의 건립이, 사건을 과거의 것으로 떠나보내고 그 의미를 (하나로) 공식화하는 것이라는 사실이다. 데리다(J. Derrida)는 홀로코스트를 기리는 기념비에 대해 이렇게 (비판적으로) 말한 적이 있다.[10] 끊임없이 연이어 발생하는 의미 변화를 유발하기보다 오히려 우리에게 망각을 위한 구실을 주는 것이라고. 그렇다면 (심정적으로는 이해가 되는) 광주 민주화 운동을 기리는 (거창한) 기념비를 세우려는 시도가, 유일무이한 역사적 경험을 하나의 지나간 사건으로 고착시키는 (우려스런) 행위가 될 수도 있는 것이다. 한편, 누구를 위한 기념비이며 왜 세우는 것이냐는 질문 역시 피할 수 없을 것이다. 죽은 자들을 기리기 위한 것이고 또 살아남은 자들의 기억을 위한 것이라는 대답은, 그것이 어떠해야 하는가 하는 질문으로 유도한다. 자연스런 귀결이지만 그것은, 특정 주체가 기억을 전유(專有)하는 기념비가 아니라 모두를 위한 열린 것으로서일 것이다. 광주라는 특정한 사건, 고유한 이름으로 세우는 기념비는 보편적 가치를 담아야 하기에 그렇다. 광주 시민의 것임은 물론이지만, 동시에 한국인 모두의 것이고, 나아가 아시아인, 인류의 것이 되어야 하는 것이다.

그렇다면 물리적 견고성과 불멸성에 대한 집착이 기념비성을 보장하지 않는 까닭을 금방 알 수 있을 것이다. 조형과 덩치를 내세우는 과시적인 기념비, 군림하는 기념비는 세상에 너무나 많다. 광주는 그럴 수 없을 것이다. 진정한 애도와 치유, 화해와 희망을 이야기하는 기념비는 다른 것이어야 한다. 필요한 것은 세속적인 기념비성의 유혹을 피하면서 역사적 경험을 지금 이곳에 다시 한번 상기시키는 기념비이다. 그런 점에서 형상이나 추상을 넘어서 기억의 현장인 '터'를 장소화하면서 미래의 문화적 가치로의 전환하는 ACC에서의 방식이야말로

ethical standpoint. Woo's proposal is an open monument, stirring in us a higher understanding and deeper emotions.

Another point worth mentioning is the fact that Gwangju cannot be tied to the wounds and sorrows of its past forever. Wounds must be cured and be sublimated into reconciliation and prosperity. Here lies the utmost significance of ACC—as a project for the positive will of the city to avail its historic remembrance and reflection to open its future.

Architecture of Events: Form and Freedom

In a facility with the size and complexity of ACC (its gross floor area exceeds 142,000m²), the establishment of an overall controlling structure or framework is indispensable, as it is only then that the layout and distribution of diverse facilities and functions become possible. But such set up also has the risk of becoming formalist in a negative sense, causing rigidity and inflexibility in the design—the dominating system or composition can overwhelm the entire facility, making it uninspiringly dull and standardized. We have seen such cases in other culture centers, emphasizing a single character while lacking variety and vigor, and attempts to solve this problem by applying visual accents or adding formal features only reveal its real limits.

In this respect it is certainly surprising to find both integration of place and spatial variety in ACC. Even as it maintains a clear identity as a large mixed-use culture facility, ACC never succumbs to dull uniformity or standardization. It succeeds in obtaining an integrated sense of place, while, as a city within city, it also retains an ensemble of places that are mixed, multiplied, and hybrid. This achievement is a rare one for culture spaces and large-scale facilities in Korea, and we should investigate in detail how ACC succeeded in these aims.

First, it is important to understand that ACC does not seek simple harmony or uniformity. While it is obvious at first sight that ACC possesses a strong framework that governs the whole, or perhaps a distinct frame that can even be termed diagrammatic, but, ironically, it is also a compound of diverse and autonomic spaces. It gathers without conflict places with multiple characteristics. True to the name of "complex," it maintains a multi-layered complexity, escaping the confinements of a singular and inanimate system.

In appearance, ACC displays a clear, logical form, following a geometrical reason, but inside its firm structure and frame we find relaxed, liberated spaces. Each area is seamlessly connected, while at the same articulated and independent. Within the macroscopic order there exist gaps and schisms that allow coincidence and modification.

광주(정신)에 적절한 것으로 볼 수 있을 것이다.[11]

광주 민주화 운동에 참가했던 이들은 지식인도 상류 계급도 아닌 밑바닥의 민초들이었다. 그들의 위대한 희생을 기리는 것은 남은 자들의 의무이다. 그러나 거기에 어떤 낭만적 회고나 장식적 수사 없이 순전히 장소의 구축을 통해 '기념비 없는 기념비'를 조성하는 것은 용기와 이성을 필요로 한다. 그때 미적 대상이나 키치(Kitsch)로 전락하지 않고, 시간을 견디면서 사건의 기억을 끊임없이 지금 여기에 불러올 수 있다. 이런 측면에서 깊이 생각해 봐야 할 것은 기념비의 재현 불가능성 혹은 표상 불가능성이다.[12] 광주의 사건, 그것은 어떠한 말로도 재현될 수 없고, 어떠한 조형으로도 표상될 수 없다. 왜냐하면 그 절대적이고 일회적인 경험/비극의 온전한 전달과 반영의 시도는 (이미지로든 말로든) 불가능하기 때문이다. 그것의 (무리한) 시도는 결국 실패하게 마련이다. 따라서 유일하게 가능한 방식은, 건물들과 주변 공간을 침묵 가운데 그 자체로 놔두되, 그 맥락을 변용시켜 장소 스스로 증언하게 하는 것이다. 그때 (도청사라는) 기표와 용도가 소거된 채 남겨진 공간은, 과거 사건을 지시하고 성찰하는 무언의 거울이 된다. 요약하자면 ACC는 기념비의 오랜 관습적 전통인 표상(representation)을 거부한다. 대신 장소를 현전(presence)으로 내세운다. 그것은 역사와 시간을 통과하면서 재-현전(re-presentation)된 것이다. 그럴 때 비로소 비워지고 정화된 터는, 의미심장함을 획득하게 되며 다시 (새로운 의미로) 채워지기를 기다림으로써 내일의 희망을 말할 수 있게 된다. 이런 형식의 대안이야말로 기념비성에 대한 정직한 대면이고 윤리적 태도라 하겠다. 우규승의 계획안은, 광주 민주화 운동을 무조건적으로 특권화하지 않으면서 한 차원 더 높은 사유와 정서로 이끄는 열린 기념비이다. 그리고 이 점이 ACC 안의 진정한 미덕이자 가치인 것이다.

여기서 한 가지 더 언급해야 할 것은, 기념비가 그 건립을 통해서 진정한 애도의 계기를 제공한다는 사실이다. 광주가 영원히 과거의 상처와 슬픔에 매어 있을 수는 없다. 고통은 치유되어야 하고 화해와 번영으로 전환되어야 한다. 애도 의식으로서 기념비의 건립은 상처와 슬픔의 나눔이며, 그 공유를 통한 치유이자 극복이다. 그때 비로소 희망과 미래를 이야기할 수 있다. 이곳의 건립이 정말 의미있는 사업인 까닭은 여기에 있다. 항쟁의 현장에 (기념비를 겸한) 문화공간을 세우려는 기획은 역사를 회상/반성하는 그 힘으로 내일을 열어 나가겠다는 긍정의 의지이다. ACC 계획안이 소중한 것은 그러한 미래적 상상력을 담고 있기 때문이다. 이때 문화공간이기 이전에 기념비로서, ACC는 도시의 정신적 구심점으로 등극하게 되는 것이다.

사건의 건축: 형식과 자유

ACC처럼 거대하고 복잡한 시설(연면적 142,000제곱미터)의 경우, 전체를

This coexistence of the incompatibles, or even of contradictory agents, is what defines ACC's duality. ACC is stable but not complete—it is rather elastic and open systematically. Strength of the composition secures an overall integrity, but inside there is the coexistence of spaces that induce different and diverse effects.

Hence, the physical form of ACC has nothing to do with its external appearance. We should understand ACC as a medium device that catalyzes activities and events, which enables encounters and exchange, collection and dispersion of happenings. What is worth noting here is that the relations among ACC's spaces follow not a hierarchical tree structure but a web-like organization. (This is clearly shown in one of the architect's early sketches.) Because it expands freedom and the chances for surprise encounters, the web-structure makes ACC's spaces more flexible and its events more diversified. Therefore the relationship between space and event is indeterminate in ACC, defying the logic of cause and effect. It is designed as a place potent of unexpected formations in use and occupancy, valuing the encounters and combinations through networks.

It is only natural for ACC to reject the status of an isolated plateau inside the city, a solitary presence serving the preservation of high culture. Because its condition is not tabula-rasa, because it concerns a partial erasure of the old city fabric, ACC does not follow the typical method of exclusive territorialization. To the contrary, it seeks a close link with the urban context, inducing an active use and participation of the city's population. This was made possible by erasing its borders and allowing urban permeation. The juxtaposition and superimposion of places also enabled contacts and mixture among different realms. Here, it is clear that ACC, as a 'house of culture,' prefers difference over uniformity.

The origin of the architect's philosophy and architectural thinking that created such space, as Woo mentioned himself, is ideas stemming from the 1968 Revolution, the reflections on Modern Architecture and the search for its alternative. An approach to architecture not as singular objects but from a collective, urban viewpoint, an interest in context, and the considerations for public values and social aspects—these have been the defining elements of Woo's career. The interesting point here is that such values are better reified in ACC than in his previous works. This is partly due to the scale of ACC—which naturally required an urban perspective—but also because in ACC, Woo found the chance to realize many of his continuing aims and interests. But his efforts in ACC are not limited to these ends, as there is also an intention to introduce the flows of today's information society to architecture, to envision

일관하는 얼개나 틀의 설정이 불가피하다. 그래야 전체 배치나 시설과 기능의 배분이 원활하게 이루어질 수 있다. 문제는 이런 틀 지움이 자칫하면 경직성을 동반하는 형식주의로 귀결될 위험이 크다는 점이다. 지배적인 구도나 체계가 전체를 압도하면서 자칫 단조로워지거나 기계적인 획일화로 이끄는 경향이 나타나는 것이다. 그 결과로 변화와 활기가 결여된 채 동일성이 강화되는 경우를 목격하게 된다. 문제를 완화하기 위해 시각적 다변화를 시도하거나 형태 요소를 부가하여 보지만 한계를 노정할 뿐이다.

이런 측면에서 볼 때, 이 시설이 가지는 장소적 통합성과 공간적 다양성의 양자 공존은 놀랍다. 대형 복합문화시설로서 뚜렷한 정체를 확보하면서도, 균질화나 획일성의 나락으로 떨어지지 않기 때문이다. 전체를 망라하는 장소적 통합을 성취하면서도, '도시 내 도시(city within a city)'로서 혼성적(混性的)이고 다성적(多聲的)인 장소들의 앙상블을 이뤄내는 데도 성공하고 있다. 이는 한국의 문화공간이나 대형시설 일반에서 찾아보기 어려운 질적 특성이다. 어떻게 이런 일이 가능했는지 이유를 면밀히 분석해 볼 필요가 있다.

우선 이곳이 손쉬운 조화나 통일을 지향하고 있지 않음을 이해할 필요가 있다. 분명히 ACC에는 첫눈에 확인할 수 있을 정도로 전체를 규정짓는 강한 얼개가 존재한다. 거의 다이어그램적이라고 말해서 지나칠 것이 없을 만큼 탄탄한 체계를 보유하고 있는 것이다. 하지만 역설적으로 ACC는 이질적이고 자율적인 성격의 공간들의 결합이기도 하다. 복수적인 성격의 장소들을 충돌 없이 포용하고 있다. 그래서 단일하고 정적인 체계에 함몰되지 않고 복합시설(complex)이라는 이름에 걸 맞은 복잡성과 다층성을 내장한다.

외견상 ACC는 합리적 기하학에 근거한 명쾌하고 논리적인 형식을 취하고 있다. 그러나 단단한 구조와 프레임 내부엔 여유로움과 자유로움이 큰 공간들을 품고 있다. 각 영역들은 상호 긴밀하게 결합되어 있으면서도 분절되어 자립한다. 거시적인 질서 안에 우연과 변이를 허용하는 틈과 사이가 존재한다. 이렇듯 양립되지 않는 것들, 심지어 상호 모순되는 것들의 공존이 이곳의 양면적 성격이다. 그래서 ACC는 안정되었지만 완결된 체계는 아니다. 오히려 가변적이고 개방적인 시스템으로 보아야 한다. 구성의 힘이 총체성을 보장하고 있지만 그 이면에는 상이하고 다양한 효과를 유발하는 공간이 공존하고 있는 것이다.

그러므로 ACC의 물적 형식은 외양과는 상관이 없다. 차라리 행위와 사건을 촉발하기 위한 매개적인 장치로 보는 것이 더 옳을 것이다. 그것을 기반으로 만남과 교류가 펼쳐지고, 행위의 흐름들이 모이고 흩어진다. 주목할 것은 이 시설에서 공간들의 관계가 수직적 위계(hierarchy)를 지닌 수목적(樹木的) 구조가 아니라, 망상(網狀, web)에 가깝게 조직화되어 있다는 것이다. (이는 건축가의 초기 개념

space and activities in terms of movement, exchange, communication, and participation. This approach seeks an organization of elastic networks, maintaining a stable and enduring system while allowing change and freedom. The search for an open structure, capable of encompassing difference and coincidence, was already latent in Woo's previous projects, but here in ACC it has become the apparent and dominant aim.

ACC is thus a peculiar place in many respects. First, there is no dominant look to ACC—that is, it is without distinctive architectural forms. It does not allow a single viewpoint that comprehends the whole. This is an exceptional feature for a cultural facility, and as a result, ACC is simply recognized as a broad landscape in the city. The interior, which is comprised of various places and facilities, challenges perceptual reading at first experience, and only through accumulating experiences of each space inside one's mind can a comprehensive map be drawn. A sequence of spatial recognitions on the parts will inscribe the image of ACC in the minds of its visitors. The recognition and appreciation of ACC, one might say, is of post-experience. ACC does not have a single face. It could even be argued that it has no face at all. With its multiple sceneries, it defies a single fixed image. This does not mean that it is unfocused or without identity. Instead, it generates in us an impulse to visit it again, as it offers different impressions and expressions as we take alternative paths within it. Furthermore, it isn't without representative views or vistas, as clear, distinctive sceneries are discovered in each place and spot. Noteworthy are the scenes caught from the inner sunken courts looking upwards, and its overview after dusk, a totally different one from the daytime through the use of artificial lighting.

Therefore ACC refrains from an ocular-centric architecture. Instead, it emphasizes the experience of architecture, the recognitions and emotions aroused in us as our body moves through space. In ACC, its visitors are never alienated. It does not overpower us by its scale, nor does it divorce us from a genuine experience of culture by grand picturesque sceneries. People will find themselves integrated with the facility, as ACC will provide an atmosphere of intimacy and comfort, a spatial experience that harmonizes nature, city, and architecture. Visitors can move through spaces selectively and by their own choice. Despite its large scale, people will feel welcomed in ACC, and become active participants in its operation.

In this respect ACC is also an accumulation of diverse environments. Places such as park and forest, plazas and *madang* will create ever-

스케치에도 뚜렷이 나타나는 의도적인 설정이다) 망상 조직은 관계의 자유도와 우연성을 확대하기에 공간의 유연성이 커지고 활동의 다변화가 촉발된다. 그래서 ACC에서 공간과 행위 간의 관계는 인과적이지 않으며 불확정적이다. 예기치 못한 생성이 일어나는 가능성의 장소로, 계획되고 있는 것이다. 이용과 거주의 자유도가 크며 이런저런 사건의 발생을 용인하는 장소, 네트워크에 의한 조우와 조합을 중시하는 공간인 것이다.

이러한 ACC가 도시 내 섬처럼 고립되어 초연하게 존재하는 고상한 문화의 전당이길 거부하는 것은 너무나 당연하다. 오래된 도시의 기존 조직 일부를 지우고 삽입되는 것이기에 배타적인 영역화의 전형을 따르지 않는다. 반대로 철저히 도시의 맥락과 연동하면서 시민 다수의 자유로운 진입과 참여를 적극 유도하고자 한다. 이는 ACC가 경계를 해소하면서 도시로 개방되어 있고, 동시에 도시로부터의 스밈을 허용하고 있기에 가능한 일이다. 장소들의 중첩 내지 이접(異接) 역시 영역 간의 접촉과 상호 침투를 허용한다. 여기서 '문화의 집'으로서 ACC가 동일화 대신 차이를 선호하고 있음을 알게 된다.

이런 성격의 공간을 주조해낸 건축가 우규승의 철학과 그의 건축적 사유의 배경은, 건축가 스스로도 밝히고 있듯 1968년 혁명을 둘러싸고 태동한 근대건축에 대한 반성과 대안적 사고이다. 그는 건축을 개체로 보지 않고 도시적 관점에서 집합적으로 보는 입장, 맥락(context)에 대한 깊은 관심, 공공성과 사회성에 대한 심려를 지속적으로 견지하고 있다. 흥미로운 것은 건축가의 이전의 어떤 작업보다 ACC에서 그의 이런 입장이 뚜렷하게 구현되어 있다는 사실이다. 이는 ACC가 도시적 접근을 요하는 과제이기 때문이겠지만, 건축가가 자신의 오랜 관심을 본격적으로 적용할 좋은 기회를 만났기 때문이기도 하다. 이 계획안에서 구조주의자적 접근을 발견하는 것은 어렵지 않다. 동시에 이동, 교환, 소통의 관점에서 공간을 보고자 하는, 현대 정보사회의 흐름을 도입하려는 성향 역시 목격된다. 이러한 접근이 항구적인 형식을 도입하되, 그것이 변화와 자유를 수용하는 유연한 네트워크이기도 하다는 이원적 체계로 귀결된 것이 아닌가 추정된다. 사실 이질성과 우연까지 포용하는 이런 구도는, 건축가의 이전 작업에서 잠재적으로 감지되었을 뿐 자주 눈에 띄는 것은 아니었다.

이렇게 볼 때 ACC는 여러 측면에서 독특한 장소이다. 우선 ACC에는 지배적인 전경이나 외관이 없다. 즉 뚜렷한 건축적 형상을 하고 있지 않다. 전체를 파악할 수 있는 시각이나 시점도 허용하지 않는다. 이는 대부분의 문화공간과 비교되는 예외적인 특징이다. 도시에서 ACC는 커다란 풍경으로 인식된다. 영역 내부로 진입해서는 여러 장소와 시설들의 복합체로 경험된다. 하여, 단번에 인지되지 않는다. 이 시설을 파악하고 경험하는 유일한 방식은, 돌아다니면서 여러 공간들을 하나하나 두뇌 속에 축적해 가는 것이다. 각 장소와 시설에 대한 공간적 지각의

changing spaces with plays of light and shadow, temperature and wind, rain and snow, green and foliage, gatherings, events, and festivals. The glazed façades surrounding the *madang*, at times transparent and at others reflective, will act as a screen that projects from both inside and outside. ACC is designed as a phenomenological space that offers such diverse and rich experiences, and in it we read the architect's intention to build a place that encompasses the living environment while maintaining a certain distance from excessive aestheticization. "Forest of Light," a keyword that runs through the whole ACC, clearly discloses how the architect approached the project. Primarily it refers to Gwangju's own name—as "Gwang" in Chinese means light—but it also suggests the presence of light in the culture facility. Furthermore, it manifests that the facility is primarily designed as a green park. What is important here is that such an architectural experiment is in tune with the challenging issues of the 21st century civilization, such as ecology, coexistence, and peace.

Closing Remarks

As it did with Mount Mudeungsan, Gwangju will discover in ACC another place that represents the city's identity and holds the hearts of its citizens. Although such establishment is realized through the physical construction of ACC, it is assumed that contained within it, the collective memories of Democratic Movement will be preserved and efforts will be made to sublimate the memories to aid further aims. In this respect, the construction of ACC is more than a mere establishment of a culture space—it is a meaningful event that gathers the diverse experiences of Gwangju to a single place.

If we accept the words of Fredric Jameson, that "architecture is at once culture, business, expression of ideas, and of itself",[13] the construction of ACC is an epoch-making event, redefining and reestablishing Gwangju—literally "the Village of Light." Not only because it signifies at once a close connection with the past and an advance towards tomorrow, but because it will also set the occasion for another great leap for the historic city of Gwangju, and to initiate great changes in the lives of its citizens.

The visible structure of ACC and the emergence of a new place were made possible by the intervention of architecture (and the architect), but not in the usual sense of the word. It can be viewed as a complete and comprehensive work that renovates and regenerates the city, creating plazas and parks, and a new type of cultural space. Respect for the city and history, considerations for urban context and the everyday, insights

연속적 계기(sequence)에 의해 방문자의 심상 속에 각인된다. ACC의 인식과 요해(了解)는 사후적(事後的)으로 종합되는 것이다.

그래서 ACC의 얼굴은 하나가 아니다. 혹은 얼굴이 없다. 다양한 장면을 지닌 ACC는 하나의 이미지로 고정되지 않는다. 이는 무개성이나 산만함과는 무관하다. 거꾸로, 방문할 때마다 이동의 궤적에 따라 인상과 표정이 달라지기에, 매번 새롭고 다시 찾고 싶은 충동을 불러일으키는 장소가 된다. 그렇다고 ACC에 대표적인 광경이나 시야(vista)가 없는 건 아니다. 위치나 시점에 따라 선명한 회화적 풍경이 포착된다. 특히 내부 선큰 마당에서 올려다보는 시각이나 특정 지점에서의 그림들이 그러하다. 한편 야간에는 조명으로 전체가 전혀 다른 모습을 드러낼 것이다.

그러므로 ACC는 시각 중심적인 건축을 지양한다. 반대로 몸으로 이동하면서 지각하고 교감하는 경험을 강조한다. 이 공간에서 방문객은 소외되지 않는다. 압도적인 스케일로 방문객을 위축시키지도 않고 장대한 회화적 경관으로 괴리감을 주지도 않는다. 거꾸로 이곳에서 방문객은 통합되었다는 느낌을 받는다. 자연과 도시와 건축이 어우러져 제공하는 장소적 체험이 친근감과 편안함의 감각을 제공할 것이기 때문이다. 방문객은 주도적으로, 그리고 선택적으로 곳곳의 장소를 들르고 이용할 수 있다. 거대한 규모임에도 불구하고 고립의 느낌보다 환대의 느낌을 받는 ACC에서, 방문객은 주체가 되는 것이다.

이런 측면에서 ACC는 온갖 환경의 수용체이기도 하다. 공원과 숲, 광장과 마당 같은 장소들은 계절과 시간마다 빛과 그림자, 기온과 바람, 강우와 적설, 녹음과 단풍, 집회와 행사, 그리고 축제로 다른 모습의 공간을 연출할 것이다. 마당의 길고 너른 유리면은, 때로는 투명체가 되고 때로는 반사하는 거울이 되면서 안팎을 비추는 스크린으로 기능할 것이다. 이 시설은 이런 다채롭고 풍요로운 경험을 제공하기 위한 현상학적인 공간으로 설계되어 있다. 여기서 지나친 미학화(aestheticization)를 절제하면서 장소를 통해 삶의 환경을 포괄하려는 의도를 읽는 것은 어렵지 않다. 건물 전체를 관통하는 '빛의 숲'이라는 주제어(key word)는 건축가가 ACC를 어떻게 바라보고 있는지 알려 주는 유용한 단어이다. 그것은 물론 빛고을 광주를 언급하는 것이기도 하지만, 이 문화공간에서 실제의 빛이 차지하는 위치를 암시하는 것이기도 하고, 전체 시설이 푸른 공원으로 조성되리라는 것을 뜻하기도 한다. 중요한 것은 이러한 건축적 시도가 21세기 문명사를 열어 갈 생태와 공생, 평화 같은 화두와 일치한다는 것이다.

맺는 말

무등산이 그렇듯이, 광주는 ACC로 말미암아 도시를 대표하고 시민의 심성이 머무는 또 하나의 장소를 갖게 될 것이다. 물론 그것은 ACC라는 물리적 공간의

on place-ness and the nature of facilities—these are the defining
elements of ACC. Unswayed by recent trends, Kyu Sung Woo, with an
attentive ear to the contemporary and regional voices, has led the
cultural experiments of ACC to a successful achievement. Time will only
add to the value of ACC in the coming years.

ACC will also be an important project for the architect, opening a new
phase in Woo's architectural career, not only because of the
significance inherent in the project but also because it gave him an
opportunity to mature and develop many of his previous ideas and
interests. We can speculate on an overwhelming personal experience
for the architect, to present an infrastructure in the name of culture to
serve the urban community, on such an important ground in Korea's
history of democracy and freedom. The realization of ACC is expected
to have a more lasting and positive influence over the discipline of
architecture in Korea. More so than the occasional but isolated shock
tactic, employed locally by world-famous architects, because Woo's
present situation as a Korean-American architect has enabled him to
maintain a gaze of both the insider and outsider, an advantage to have
an objective reading of Korean society and cities, and to provide
solutions that are at once universal and distinct, balancing tradition and
modernity.[14]

I have no hesitation in predicting that ACC will bring about a grand
change in the urban image of Gwangju, and also in the lives of its
citizens. Above all we will witness the emergence of an unprecedented,
idiosyncratic urban landscape. That itself will prove to be a cultural
event, crossing the threshold to open a new era of urban culture. ACC
will also have influence over Korean society as a whole, and have an
active role in the production and exchange of cultures in Asia and the
world at large. This is made possible by the efforts of Gwangju, to learn
from its own experiences, and to dream and realize a place for
progressive and advanced culture—a 'house of culture,' open to
everyone and to many possibilities in functionality, while enabling the
communication of free spirits and reifying the democratization of
culture. Citizens may well have pride in Gwangju, which has come so far
in realizing this project, developing its necessary programs, choosing
the right design for them, and had the unflinching will and desire to build
it.

The building process of ACC has not been an easy one. There were
debates concerning the preservation of the Annex of the Provincial
Office, conflicts that divided local opinions and left deep wounds in the
hearts of the citizens. This affected the construction schedule, and its

신축으로 실현되는 것이지만, 민주화 운동에 대한 집단적 기억의 보전과 승화의
노력을 전제하고 이루어지는 것이기도 하다. 이런 측면에서 ACC의 건립은 일개
문화공간의 건립을 넘어서 광주의 온갖 경험을 하나의 장소에 회집하는 의미심장한
역사(役事)로 볼 수 있을 것이다.

"건축은 문화이자 동시에 비즈니스이며, 관념의 표출임과 동시에 가치 그
자체이기도 하다"는 프레드릭 제임슨(Fredric Jameson)의 말을 받아들이면,[13]
이 시설의 건립은 빛고을 광주를 재규정하고 재구축하는 획기적인 사건이다.
과거와의 견고한 결속이면서 아울러 미래로의 전진이라는 양면성에서도 그렇지만,
유서 깊은 문화도시 광주가 다시 도약하는 계기가 되고 시민적 삶에 일대 변화를
가져올 것이라는 데서 더욱 그러하다.

ACC라는 가시적인 구조물과 장소의 출현은 건축(가)의 개입으로 가능했다.
하지만 일반적인 건축 설계라는 의미는 아니다. 그 이상으로, 도시의 개조이자
재생이고, 광장과 공원의 조성이며, 신유형의 문화공간의 축조라는 전면적이고
종합적인 작업(work)인 것이다. 거기엔 도시와 역사에 대한 존중, 일상과 맥락에
대한 배려, 장소와 시설에 대한 통찰이 배어 있다. 동시대의 가벼운 풍조를
추종하지 않으면서 진지하게 지역과 동시대의 요구에 귀 기울이고자 하는 태도는,
ACC를 진정한 문화적 실험이자 모험으로 이끌고 있다. 이 공간이 지닌 가치는
시간이 흐를수록 드러날 것이다.

건축가 우규승에게도 ACC는 자신의 작업 세계에 신기원을 여는 중요한
프로젝트가 될 것이다. 과제의 중요성에서뿐 아니라 그의 오랜 사고와 관심들이
여기서 성숙과 도약의 기회를 얻었기 때문이다. 개인적으로도 민주와 자유에 터
잡은 도시의 공동체적 기반 시설을 —문화의 이름으로— 새로 제공한다는 것은
가슴 벅찬 일이다. ACC의 실현은, 최근 한국에서 벌어지는 해외 저명 건축가들의
단발성 개입이 주는 충격보다 더 지속적이고 긍정적인 영향력을 발휘하리라
예상된다. 그 이유는 재미 건축가라는 우규승의 실존적 상황이 내부자의 시선과
타자의 시선을 겸비한 채 동시대 한국 사회와 도시의 현실을 독해하면서, 전통과
현대, 그리고 공간과 장소의 견지에서 보편적이고도 고유한 해법을 제시하려
노력하고 있기 때문이다.[14]

단언컨대 ACC의 건립은 광주의 도시 이미지에 커다란 변화를 가져오는 한편,
시민적 삶에도 일대 변화를 가져올 것이 틀림없다. 무엇보다 전에 없던 특이한 도시
풍경의 출현을 목격하게 될 것이다. 그것 자체가 지극히 문화적인 사건일뿐더러
새로운 도시문화(urban culture)가 전개될 계기로 작용할 것이다. 또한 ACC의
출현은 한국사회 전체에도 적지 않은 파급 효과를 미칠 것이고, 나아가 아시아를
비롯한 국제적인 문화의 생산과 교류에도 일정한 역할을 담당하게 될 것이다.
그것은 광주의 경험을 바탕으로 진보적이고 선진적인 문화의 장소를 꿈꾸고

completion date was held back a few years.[15] This contradiction stemmed from a simple difference in reading the significance of Gwangju Movement, but caused major damages in the process. However, there is no denying that such conflict was the result of sincere affection for ACC. Agreement was reached for its partial preservation, and now civil societies, moving beyond, are expected to become an even more active participant in the successful launching of ACC. There is one more thing to note: the activities and contents that will fill ACC after its construction completion. Considering ACC's scale, complex functions, and various programs—including performance, exhibition, research, education, and other forms of culture exchange— its organized and efficient operation and management are not an easy task. The City of Gwangju should overcome the lures of past times-old bureaucracy, by providing support while refraining from interference, and establishing a system that allows creative operation with competent personnel. ACC's future will depend on whether it succeeds in becoming an attractive place/facility where citizens and other visitors willingly visit, and this can only be achieved by the active and coordinated participation of Gwangju's regional and civic communities.[16] As its dramatic construction completion approaches, I expect ACC to become the representative culture space, resource, and monument of our times.

Notes

1. Historian Marc Fumaroli contends that culture has become today's religion. In contemporary societies, culture is the most sacred realm. M. Fumaroli, *L'État culturel, essai sur une religion moderne*, trans. Park Hyung-sup, Kyungsung University Press, 2004.
2. Singapore's Esplanade, the Guggenheim Abu Dhabi, the Opera Hall of Beijing, the Shanghai Concert Hall, and the Tokyo Forum are good examples. The Hong Kong Culture Center and the Opera House of Seoul (currently design in progress) are also similar cases, and, in case of Gwangju, ACC is no less behind in scale or value than the culture facilities of other major cities, although the city itself is relatively smaller.
3. Most famous among these is Frank Gehry's Guggenheim Museum Bilbao. This building single-handedly reinvigorated the aging city, coining the term "Bilbao Effect." However, it ended up inspiring so many simple-minded imitators around the world.
4. This tendency can be understood as a result of rampant competitions amongst cities and ostentatious investments of surplus capital in late capitalist society, fueled by bubble economies. Designs aimed at obtaining extreme and even wasteful differences are in essence similar to the nature of advertisement, and at its heart there is the desire for 'difference for difference's sake.' Hyuk Khang, "Bidding Farewell to the Development Era, and Beginning Our Talks on Architecture as Humanities," *SPACE*, no.517, pp.4-5, December 2010.
5. This could be defined by Lacan's gaze in a positive sense.

실행하고자 하는 노력에 기인한다. 특정 소수를 위한 시설이 아니라 시민/국민 모두에게 개방되어 있으며 그 쓰임과 채움의 가능성 역시 무한히 열린 공간, 문화의 민주화를 구현하고 자유로운 정신의 소통과 고양이 실현되는 '문화의 집' 에 대한 비전인 것이다. 이런 프로젝트를 시도하고, 그런 내용을 담은 프로그램을 개발하고, 또 거기에 부합하는 디자인을 채택했으며, 또 그것을 실천할 의지와 열망을 가진 광주는, 상응하는 자부심을 가져도 좋을 것이다.

ACC의 건립은 순탄치 않다. 도청 별관의 보존 문제로 엄청난 갈등을 겪었고, 그 과정에서 지역 여론은 분열되고 시민들은 큰 마음의 상처를 입었다. 예정대로라면 상당 부분 진척됐어야 할 건설 일정은 차질을 빚었고, 시설의 완공은 몇 년 지연되었다.[15] 이러한 진통은 ACC에서 광주 항쟁의 위상에 대한 사소한 입장 차에 의한 것이었지만, 그 과정에서 감당해야 할 손실은 적지 않았다. 이는 말할 필요도 없이 ACC에 대한 진정 어린 관심과 애정에서 비롯된 것이다. 부분 보존으로 결론이 난 현재, 시민 사회는 그간의 논란과 갈등을 접고 한층 성숙한 모습으로 ACC의 성공적 출범에 기여하리라 예상된다.

한 가지 더 지적해야 할 것이 있다. ACC의 완공 후 채워 갈 활동과 내용(contents) 들이다. 시설 규모와 다기한 기능들, 그리고 공연과 전시를 비롯한 연구, 교육, 교류 등의 활동을 감안해 볼 때, ACC의 합리적이고 효율적인 운영과 관리는 벅찬 과제가 아닐 수 없다. 이 공간의 운영 주체로서 광주가, 관료주의의 유혹을 극복하고, 지원은 하되 간섭은 하지 않으면서, 우수한 인력에 의한 창의적인 경영이 가능한 체제를 마련해야 할 것이다. 시민뿐 아니라 외지의 누구나 찾아오는/찾아야 할 매력있는 장소/시설로 만드는 일의 성사 여부가, ACC의 미래를 결정할 것이다. 이는 광주의 지역적 시민적 역량과 합심 및 참여에 달려 있는 문제이며, 중지를 모아 지혜롭게 풀어 가야 할 숙제이다.[16] 몇 년 후 다가올 ACC의 극적인 실현을 기대하며, 우리 시대가 성취한 대표적인 문화공간이자 자원, 그리고 기념비로 자리매김하기를 기원해 본다.

주註

1. 마르크 퓌마롤리(Marc Fumaroli)는 '문화가 현대의 종교가 되었다' 고 말한다. 현대사회에서 문화는 가장 신성시되는 영역이다. 마르코 퓌마롤리, 박형섭 옮김, 『문화국가—문화라는 현대의 종교에 관하여』, 경성대학교 출판부, 2004.
2. 싱가포르의 에스플러네이드, 아부다비의 구겐하임 미술관, 베이징 오페라하우스, 상하이음악당, 도쿄국제포럼 등의 건립이 좋은 예이다. 홍콩 문화센터, 서울 노들섬 오페라하우스(예정)도 유사하다. 광주는 도시 규모는 작지만 규모나 특성에서는 조금도 뒤지지 않는다.
3. 이런 접근 중 가장 큰 성과를 올린 것으로 프랭크 게리(Frank Gehry)의 빌바오 구겐하임 미술관을 들 수 있다. 하나의 건축이 낡고 쇠락해 가는 도시를 살린 사례로, 이는 '빌바오 이펙트' 라는 신조어를 낳았다. 그러나 전 세계의 많은 도시들이 거기에 편승하여 답습하는

6. Writer Choi In-hoon, in his novel *Square* from 1960, remarked that Korean society is so closed off that it allowed neither plazas for the public nor private rooms for the individual. This diagnosis was a correct one and remained so for a long time afterwards.

7. Sunken *madang* is an urban application of Woo's continuing interest of introversive space. Extracted from Korean traditional architecture, the architect has already used this type of space in his previous works, including several residences.

8. The announcement of the competition-winner received a generally hostile reaction. The scheme, completely opposite from a large sculptural monument that most people had in mind, was not an easy one for non-professionals to understand. As a result, it took more than 40 public presentations for the architect to persuade the citizens.

9. This is because this method has already been repetitively used and is narcissistic in essence. It is usually government controlled, and forces certain meaning and emotion on the viewer through clichéd techniques.

10. Derrida was an Algérian Jew before he was a French philosopher, and was also highly critical of ideas based on exclusiveness such as Zionism.

11. In this respect ACC's monumentality is in a way similar to the approach found in Maya Lin's Vietnam Veterans Memorial at Washington, D.C. In Korea, it can be compared to Seung H-sang's memorial for the late president Roh Moo-hyun at Gimhae. Both Lin's and Seung's works re-present memory without an apparent monumental structure. J. k. Ochner, "A Space of Loss: The Vietnam Veterans Memorial," JAE, 50/3, ACSA, 1997, p.156, H-sang Seung, *Memorial for President Roh Moo-hyun: A Landscape for Voluntary Exiles*, nulwa, 2010.

12. Hyuk Khang, "Monumentality and Monumentalism," *Ideal Architecture*, No.103, March 2001, pp.76-89. In this essay I tried to note the dangers of monumentalism and examined the possibility of a new type of monument.

13. F. Jameson, "Is Space Political?," *Anyplace*, Anyone Corporation, NY., NY, (CA, 1997) p.215.

14. Hyuk Khang, *KYU SUNG WOO*, SPACE, 2010, p.191. Woo's works—including the ACC—feature coexistence and contention between East and West, past and present, tradition and modernity, architecture and city, the changing and the persistent.

15. The debate on the Annex's preservation took place over 30 months, postponing the construction completion from 2010 to 2012, and now 2015.

16. In this respect, Busan International Film Festival provides an inspiring model for Gwangju. Held in Busan and with the initiative of Busan's citizens, BIFF nevertheless maintained an open staff-organization and autonomous operating system, and successfully fused the local government's aid with the citizen's active participation. It has now become an internationally renowned cinematic event, with its own grand theater.

부정적 영향이 생겨나기도 했다.

4. 이런 풍조는 후기 자본주의 시대에 도시간의 극심한 경쟁 체제와 거품 경제가 제공한 잉여 자본의 과시적 투자라는 측면에서 이해해야 할 것이다. 그 낭비적이고 극단적일 만큼 차별성을 내세우는 디자인은 광고와 유사한 바가 있으며, 그 내부에는 차이를 위한 차이에 대한 욕망이 자리잡고 있다. 강혁, 「개발시대의 종언과 건축이 인문학이라는 화두」 『공간』 517호, 2010. 12, pp.4-5.

5. 이를 긍정적인 의미에서 라캉(J. Lacan)의 응시적 관계로 규정할 수 있을 것이다.

6. 일찍이 소설가 최인훈(崔仁勳)은 『광장』에서 한국사회가 대중의 광장도, 개인의 밀실도 허용하지 않는 닫힌 곳이라고 설파했다. 그리고 그 사실은 상당 기간 진실로 남았다.

7. 선큰 마당은 건축가 우규승의 오랜 관심인 내향성이 도시적 스케일로 구현된 경우이다. 건축가는 한국 전통건축에서 이런 유형의 장소들을 주목해 왔으며, 주택을 비롯한 건물들에 적용해 오곤 했다.

8. 당선작 발표 후 광주의 지역 여론은 반발 일변도였다. 당선작의 내용은 전문가가 아닌 일반인들에게 이해가 쉽지 않았으며, 그들이 막연히 기대했던 거대한 스케일의 조형물과 상치하는 것이었다. 건축가는 사십 차례가 넘는 공공 프리젠테이션을 통해 몰이해를 극복해야 했다.

9. 왜냐하면 이런 방식은 너무 자주 반복되었으며 자기도취적인 것이기 때문이다. 대개 관제적인 성격이 강하고, 일방적으로 의미를 주입하고자 하며, 손쉬운 감동으로 이끌려 하기 때문이기도 하다.

10. 데리다는 프랑스 철학자이기 전에 알제리 출신의 유대인이었으며, 동시에 유대 민족주의 같은 배타적 내부성에 대해 지극히 비판적인 지식인이었다.

11. 승효상, 『노무현의 무덤, 스스로 추방된 자들을 위한 풍경』, 눌와, 2010. 이런 측면에서 ACC의 기념비성은 마야 린이 설계한 미국 워싱턴에 있는 베트남 메모리얼과 고 노무현(蘆武鉉) 대통령의 김해 묘지와 유사한 바가 있다. 두 메모리얼은 비극적 기억을 가시적 기념비 없이 장소화로 재현전하고 있다.

12. 강혁, 「기념비성과 기념비주의」 『이상건축』 103호, 2001. 3, pp.76-89. 이 글에서 필자는 기념비주의의 위험을 지적하고 새로운 형식의 기념비의 가능성을 제시하고자 했다.

13. F. Jameson, "Is Space Political?," *Anyplace*, New York: Anyone Corporation, 1997, p.215.

14. 강혁, 『KYU SUNG WOO』, 공간사, 2010, p.191. 우규승 건축에는 동과 서, 과거와 현재, 전통과 모던, 건축과 도시, 그리고 변하는 것과 지속하는 것, 이 양자가 공존하고 길항(拮抗)하는 모습을 발견한다. ACC에서도 마찬가지이다.

15. 보존 여부를 두고 논쟁하는 사이 이 년 육 개월의 시간이 흘렀고, 2010년 완공 예정이던 스케줄은 2012년으로, 또 2015년으로 미뤄졌다.

16. 이 점에서 광주는 부산국제영화제에서 교훈을 얻어야 할 것이다. 부산국제영화제는 부산에서 개최되는 부산(시민)의 것이지만, 지역적 폐쇄성 대신에 개방적인 인적 체제와 자율적인 운영 시스템, 그리고 시의 지원과 시민의 적극적 협력으로 세계적으로 성공한 문화축제가 되었고 또 전용관도 마련했다.

A Conversation with the Architect

Kyu Sung Woo & Hyuk Khang

Date October 15, 2010
Place KSWA office, Cambridge

Hyuk Khang   It is my pleasure to visit your Cambridge office again after many years, and have this opportunity to discuss your work with you. New England's autumn foliage is splendid as usual. What is new is the wonderful exhibition hall of your office where previous works are displayed for the visitors. Looking at the many models placed here and there in your office, I feel that the atmosphere is quite different from that of Korean design firms. Whereas many Korean offices are workshops for production, your Cambridge office, with its high ceilings and vast spaces, feels like a studio in a genuine sense, open to creative experiments. Most striking is the use of large-scale models in the design process, models that are not simply study models but quite elaborate and realistic, so much so that they resemble actual constructions. They clearly reveal the development and process of thought that went into each project, including the Asian Culture Complex (hereafter referred to as ACC). Its grand models are very impressive, and give us a glimpse into your working methods.

Today our conversation will focus on the ACC project, to hear your thoughts on not only its design but also its surrounding context. Before we begin, though, I think, a brief mention of your activities and projects for the last decade will be helpful to our readers.

Recently, your works were published in the fourth installment of a special monograph series by *SPACE* (January 2010). Quite a thick volume entitled *KYU SUNG WOO*, it portrays distinctive aspects of your recent career. The first is that your works of the last ten years are mostly in the US, especially in the Boston area. Secondly, university facilities such as museums, dormitories, and workshops, comprise a big part of the works. The third interesting characteristic is that your works in the US apparently display quite different features from previous ones in Korea. Finally, while there were only a few projects in Korea—and those that were planned were ultimately unbuilt—the competition-winning ACC, now close to completion, is expected to open a new phase in your

건축가와의 대담

우규승 · 강혁

일시 2010년 10월 15일
장소 우규승 건축 사무실, 케임브리지

강혁   반갑습니다. 오랜만에 다시 이곳 케임브리지의 우규승 건축사무소를 찾아 선생님과 대담을 갖게 되어 기쁩니다. 눈부시게 아름다운 뉴잉글랜드의 가을 단풍은 올해도 변함이 없군요. 이번에 와 보니 전에 없던 근사한 전시장이 새로 마련되어서 그동안의 작업 결과들을 방문객에게 보여 주고 있네요. 공장을 개축한 사무실 이곳저곳에 놓여 있는 모델들을 보노라면 한국의 설계사무실들과는 상당히 다른 분위기가 느껴집니다. 한국의 설계사무실이 생산을 위한 작업장이라는 성격이 강한 데 비해, 케임브리지의 그것은 천장이 높고 공간이 여유로워 실험적인 작업이 가능한, 그야말로 스튜디오라는 느낌이 강하게 옵니다. 특히 인상 깊은 것은 한국이라면 쉽지 않을 것 같은, 커다란 모형들을 가지고 진행되는 디자인 작업입니다. 단순한 스터디 모델이 아니라, 예비적 시공이라 해야 맞을 정도로 모형들이 정교하고 현실적입니다. 프로젝트를 둘러싼 사고의 전개와 발전이 어떻게 이루어지는지 한눈에 알 수 있더군요. 특히 아시아문화전당(이하 ACC)의 거대한 모형들은 정말 인상 깊습니다. 선생님의 작업 방식의 일단을 보여 주는 좋은 물증으로 받아들여집니다.

오늘 선생님과 나눌 대담 내용도 ACC에 관한 것입니다. 물론 건축 디자인 그 자체에 관한 것이지만, 그것을 둘러싼 배경, 맥락도 포함하여 선생님의 진솔한 생각을 듣고 싶습니다. 본론으로 들어가기 전에 독자들을 위해 지난 십여 년간 선생님의 활동과 작업에 대해서 잠깐 언급하고 지나가는 게 좋겠습니다.

2010년 1월에 『공간』지 특별 간행물인 건축가 시리즈 4호로 선생님의 작품집이 출판되었습니다. 『KYU SUNG WOO』라는 제목으로 나온 두툼한 작품집을 보면 몇 가지 특성에 주목하게 됩니다. 그 첫째는 지난 십 년간 선생님의 주요 작품이 거의 대부분 미국에서, 그것도 주로 보스턴과 케임브리지 시 주변을 거점으로 이루어졌다는 것입니다. 두번째로 선생님의 작업에서 미술관, 기숙사, 작업실 등 대학 관련 시설이 다수를 점하고 있다는 것입니다. 셋째로 미국에서의 선생님의 작업이 외견상 그 전 한국에서의 그것과는 사뭇 다른 양상을 보여 주고 있다는 흥미로운 사실을 지적할 수 있겠습니다. 마지막으로 그동안 한국에서의 작업은 거의 없었거나 계획안으로 그쳤지만, ACC 현상설계에서 우승하고 또 가까운

architectural career.

In a way, the ACC is a comprehensive condensation of your thoughts on architecture and the city, your interest in Korean culture and traditional architecture, and your past experiences and achievements in general. In view of your previous activities and age, it would not be an overstatement to define ACC as the mastery accumulation of Kyu Sung Woo's capacity as an architect. In Korea, you have already worked on large-scale projects such as the Olympic Athletes' and Reporters' Village from 1988, as well as the Whanki Museum, another cultural facility which is often referred to as your finest achievement here. But the ACC is an unprecedented work in terms of size and complexity. First of all, could you tell us about your activities, thoughts, and feelings during the time you worked on the ACC?

Kyu Sung Woo   In the eighties and nineties, I had many projects in Korea, but such opportunities all but disappeared with the "IMF Crisis," or the financial crisis of 1998. Coincidentally, it was then that I began to receive many commissions from universities in the US, working on campus galleries, dormitories, and educational facilities. Around 2005, I felt a strong will desire to work in Korea again. Working in Korea gives me an opportunity to reconnect with my roots – and many of the themes in my work have been as a result of comparing aspects of Korean and American society and culture.

In 2005 the competition for the ACC was announced. My submission won first prize, and we've been working on the ACC since then— alongside other projects in the U.S. and Korea.

I'd like to talk a little bit about the practice of architecture. I am not the sort of architect who envisions oneself as an artist, who approaches the design process as an artistic endeavor. I'm not interested in using architecture as a means of expressing oneself. I don't design in order to express my own style. There is a place for such architects in society— but my approach is different. I try to create an environment for people to live and work in—to design a space that fits their needs rather than imposing my own ideas. That applies to small houses or large, mixed use complexes.

I believe strongly that architecture should relate to how people live and how they experience a place. My design process begins by understanding the conditions and requests of a given project, and defining specific tasks in accordance with that understanding. It is an arduous process, trying to discover the essence of a project within the confinements of realistic conditions. Therefore it is most important for me to find out what the project truly needs to fulfill. Conversation with

장래에 실현됨으로써 선생님의 건축세계에서 새로운 단계를 예고하고 있다는 것입니다.

어떻게 보면 ACC 프로젝트는 건축가 우규승의 도시와 건축에 관한 생각, 한국의 문화와 전통건축에의 관심, 그리고 이제까지 축적된 경험과 성과 등이 종합적으로 응축되어 탄생한 작품이라 말할 수 있을 것 같습니다. 선생님의 그동안의 활동이나 현재의 연세로 보아서 이 작품은 건축가 우규승의 원숙한 역량이 집약된 작품이라고 단정해도 무리가 없을 것 같습니다. 또한 지난 1988년 완공된 올림픽선수촌처럼 대규모 작품이 없는 것은 아니지만, 한국에서 보통 선생님의 대표작으로 꼽히고 있는 환기미술관과 비교해 볼 때 같은 문화 관련 시설이라 해도 그 규모나 복잡함에서 전혀 비교 대상이 아닙니다.

먼저 ACC 설계에 즈음한 선생님의 활동, 심정, 생각의 일단을 듣고 싶습니다.

우규승   한때 한국에서 여러 일을 한 적이 있지만 소위 '아이엠에프(IMF) 사태' 가 터지면서 1998년 이후에는 개인적으로 한국에서 일할 기회가 거의 사라져 버렸어요. 공교롭게도 그 후로는 주로 미국에서 일을 하게 되었습니다. 그것도 대학 소재의 미술관, 기숙사, 교육시설 등과 같은 대학교와 관련된 일을 주로 했어요. 그 전, 그러니까 1985년부터 시작해서 1990년대까지는 한국에서 활발하게 작업할 기회가 주어져, 모국에 대한 깊은 관심을 갖는 기회가 됐습니다. 그 전에는 이곳 미국에서 자리잡고 활동하느라 다소 소원했고요. 나의 뿌리인 한국과 내가 살고 있는 미국을 비교하는 가운데 여러 가지 생각들이 싹텄고, 두 문화를 오가면서 소중한 경험을 쌓았습니다. 또한 이때가 나의 건축적 관심과 어휘들이 본격적으로 발현된 시기이기도 합니다.

여하튼 2005년쯤에 다시 한국에서 일하고 싶다는 강한 의욕이 생겼어요. 때마침 광주 아시아문화전당 현상설계경기 공모가 나와 참가했는데 다행히 당선의 행운을 안았지요. 그 후론 미국과 한국 양쪽에서 병행하며 작업을 진행해 나가고 있어요. 물론 현재로선 내게 가장 중요하고 또 큰 비중을 차지하는 것은 ACC입니다.

먼저 내가 건축에 대해 갖고 있는 생각, 그리고 나의 관심사를 이야기하고 싶네요. 나는, 자신을 작가로 간주하면서 건축 작업을 예술작품 만드는 것으로 생각하며 임하는 그런 유의 건축가는 아닙니다. 건축물의 생산을 자신의 표현 수단쯤으로 간주하는 작가주의는 나의 관심과 멉니다. 나의 건축적 의지를 실현하기 위해 설계를 하고 있는 게 아니라는 거지요. 물론 그런 건축가도 사회에 필요하고 또 의미가 있겠지만, 나는 다른 방식으로 건축에 접근하며 작업하는 사람입니다. 나는 자기 스타일을 강요하기보다 '인간이 살아갈 도시를 만들고 제공하는 전문가' 로 건축가를 정의하고 싶어요. 건축이나 건축가를 그런 시선으로 보는 건, 한 채의 집이든 거대한 규모의 복합시설이든 그것이 도시의 생성자이기 때문이죠.

나는 삶과 건축의 일치, 거기에 큰 가치를 둡니다. 즉 삶과 인간을 위한 건축, 또

clients and future users are important in this respect, as well as the surrounding context, building codes and restrictions, budget, technical difficulties, public opinions, and other conditions—in other words, the generative sources for architecture that should be respected.

With that said, I believe that my work always reflects my architectural interests and methods. My work is distanced from many recent trends and discourses, but I believe that the quality of a building is dependent not only on the philosophy or theory of its architect but on the architect's capacity and earnest efforts.

My views are reflective of the atmosphere surrounding architecture and urbanism during the time I was studying architecture. The interaction between city, society, and the public realm have been my constant interests since the 1960s when I came to the East Coast to study architecture. My biggest influence is probably Sert, my teacher at Harvard,[1] and also influential were the collective concerns of that era, when Modern Architecture's contradictions were exposed and ignited active discourses and disputes on the future of architecture. On the other hand, the aesthetic debates of Post-Modernism that followed had little appeal to me. The urban and social issues of architecture – those that connected the discipline with real life – have always been at the center of my architectural practice. I believe the ACC represents the synthesis of all these interests.

Khang In that respect you are confessing in a way that your architecture is based on an urban approach and an interest in the public realm. I find it very interesting that you started your career in urban design—designing collective housing—and then moved on to designing individual buildings.[2] This, in my opinion, seems to be the origin of the differences found in your work and other architects'. ACC, as an urban-scale mixed-use facility, is fundamentally in accordance with your prime area of expertise and interests. Let us now talk about ACC in detail. I believe the ACC, chosen through international competition in 2005, will be the most important project of your career, your magnum opus. It's not just because of its scale but also because of the significance and weight of the project. Obviously your Athletes' Village for the 1988 Olympic Games was also grand in scale, but whereas this was a collective housing project defined by a more typical approach, the ACC is that rare cultural, multi-functional project with distinctive features. It is a dream project for an architect, perhaps a once-in-a-lifetime opportunity, since it gives you the freedom to fully exercise your capacity as an architect, and to realize your artistic imagination.

Whanki Museum, Seoul, Korea, 1993. 환기미술관, 서울, 한국, 1993.

거기에 봉사하는 건축가라는 생각, 이것이 내가 건축을 하면서 취하는 입장입니다. 나의 설계 작업은 주어진 과제에 근거해 여건, 상황, 요구 등 따라야 할 바를 파악하고 거기에 의거해 일을 하는 방식으로 이루어져요. 주어진 현실 조건 속에서 프로젝트의 본질에 충실하게 다가가고자 하는 거지요. 그러므로 나에게는, 프로젝트가 진정 충족시켜야 할 바를 찾는 일이 제일 중요해요. 또 그러기 위해선 과제를 발주한 건축주나 살게 될 사용자와의 대화가 무척 중요해요. 또 주변 맥락, 법규나 규제, 예산이나 기술적 제약, 지역 여론, 기타 조건들을 다 존중해야 할 인자이자 건축을 생성하는 자원으로 받아들여요.

그렇다고 내가 건축가로서 특성이 없다거나 내 건축물들이 어떤 일관성이 결여되어 있다고는 생각하지 않습니다. 거기에는 언제나 나의 건축적 관심과 방법이 배어 있으니까요. 최근 유행하는 성향이나 담론과 거리가 있는 것은 사실이지요. 하지만 건축의 질적 수준은 건축가의 철학이나 이론이 아니라 — 물론 그런 것들이 중요하지 않은 것은 아니겠지만 — 그의 역량과 성실성과 공들임 등에 의해 좌우되는 것이라고 봅니다.

부연하자면, 이런 태도는 나의 건축 수업이나 내가 공부하던 당시의 건축과 도시를 둘러싼 시대적 분위기와도 상관이 있다고 보입니다. 레이건(R. Reagan) 시대 이래로 미국을 지배한 신보수주의 체제 아래에서 쇠퇴한 공공 영역에 대한 관심과 배려, 이것은 내게 항상 중요한 이슈로 남아 있었습니다. 미국 동부로 유학 온 1960년대 이래로 나에게는 도시와 사회에 관한 관심, 공공 영역에 대한 관심이 꾸준히 지속되고 있지요. 그건 내 스승인 하버드 건축대학의 서트(J. L. Sert)

Architect's desk. 건축가의 책상.

Personally, I am most curious about your decision to present a scheme that is far from usual expectations. In competitions we are generally inclined to submit designs that are visually spectacular, to immediately grasp the attention of the jury. However, your design goes against the customary ideas on plasticity and monumentality, and follows your very own interpretation on the subject of cultural spaces. The core idea concerns the exterior spaces of the upper level and the placement of facilities in the underground—not a common solution for competitions. It is definitely a decision based on your philosophy but nevertheless would not have been an easy one. It was a challenge with high risks.

Woo   In the end it is about proposing a plan that I believe in. The "Forest of Light" proposal places its priority on an urban approach over visual form or monumental grandeur. I proposed what I thought was the best and appropriate solution. In a competition there is always the risk of having one's intentions misinterpreted by the jury, but in this project the communication was fortunately successful.

What I think is most important in the design process is the comprehension and analysis of the programmatic considerations that are inherent in a project. I make efforts to understand the project's issues, and a solution follows in turn. That's how it was with the ACC. While it was a very complex and difficult project, I invested a lot of time thinking about what was most important in it, and what sort of solution it asked for. The final answer was this scheme—what I believe to be the best and proper solution for the city and the place.

Khang   In that respect the first thing that comes to mind is the

선생의 영향이 컸던 것 같고,[1] 또 당시 제기되던 근대 건축의 모순이 현실에서 담론화되었는데 나아가야 할 바에 대한 집단적 고민에 이르게 된 것 같습니다. 그 후 벌어졌던 포스트모더니즘 이론의 미학적 논쟁 같은 것은 내 관심과는 멀고, 그 전의 삶과 관련하여 건축을 둘러싼 도시적 사회적 이슈, 그리고 그 대안들이 항상 내 작업의 주된 관심사였다고 볼 수 있을 것 같습니다.

더불어 1980년대 후반 이후 한국에서 프로젝트들을 실제로 작업하면서 한동안 뇌리에서 멀어졌던 한국의 전통과 문화에 대한 관심이 다시 생겨났고, 내향성, 외향성 같은 주제를 발전시키기도 했습니다. 그때 서울에 주택 몇 개와 환기미술관을 실현시킬 수 있었습니다. 그 과정에서 얻은 바가 적지 않았어요. 그런 나의 관심들이 ACC에서 구체적으로 반영되고 종합되었다고 볼 수 있습니다.

강혁   그런 점에서 보자면 선생님은 도시 설계적 접근과 공공 영역에 대한 관심이 자신의 건축을 이루는 바탕이라고 고백하시는 거네요. 저는 선생님이 집합주거 같은 도시 디자인을 먼저 하시다가 개별 건축물의 설계로 들어오신 과정이 흥미롭게 느껴집니다.[2] 여느 건축가들과 다른 중요한 차이 중의 하나가 거기에 기인하는 게 아닌가 생각됩니다. 그렇다면 ACC는 도시적 스케일의 대형 복합시설이라는 점에서 선생님의 전문 영역이자 주 관심사에 부합하는 프로젝트라고 볼 수 있겠습니다.

이제 구체적으로 ACC에 대해 말씀을 나눠 보지요. 제 생각에 2005년에 실시된 설계경기에서 당선된 이 작품은 선생님의 건축가 인생에서 가장 비중있는 작업이자 역작이 되리라 봅니다. 이는 규모에서뿐만 아니라 프로젝트가 가지는 의미와 비중 때문이지요. 물론 선생님의 88 올림픽 선수촌도 대형 프로젝트였지만 상대적으로 제약이 많고 유형화된 집합주거였음에 비해, ACC는 복합문화공간으로서 아주 특별한 성격을 띤, 드문 프로젝트이기에 그렇습니다. 건축가라면 누구나 한 번은 꿈꿀 만한 과제라 할 수 있겠지요. 건축가 개인의 역량을 마음껏, 자유롭게 펼칠 수 있는 기회를 제공받는다는 점에서, 그리고 예술가적 상상력을 실현할 수 있다는 점에서 그렇습니다.

개인적으로 먼저 궁금한 점은, 현상설계에 참여하셨다면 당연히 당선이 목표일 것이고, 그러기 위해서는 한국의 현실에서 매력있게 비칠 만한 화려한 안을 제시하는 경우가 일반적인데, 전혀 다른 대안을 제출했다는 사실입니다. 통상적인 의미에서의 조형성이라든가 기념비성을 강조하는 방향이 아니라 자신만의 해석에 따른, 통상의 문화공간들과는 다른 디자인을 제시하였습니다. 그것은 상부의 외부 공간과 시설의 지하화라는 아이디어를 핵심으로 하고 있습니다. 현상설계에서 상식적인 해법이라고 보이지는 않습니다. 물론 선생님의 철학에 따른 것이었겠지만 어려운 결정이었음에 틀림없어 보입니다. 위험할 수도 있는 모험인데요.

inseparable relationship between ACC and the May 18th Democratic Movement. The site of ACC itself is where the Movement took place, and the project calls for the preservation of the old Jeollanam-do Provincial Office while adding a big new cultural facility around it. In fact this is the key point of the project. More specifically, monumentality seems to be the main issue, an issue that must have brought many challenging connotations. Your competition-winning scheme was surprisingly devoid of any attempts to establish a monumental presence. It is my understanding that this approach caused heated debates even after winning the competition, as the client and the citizens of Gwangju expected a grand architectural gesture that would formally immortalize the heroic Democratic Movement—a commonsensical, understandable expectation, I might add. They would also have had no less of an expectation for a city landmark, either in the form of a grand sculptural piece or a visual symbol, a la the Bilbao Guggenheim Museum. The establishment of a landmark is a common topic for Korean cities in the 21st century, in the age of local self-governments. In their view, laying the facilities and *madang* (center plaza) underneath the ground, and the building of roof gardens, must have been unexpected solutions.

Woo   While considering the essence of this project I've identified three core issues—and I've tried to devise solutions for them. The first concerned monumentality and its contemporary reading; the second was an urban issue, the provision of a green park that would act as a lung for the inner city; the last was the aim of forming a bridge between East Asian introversion and extroversive modernity. These three entangling subjects then converged on a singular scheme, finalizing our design.

Khang   First let's talk about monumentality. In the ACC, monumentality is not sought in the form of an object, in a strong formal experiment which usually defines many monuments. Instead, the place itself has a monumental presence. This could be seen as a new approach to the issue of monumentality.

Woo   The Provincial Office and the Metropolitan Police Agency buildings, those that were sites of events from the Gwangju Democratic Movement, are meaningful places with historic and symbolic weight. The choice to place the ACC facilities below ground level came from our respect for these historical buildings and places,—we chose to let them stand out. They become the central area of the ACC and are naturally given monumental status. The entire ACC surrounds the old Provincial Office area, and the external approaches and circulations all add weight

우규승   결국 내가 수긍할 수 있고 스스로 옳다고 확신할 수 있는 대안을 제시하는 수밖에 없는 것이지요. 그것이 광주(光州)와 관련된 '빛의 숲'이라는 제목으로 제출했던 현재의 안인데, 시각적 조형이나 기념비적 위용과는 거리가 먼 디자인이며, 도시적인 해법이 더 우선한 성격의 것입니다. 나로서는 잘할 수 있으며 또 할 수밖에 없고, 한편으론 최선이자 최적의 해답이라고 생각했던 것을 제안한 것입니다. 현상설계에선 참여하는 건축가가 자신의 의도를 심사하는 측에게 제대로 전달하고 이해받을 수 있을 것인가에 대한 위험이 항상 따릅니다. 다행히 좋게 받아들여졌고 운도 따라줘서 당선이 되었던 것 같아요.

나는 설계에 임할 때 과제가 제기하는 문제의 이해와 해석에 가장 공을 들입니다. 내 작업의 프로세스는 문제의 파악에 가장 많은 노력을 경주하고 또 그것을 통해서 대안이 도출돼요. 즉 과제의 본질과 핵심에 다가가고자 하는 것이지요. 그것만 분명해지면 해법은 저절로 따라와요. ACC의 경우도 마찬가지였습니다. 굉장히 복잡하고 어려운 프로젝트이지만, 과제에서 가장 중요한 것은 무엇인가, 그리고 어떤 해결을 요청하는가에 대해 장시간 숙고했지요. 그리고 현재의 대안처럼 가는 것이 도시나 그 장소에 가장 낫고 올바른 해결책이라고 결론을 내린 것입니다.

강혁   그런 점에서 일차적으로 생각나는 게 오일팔 민주화 운동과 ACC와의 불가분성입니다. 부지가 광주 민주화 항쟁의 현장이기에 그렇고, 또 구 도청사를 비롯한 건물들을 보존하면서 거기에 덧붙여 대형 문화시설을 건립하는 과제이니까요. 사실 이게 핵심적 관건이지요. 구체적으론 기념비성이 매우 중요한 이슈라고 보이는데, 이 문제가 고민스러웠을 것 같습니다. 당선안을 보면 놀랍게도 기념비성을 부각시키려는 시도와는 거리가 먼 디자인입니다. 이 부분에 대한 논란이 당선작 선정 후에도 컸던 것으로 알고 있습니다. 발주자 측이나 시민들도 광주 민주화 운동을 불멸화하고 영웅화하는, 커다란 건축적인 제스처를 기대했다는 뜻이지요. 상식적이고 또 충분히 이해할 수 있는 반응이라고 봅니다. 또 빌바오 구겐하임 미술관에서 보듯이, 거대한 조형물이나 시각적 상징물을 세워 도시의 랜드마크로 삼으려는 기대 역시 적지 않았을 것 같습니다. 21세기, 지방자치 시대에 한국 대도시의 공통된 화두가 랜드마크거든요. 이렇게 보면 시설과 마당(중앙 광장)의 지하화와 지붕의 녹지공원화는 뜻밖의 대안으로 받아들여졌을 가능성이 큽니다.

우규승   이 프로젝트에 임해서 나는 세 가지 핵심적 문제를 읽었고 그에 대한 대안을 생각했어요. 첫째가 기념비성에 대한 것으로 그것을 어떻게 해석할 것인가, 둘째로는 도시 문제의 해결에 관한 것으로 도심의 허파로서 녹색공원을 제공하자는 것이었고, 셋째로 동아시아적인 내향성을 현대적인 외향성과 결부시키자는 것이었습니다. 이 세 가지 주제들이 디자인에서 서로 얽히다가 하나로 수렴되고 종합되어 현재의 디자인이 나온 거지요.

to the centrality of this place. I believe such a reading of monumentality, one that is intimately linked to the memory of the place, is in keeping with Gwangju's spirit of democratization.

Khang   Continuing that line of conversation, the entire buildings of the ACC have "permeated" into the ground rather than risen upwards from it. They do not impose their presence on us by external appearance, elevation, volume, and mass—the usual languages of architecture. In contrast, they have a humble presence, instead emphasizing the value of the ACC as a public place within the city. They are undoubtedly works of architecture, yet they wish to exist as an expansive exterior space in an urban center, as a green park. In other words, they are more a creation of new landscape in a city—one that is elaborately designed to emphasize the intrinsic value of the place—than architectural constructions in a usual sense.

Woo   In my opinion, what Gwangju needed most was not a large cultural facility. What the city, especially the old downtown area, urgently needed, seemed to be a park and open space. It was this urban situation, that generated the design. It was the most fitting solution from an urban perspective.

From the beginning, I had no desire to make the ACC visually striking. I value elements such as light and nature over the physical property of architecture. I enjoy materials like water. In the ACC, my endeavors were "non-architectural." Its buildings have no elevation or façade. The placing of scaffolds in interior and exterior spaces means that anything can be attached to them when needed—buildings exist as the background for the attachments. I wanted to present a solution using elements and vocabularies that weren't conventionally deemed architectural. In the ACC, the main character is not architecture in the usual sense of the word.

Regarding the facility and spaces, I tried not to apply a specific function to a specific space. Instead, an elastic container, adaptive to various situations in the years to come, was the model. I wanted to provide a space conscious of time, open towards the future. It is deeply related to what I've learned during my youth. The ACC reflects the thoughts and interests from throughout my career.

Khang   One of the things that attract our attention in the ACC is the plazas. In the West, plazas have been an important urban element since ancient times, a physical presence that is socio-politically linked to the birth of democracy and collective festivities. However, our cities did not have those kinds of plazas—it was instead the streets that performed such roles. Recently, the plaza in front of Seoul City Hall, by

강혁   그 중 먼저 기념비성에 대해 이야기를 나눠 보죠. ACC에서는 어떤 오브제로서 기념비성을 추구하고 있지 않으며 기존 기념비들에서 흔히 볼 수 있는 강렬한 형태적 시도가 발견되지 않습니다. 대신 장소 그 자체가 기념비성으로 나타나고 있어요. 이는 기념비성에 대한 새로운 대안 제시로 보입니다.

우규승   우선 광주 민주화 운동의 기억이 깃든 구 도청사와 경찰청 존재 자체가 역사적인 보존물로서 이미 장소적인 의미와 비중을 갖고 있습니다. ACC의 배치와 시설들의 지하화는 이 역사적 건물과 장소를 존중하고 부각시키려는 배려에서 이루어진 것입니다. 그러한 배치를 통해 그곳은 ACC의 중심적 위상을 얻게 되고 자연스럽게 기념비의 지위를 부여받게 됩니다. ACC 전체가 구 도청사를 둘러싸는 모양이며 외부에서의 접근과 동선이 모두 이곳의 장소적 비중을 배가시키지요. 그럼으로써 역사적 현장을 둘러싼 주변 외부 공간과 시설, 그리고 공원 전체가 그곳의 장소적 기억을 영속화하는 데 기여합니다. 과거의 형태주의적인 기념비성과는 결별한 것이지요. 이런 장소의 기억과 결부된 기념비성에 대한 해석이 광주의 민주화 정신에 더 잘 부합하는 것이라고 봅니다.

강혁   그와 결부해서 말씀드리자면, ACC는 건물 전체가 대지에서 솟아난 것이라기보다 땅 속으로 스며든 것으로 보는 게 맞을 것 같고, 아울러 보통의 건축들처럼 외적인 형태와 입면들, 볼륨과 매스로 정체를 드러내면서 자기를 주장하고 있지 않습니다. 오히려 자신의 존재를 낮추면서 도시의 공공장소로서의 성격을 강조하고 있습니다. 분명 건축물이긴 한데, 그 이전에 도심 한복판에 자리잡은 장대한 외부 공간, 그리고 푸른 공원으로 존재하려는 것이지요. 이건 말하자면 건축물의 건립이기 전에 도시에 새로운 녹색 경관의 생성, 그것도 사려깊게 디자인되어 장소 특유의 색깔이 짙은 경관의 생성으로 보입니다.

우규승   우선 나는, 도시에 거대한 문화시설을 도입하는 일 이전에, 광주 그것도 구 도심에 가장 시급하고 필요한 게 공원과 외부 공간을 제공하는 일이라고 생각했습니다. 그것을 우선적으로 고려하다 보니, 혹은 그런 도시적 요구를 문화시설의 건립과 아울러 해결하려다 보니 현재와 같은 디자인이 나온 거지요. 도시적 관점에서 가장 바람직하고 또 적합한 대안이라고 생각한 겁니다. 그렇다고 도시를 위해 건축적인 질을 포기하진 않았어요. 오히려 더 독특하고 특별한 문화시설이 되었다고 봐요.

ACC가 최근의 많은 문화 관련 건축물들처럼 눈에 확 띄는 예술적인 조형물이 아닌 것은 분명해요. 애초부터 ACC를 시각적인 효과를 강조해서 근사한 그림으로 보여 주고자 하는 욕망이 없었습니다. 나는 건축물 자체보다 빛, 자연 이런 요소를 더 중시해요. 또 코트 야드(內庭)와 같은 유형(type), 그리고 물 같은 요소가 즐겨 쓰는 재료예요. 그래서 ACC에서 오히려 '비건축화'라고 부를 만한 시도를 했습니다. 이 건물에는 특정한 외관 내지 얼굴(façade)이 없어요. 또 실외나 실내에

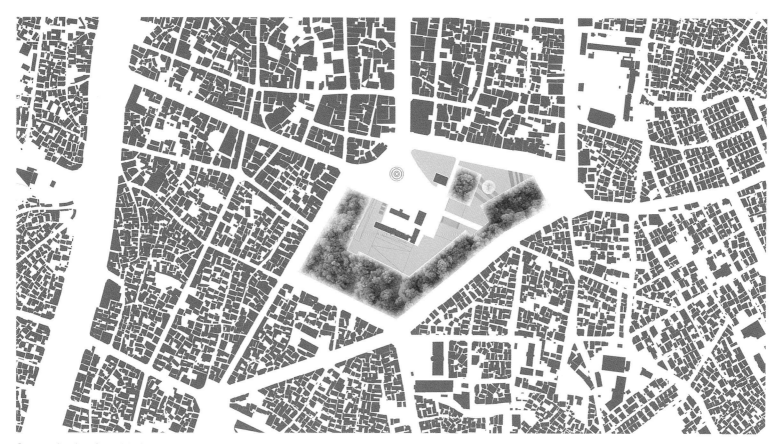

Concept drawing of a park in the city. 도심 속 공원의 개념도.

request of the citizens, was transformed from a traffic square to a plaza open for people's use. There is also a new plaza in front of Gwanghwamun, but whether it truly fulfills the function of an urban square is still open to debate. In this respect, the ACC's plazas need to be viewed in connection to the Democratic Movement of Gwangju, and, furthermore, the whole democratization of the nation. In my opinion, the ACC's plazas are the first in Korea that can be called plazas in their genuine sense. It will generate an experience of open spaces in the way Western plazas have. Could you tell us more about the plazas?

Woo Inside the ACC there are two representative plazas with contrasting features. The May 18th Democracy Plaza, connected with the city in front of the old Provincial Office, is a memorial plaza with strong symbolic meanings. With a capacity for 300,000 to 400,000 people, it is a forum with political implications, as it is directly linked to the Democratic Movement. Today, in a democratized and open society,

비계(scaffold) 같은 것을 붙인 것도 건물 앞에 무엇이든 부착할 수 있다는 뜻이지요. 건물은 그것의 배경으로 존재합니다. 관행적으로 건축의 요소나 어휘라고 간주되지 않는 것을 도입하여 풀고 싶었어요. 그래서 ACC의 경우 일반적인 의미에서의 건축이 주인공은 아니라고 생각합니다.

또 시설과 공간에 대해 생각해 보면, 단일한 용도에 단일 공간이 맞아떨어지게 대응한다는 사고 대신 장기간 미래의 여러 상황에 적응할 수 있는, 가변성이 큰 용기 같은 공간을 제공하고자 했어요. 최근 현대 건축의 유행, 혹은 트렌드와는 다른 차원에서, 시간을 의식하는, 혹은 미래지향적인 공간을 마련하고 싶었죠. 여기엔 내가 젊었을 때 공부하던 것, 그런 접근 방식과 사고, 이데올로기와 깊은 관계가 있어요. 그런 점에서 ACC는 내 성장기의 관심과 생각이 가장 많이 담긴 시설이기도 합니다.

강혁 ACC에서 주목하게 되는 것 하나가 광장입니다. 서구에서 광장은 고대로부터 내려온 도시적 구성 요소이자 물리적 시설이고, 정치, 사회적으로는

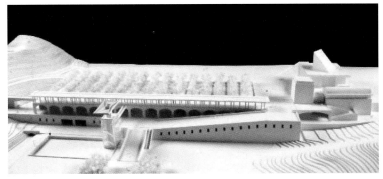

Industrial Museum Proposal, Yongin, Korea. 1993. Kyu Sung Woo. 산업박물관 계획안, 용인, 한국. 1993. 우규승.

it can hold various urban events, and, as it is adjacent to the surrounding city fabric, it also acts as an entrance that induces a flow towards the ACC. The other plaza is the half-sunken Asian Culture Plaza, which is situated inside the ACC. Surrounded by buildings, it is a courtyard-like plaza, emptied to provide links among the adjoining facilities. It should be understood in an urban scale, but conceptually it corresponds to the inner-court of a traditional Korean house. Formally introversive, it nevertheless is intended as an exterior space in an urban situation. In a sense it shares many features with central plazas found in Western cities: it is open to various urban, cultural events, and provides spaces for people's gathering or passing, in accordance with the needs of the season and time. As time passes, I hope that it will become recognized as a downtown square in the minds of the citizens. What is important, as I've previously mentioned, is that this exterior space is adjacent to the Provincial Office and thus is given a central position within the whole complex. These plazas aren't just be part of the ACC, they should be part of Gwangju as a whole, connected to the urban fabric beyond ACC.

Khang   Another point would be the park. A grand park will be newly provided in an urban environment, and many intentions can also be read in the landscape design. Every place has its own characteristics.

Woo   It is a green park and ecological forest. In the ACC, exterior spaces and landscape have the same weight as the architecture. Interior spaces are obviously for the citizens, but they serve specific purposes such as culture, art, research and education. A bigger public value is given to the exterior plazas and park/forest, which is open to everyone. The park inside the ACC isn't just a garden to be observed from a distance. It is a green space where anyone can enter to rest or take a walk, and that's why the ground is covered with clay and trees,

민주주의의 탄생 및 공동체의 축제와 깊은 연관이 있는 것으로 간주됩니다. 우리 도시의 역사에서 그런 개념의 광장은 없었지요. 차라리 그런 기능은 길(가로)이 담당했다고 생각됩니다. 최근 형성된 서울 시청 앞 광장과 광화문 앞 광장이 진정한 의미에서 도시의 광장으로 기능하고 있는지는 한번 생각해 볼 문제입니다. 이렇게 볼 때 ACC의 광장은 광주의 민주화 운동, 나아가 한국의 민주화 경험과 연관해서 살펴볼 필요가 있습니다. 제 생각으로는 한국에서 비로소 진정한 의미의 광장이라 부를 만한 공간이 ACC에서 처음 출현하는 게 아닌가 합니다. 서구의 광장이라는 외부 공간이 제공하는 경험과 동일한 경험과 활동을 제공하는 장소로서 말입니다. 여기에 대해 말씀해 주시지요.

우규승   ACC 안에는 대조적인 성격의 두 광장이 있어요. 그 중 구 도청사 전면의 도시와 연결되는 오일팔 민주광장은 상징적인 성격이 강한 기념 광장이지요. 삼사십만 명이 모일 수 있는 광장으로, 과거의 민주화 운동과 연관되는 정치적 성격이 강한 포럼(forum)입니다. 민주화가 이루어지고 또 개방화된 오늘의 상황에서 다양한 도시의 행위를 담는 공간으로 쓰일 수 있다고 봅니다. 이 광장은 또한 도시와 연접하면서 ACC로의 흐름을 유도하는 전면 진입부의 역할을 담당하기도 합니다. 또 하나 중요한 것이 반지하화된 문화 광장입니다. 이건 ACC 내부에 존재하는 것으로, 건물들로 둘러싸인 중정 개념의 광장입니다. 평소에는 비워 두는 공간으로 주변의 시설들과 연결되지요. 도시적 스케일로 보아야 하지만 개념적으론 한옥의 중정에 해당한다고 말할 수 있습니다. 내향화된 형식이지만 도시의 외부 공간을 지향했다고 말할 수도 있겠지요. 한편으론, 그것은 서구의 도시에 존재하는 중앙 광장들과 유사한 바가 있습니다. 이곳에서 다양한 도시적 문화적 행사가 가능합니다. 또 계절과 시간에 따라 사람들이 모이고 머물거나 통과하는 공간이 되기도 합니다. 시간이 경과하면 시민들의 인식 속에 도심 광장으로 자리잡게 되리라 봅니다. 중요한 것은, 앞서 언급했듯이 이 외부 공간이 구 도청사 건물과 인접하면서 자연스럽게 전체 시설 속에서 중심적 지위를 갖게

while some other areas were covered with grass. The purpose was to provide a green forest for the city and its citizens. The "Gwang" in Gwangju means "light"—and the active introduction of light in the buildings is central to the ACC—but the title of the project , "Forest of Light," is also meant to recognize the centrality of this forest, which defines this place.

Khang The placement of large-scale public cultural facilities beneath the ground—either fully or half-way—seems to be another unprecedented attempt. To place the interior spaces in the underground, to form an exterior space in the upper level, and to build a large inner-court-type plaza surrounded by the buildings' walls—these are the core proposals of ACC's design. Such approach seems to be in line with one of the major trends in contemporary architecture, where an integration of landscape and architecture is sought.[3] It is an active approach that has its base in urban design rather than architecture. ACC's interior facilities, external plazas, parks, and preserved buildings are all intimately tied to this concept. They are all interconnected in terms of space, function, and circulation. On the other hand, there must've been many problems to solve in ventilation, lighting, and energy savings issues in such a large underground facility.

Woo Building underground—and the subsequent formation of a *madang* or courtyard—is a design method I've been working on for some time. The scale was obviously different, but I have used this in previous projects, and quite successfully, I believe. My experiences with the Whanki Museum and Kim's Residence have certainly influenced this method. I also know quite a bit about ways to introduce light into an underground space, and providing solutions to environmental problems such as condensation, or the specific conditions of earthwork. The Industrial Museum proposal I submitted in 1993 had many ideas similar to the ACC's design.

Another influence was the active use of underground spaces in the cities of East Asia including Korea. To enhance the use of limited land space, the development of subways or underground markets is not uncommon in this part of the world. Of course, the ACC is distinguished by its mostly cultural, non-retail use of underground spaces, and by its methods to spatialize them in a thoroughly architectural manner.

Khang The models and renderings that show the ACC in its finished form are interesting, but it is your sketches that show the main points of your thinking. The idea of an introversive courtyard and center, the introduction of light in underground spaces, and the forming of roof gardens—such early basic concepts can all be found in these sketches.

된다는 점입니다. 이들 광장이 ACC의 일부인 것은 분명하지만, 그 전에 도시의 장소, 혹은 도시의 연장선상에서 존재한다고 보는 게 합당할 것입니다.

강혁 또 생각해 볼 것이 공원인 것 같습니다. 도심에 커다란 공원이 새로 생기는 셈인데요. 조경에도 여러 의도가 있어 보입니다. 또 장소마다 성격이 다소 다른데요.

우규승 공원은 녹색공원이자 생태적인 숲이지요. ACC에선 외부 공간, 그리고 조경이 건축과 동등한 비중을 차지합니다. 내부 시설도 물론 시민을 위한 것이지만 그것이 문화, 예술, 연구, 교육 활동 등과 관련되어 있는 공간이라면, 외부 광장이나 공원/숲은 시민 모두에게 열려 있는 공간으로 더 큰 공공성을 담고 있습니다. ACC에 조성되는 공원은 관망하는 정원 개념과는 무관합니다. 마사토 위에 나무를 심은 데서 보듯 누구나 출입해서 쉬거나 산책할 수 있는 녹색 공간을 의도한 겁니다. 물론 잔디 광장에 가까운 것도 있습니다. 즉 도시와 시민에게 푸른 숲을 제공하고 싶었어요. 프로젝트의 제목도 '빛의 숲' 이거든요. 이 제목은 광주(光州)라는 이름과 연결되고 건축에서 빛의 적극적 도입과도 관계되지만, 실제로도 숲을 이루는 이 장소와도 깊이 관련됩니다.

강혁 거대한 공공 문화시설의 지하화, 혹은 반지하화 역시 유례없는 시도로 보입니다. 시설 공간을 지하화하여 하부에 두고 그 상부를 외부 공간화한다는 생각, 그리고 건물의 외벽으로 둘러싸인 커다란 중정형 광장의 생성은 ACC 디자인의 핵심적 제안입니다. 이런 대안의 도입은 최근 현대 건축에서 유력한 동향의 하나인 조경과 건축의 통합과도 맞아떨어지는 것으로 보입니다만,[3] 오히려 건축을 넘어선 도시 설계적 발상이라는 더 적극적인 시도로 읽어야 할 것입니다. ACC의 내부 시설, 외부 광장, 공원, 보존 대상인 건축물 어느 하나도 이 개념과 무관하지 않고 긴밀하게 엮여 있어 보입니다. 그리고 공간적, 기능적, 동선상으로 서로 맞물려 있고요. 한편으론 대규모의 시설을 지하화하려니까 환기나 빛의 유입, 에너지 등에 크게 신경 써야 할 것처럼 보입니다.

우규승 건축의 지하화와 그에 따른 마당 내지 중정의 형성은 내가 오랫동안 관심을 갖고 시도해 오던 디자인의 어법입니다. 규모는 아주 다르지만 과거의 프로젝트들에서 이런 방법을 꾸준히 시도해 왔고 또 나름의 성과를 얻었다고 생각하고 있습니다. 즉 갑작스러운 것이 아니라, 환기미술관이나 김창렬 주택 같은 이전의 경험이 이번 프로젝트에도 영향을 미쳤다고 봐야겠지요. 지하화에 따른 빛의 도입과 채광이라든가, 결로(結露) 같은 문제에 대한 대처, 토목적 처리 등에도 나름의 노하우를 터득하고 있습니다.

가장 비근한 예로, 1993년에 제안하였던 산업박물관 계획은 호수의 댐을 이용하여 주위 공원과 함께 상부에 식재(植栽)를 하고 하부에는 전시시설을 설치하고 구조 부위에 나무를 심고 볼트(vault) 구조 사이를 천창으로 처리했습니다. 어떻게 보면

On the other hand, the sketch of webs—the random crossings of lines— is an abstract but useful clue that fundamentally show what sort of a facility and place the ACC is. In a mixed-use complex the size of the ACC, problems naturally arise in circulation planning, in the distribution of functions, and in the division and connection of spaces. Its sheer scale and complexity impose difficulties in organizing the relationship between the parts, and between part and whole. In the case of the ACC, what is interesting about the web sketches is that they proposes a web of relationships based on freedom and change, not the rigid layout based on order and hierarchy that can often be found in large-scale public facilities.

This method is quite uncommon in public buildings of Korea, which has a strong bureaucratic tradition. Hence it is a rare and exceptional case in Korea. But, on the other hand, such trend is not difficult to come by in contemporary global architecture. Alternative searches to Modern Architecture, especially those of the late 20th century, are directed towards this path, a path that's defined by interests on or preferences for indeterminacy, coincidence, complexity, and chaos.

Woo As you noted, I thought it would be critical for the ACC to have an elastic space responsive to changes, rather than one dictated by a rigid system following strict rules of cause and effect. We tried to organize a space open to active use of both programmers and users in all possible ways under various circumstances, rather than one tied to specific function and purpose. I felt that not only the founding idea of the ACC, but also the zeitgeist of our era, called for such space. Special attention was paid to concepts and values such as communication, exchange, interchange, connection, and convergence. It would not always be ideal to create a perfect form that fulfills the function of a given fixed program. In such a big and complex facility with urban dimensions, a bit of margin, uncertainty, and obscurity can be a necessary thing. In that respect, a web-like connection between spaces, beyond linear relationships, was intended from the beginning, to further liberate their use. This seemed like the right choice when we also considered its various possible uses and changes that the future might bring.

In the case of facilities like the Agency of Culture for Children, there is only a minimum setting, without concrete and definite programs. Only the overall supporting frame is presented, which can be filled in later on. Its interior permits diverse uses and activities in many ways. This is also true of the exhibition spaces, which were planned with temporal change and indeterminacy in mind. I also designed the spaces within the ACC to accommodate state-of-the-art media, information technology,

'빛의 숲'과 아주 유사하지만 전혀 별개의 작업이었으며, 동시에 나무, 빛, 구조 등 재료에 관심을 두어 온 것은 사실인 것 같습니다.

또 하나의 이유로 서구와 달리 한국을 비롯한 동아시아 도시의 한 특성으로서 지하 공간의 이용을 들 수 있겠지요. 토지 이용의 효율성 때문이지만 지하철이나 지하상가에서 보듯이 지하 개발이 일반적이기에 그 연장선상에서 지하화를 쉽게 고려할 수 있었지요. 즉 우리에게 시설의 지하화는 특별히 낯선 방안이 아니라는 겁니다. ACC에선 보다 적극적으로, 그리고 건축적인 공간화의 방식으로 시도했다는 점에서 특별하긴 합니다.

강혁 ACC의 미래를 재현한 모델이라든가 이미지들도 흥미롭지만 선생님의 사고의 핵심을 보여 주는 스케치들이 더욱 그러하더군요. 거기엔 내향적인 중정과 중심에 대한 구상, 지하화와 빛 도입의 구상, 옥상 지붕의 공원화 같은 구상이 초기의 기본 개념으로 나타납니다. 그런 것과 달리 선들이 무작위로 만나는 그물망(web)의 스케치는 추상적이지만 ACC가 어떤 시설이고 어떤 장소인지 본질적으로 보여 주는 중요한 단서로 받아들여집니다. ACC 같은 거대한 복합시설일 경우 동선이라든가, 기능의 배치라든가, 공간의 연결과 배분이 매우 골치 아픈 문제여서 깔끔한 해결이 쉽지 않지요. 이 정도의 스케일과 복잡성을 가진 시설이라면 전체와 부분, 부분과 부분 간의 조직을 어떻게 구성할 것인가가 큰 문제로 대두되겠지요. ACC의 경우 그물망의 스케치가 흥미로운 건, 대형 공공시설에서 흔히 목격되는 정연한 질서와 위계에 따른 경직된 배치나 구성이 아니라 자유와 변화에 바탕을 둔 관계망의 생성을 대안으로 제시하고 있다는 것입니다.

사실 이런 수법은 관료주의적 전통이 강한 한국의 공공건물에서 쉽게 발견할 수 있는 건 아닙니다. 오히려, 아직까지는 예외적이고 희귀하다고 봐야지요. 하지만 생각해 보면 오늘날 현대 건축에서 이런 경향은 그리 낯선 건 아닙니다. 오히려 20세기 후반 근대주의 이후의 대안적 모색들은 이런 방향을 추구하고 있는 것이 아닌가 생각됩니다. 비결정성이나 우연성, 복잡성, 나아가 혼돈에 대한 선호 내지 관심이 그것이지요.

우규승 그 지적대로 나는 ACC가 경직된 질서, 체계, 인과성에 지배되는 대신 보다 유연하고 변화에 대응할 수 있는 공간이 되는 게 중요하다고 생각했어요. 특정한 기능이나 목적에 종속되기보다, 상황에 따라 다양하게 대응할 수 있고, 운영자가 됐든 사용자가 됐든 여러 가지 방식으로 능동적인 활용이 가능하도록 공간을 조직하고자 했습니다. 그것은 ACC의 건립 정신이 그러하다고 생각했기 때문이기도 하지만, 시대정신이 또한 그런 공간을 요구하고 있다고 보았기 때문이기도 합니다. 특별히 중점을 둔 것은 소통, 교류, 교환, 접속, 융합 등과 같은 단어로 표현되는 개념이나 가치입니다. 주어진 고정된 프로그램에 잘 기능하도록

A Discussion with a consultant. 어느 컨설턴트와의 대화.

research activities, and cultural contents of the future. Performance halls were designed to accommodate various genres—classical music and theater, experimental plays and pop concerts, as well. This strategy was most important for the outdoor theater, which became an open performance hall. The large scaffolding placed outside the walls of the central Asian Culture Plaza lets projection screens replace the traditional building façade, and creates a link with the events of the exterior space. The building, rather than dictating the inner contents and events, is in service to them. In this respect, the ACC can be seen as a grand container, one that puts its contents on display.

These alternative approaches reflect my philosophy and views on architecture and the city. Contemporary trends centering on topics such as digital, media, communication and networking are obviously reflected in the ACC, but it is also in touch with the ideas of the 1960s, my formative years. It results from an antagonism toward a deterministic, causational thinking, a Modernist way of thought that viewed architecture and the city as a purposeful, well-functioning machine. For me, architectural design should be approached not as a shaping of objects and forms, but as an orchestration of circumstances and activities, seen in relation with its urban context.

Criticism towards Modern Architecture led to an overemphasis on the autonomy of architecture, and the late 20th century was dominated by Post-Modernism. Such stifling times—represented by the Reagan era—have now passed, and we are witnessing various attempts to expand architecture's boundaries. This enabled me to envision

완벽하게 틀 지워져 있는 게 무조건 좋은 건 아니라고 봐요. 오히려 도시적인 성격을 띤 이런 거대하고 복잡한 시설에선 다소의 여유, 느슨함, 모호성이 더 필요할 수도 있습니다. 그러기 위해서 애초부터 공간 간의 선형적 연결 대신 망적인 연결을 의도해서 활동과 이용의 자유도를 증가시키려 신경 썼습니다. 경우에 따른 다양한 쓰임새나 불확실한 미래의 변화를 고려해 볼 때도 이런 방식이 더 적절하다고 봅니다. 전체 배치와 구조가 현재와 같은 모습을 가지게 된 가장 큰 이유입니다. 또 영역마다 서로 연결된 상관적 관계를 갖는 것도 그런 이유이지요. 한편 어린이문화원 같은 시설을 보자면 시설의 설정만 되어 있지 구체적인 활동 프로그램이 마련되어 있지 않은 측면이 있어요. 그래서 전체의 프레임(support)만 제공하고 무엇으로든 채워(infill) 갈 수 있게 했어요. 그 안에서 얼마든지 다양한 방식으로 공간 이용이나 활동이 전개될 수 있습니다. 이 점에선 전시 공간도 대동소이해요. 시간과 불확정성이라는 것을 조건으로 삼아 풀어 나간 것이지요. 또한 ACC의 여러 시설이나 장소들이 첨단 미디어나 아이티(IT) 같은 것, 미래의 문화 콘텐츠들, 그리고 연구 개발 등을 수용할 수 있도록 신경을 썼어요. 공연 역시 정형화되고 형식화된, 전통적 의미에서의 공연보다 실험적인 것, 여러 장르의 것, 심지어 대중적인 것도 다 수용이 가능하도록 디자인 했습니다. 그런 용도를 가장 많이 요구하는 게 옥외극장인데, 열린 공연공간이 되도록 했어요. 중앙의 아시아문화광장 벽면의 커다란 비계(scaffolding)도 다양한 영상을 담는 스크린이 건축물의 파사드를 대신하면서 옥외 공간에서의 행사나 활동과 연동하도록 배려한 것입니다. 건축물이 내부의 내용이나 활동을 규정하기보다 반대로 봉사하는 것으로 제시된 셈이지요. 이런 점에서 ACC는 무엇이든 담을 수 있는 커다란 그릇, 창고와 같은 것으로 볼 수 있습니다.

생각해 보면 이러한 대안에는 나의 도시와 건축에 대한 철학과 가치관이 반영되어 있습니다. 디지털과 미디어, 커뮤니케이션과 네트워킹이 중심 화두가 되는 현대의 경향이 반영되어 있는 것은 물론이지만, 더불어 나의 성장기, 즉 1960년대에 대두된 건축 이론 내지 사상들과도 여전히 맞닿아 있어요. 즉 도시나 건축을 기능과 목적을 수행하는, 잘 작동하는 기계로 보는 근대 모더니즘의 인과론적, 혹은 결정론적인 사고에 대한 반감이지요. 건축 디자인을 물체나 형태의 주조로 보지 않고 상황의 연출이나 활동의 장치로 이해한다는 거지요. 도시적 맥락에서 보고 있기도 하고요.

지난 20세기 후반은, 모더니즘 건축에 대한 비판과 대안으로 건축의 자율성을 떠받드는, 신보수주의, 신자유주의와 깊은 관련이 있는 포스트모더니즘이 지배했지요. 레이건 시대로 대표되는 그런 답답한 상황이 지나고 최근 건축의 외연을 넓혀가는 새로운 시도들이 다양하게 모색되고 있다고 봐요. 나로서는 예술이나 작품 같은 고정 관념으로 받아들여지는 건축이라는 데에서 벗어나 더

Construction site of the Stepped Plaza, May 2013. 계단 광장의 건설 현장, 2013년 5월.

architecture beyond its conventional frame of Art, to think of architecture in a more expanded milieu, especially as a production implemented in connection with life and society. The ACC is a very meaningful project for me since it provided me with an opportunity to fully realize these ideas.

Khang   Your works have always invited the participation of consultants, but their role must have been more important in this project. Not only is it enormous in scale, combining complex facilities and spaces, but there are also technical issues related to underground planning. I understand that you usually have competent consultants by your side, and have intimate working relationships with them across many fields, from the beginning phase of the project. Could you tell us how you incorporated their service in the ACC?

넓은 관점에서 건축을 생각해 왔고, 특히 삶 내지 사회와 결부되어 생산되는 건축이라는 데에 늘 관심을 두어 왔어요. ACC가 내게 아주 중요한 작업인 건 이런 나의 관점이 제대로 실현될 좋은 기회이기 때문이지요.

강혁   선생님의 모든 작업이 항상 그런 것으로 알고 있습니다만, 이번 광주 프로젝트에서는 특히 컨설턴트의 역할이 중요했을 것 같습니다. 규모도 큰 데다 복잡한 시설과 공간들이 들어가고, 또한 지하화에 따른 문제 해결 등 기술적으로 대처해야 할 게 많을 것 같거든요. 선생님은 평소에도 주변에 우수한 컨설턴트를 두고 특별한 방식으로 관계를 맺고 작업을 하고 계시는 걸로 알고 있습니다. 일의 초기 단계부터 다양한 분야의 컨설턴트들과 상의하시면서 일을 풀어 나가시지요. 이번 작업에 컨설턴트를 어떻게 활용하셨는지 말씀해 주시죠.

우규승   광주 프로젝트는 까다로운 데다 새롭게 시도한 것이기에 컨설턴트들의

Woo The ACC could not have been built without the help of consultants. It is a novel design that brought with it many peculiar problems. Their most active participation was in the initial phase, when the basic premises of the project were being set. Through in-depth conversations I was able to find leads and solutions to given problems. To me, consultants are not simple specialists that I hire to solve technical issues. They are partners in a collaboration. I expect more from them than to provide technical solutions to given problems. The genuine role of consultants is to see—through their expertise—what I haven't seen, and to suggest alternative methods and possibilities. Solving practical problems only in advanced stages of the design process is simply not what I have in mind regarding their service. My design process advances with a better understanding of various fields, including landscape, structure, mechanical systems, energy, lighting, material, and façade design. I enjoy creative conversations with my consultants, relying on their expertise and ideas, believing that good solutions will rise from the communication. I expect their contribution to the project to be overall and comprehensive rather than partial. Consultants should have exceptional professional knowledge and insights, and I was lucky to have a continuous relationship with such great colleagues. They provided professional advice from the earliest competition stage of the ACC, especially with regards to environmental issues and lighting. Their help was crucial in bringing the ACC to fruition.

Khang In that respect I feel that one of your greatest capacities as an architect is to productively incorporate the opinions of others into a creative and integrated result. Many architects are known for a strong adherence to their own tastes and forms, while your work is characteristic of a process where you attentively listen to the opinions of your staff members, consultants, clients, and users, a process from which you refine architectural ideas and find solutions. This may well have to do with your personality, but I believe it is more an outcome of your approach to architecture, the sort of architecture you aspire to achieve.

Woo I've tried to free myself from the notion of architecture as a personal creation, a work that should bear my signature. I am far from being a self-conscious practitioner, but my philosophy and interests permeate my work in a subtle way. What is more important for me is to make spaces in tune with the urban context, surrounding circumstances, and the needs of its users, to open new possibilities in life.

도움이 대단히 중요했어요. 특히 작업의 처음, 실마리를 풀어 가는 단계에서 나는 그들의 도움을 적극 받았습니다. 나는 프로젝트의 시작 단계에서부터 컨설턴트와 머리를 맞대고 깊은 대화를 나누면서 그들의 협조를 받습니다. 많은 실마리나 해결책이 그런 중에 나옵니다. 나에게 컨설턴트는 기술적인 문제를 풀거나 내 요구를 수용하는 전문가, 즉 내가 고용한 테크니션이라기보다는 일종의 동료이고, 또 일반적인 관계를 넘어선 방식으로 협업하면서 도움을 기대하는 상대입니다. 단순히 프로젝트가 당면한 기술적 문제들의 해결책들을 제시하는 것 이상의 그들의 역할이 있는 것이지요. 내가 못 본 걸 보고, 자기 전문성에 근거해서 다른 방안을 제시하면서 새로운 가능성을 던져 주는 일이야말로 제대로 된 컨설턴트의 임무라고 보는 거죠. 디자인이 어느 단계까지 진행되고 나서 그때 필요한 기술적 현안을 단순히 해결하는 서비스와는 다른 역할을 기대하는 것이지요.

컨설턴트와 관련해 말하자면, 나의 작업은 조경, 구조, 설비, 에너지, 조명, 재료, 파사드 등, 전체의 종합적 파악 속에서 동시적으로 진행됩니다. 나는 그들의 전문적인 식견과 아이디어에 기대면서 그들과의 창조적인 대화 속에서 좋은 대안이나 해법들이 도출된다고 믿어요. 그들이 부분적이기보다 전체적이고 종합적이기를 원하는 거지요. 그러기 위해선 그들은 평범한 전문가 이상의 지식과 통찰력을 지녀야 합니다. 다행스럽게도 나는 그러한 역량을 지닌 수준 높은 컨설턴트들과 오랜 관계를 맺어 왔어요. 이번 ACC의 경우도 마찬가지입니다. 그들의 도움이 컸지요. 현상설계를 시작하면서 항상 그들의 자문을 받고 그들의 의견을 경청했어요. 환경이나 채광에서 고려해야 할 점이 많았고 또 그들의 전문적 의견이 반영되었지요.

강혁 그런 말씀을 들으니 선생님의 탁월한 능력 가운데 하나가 다양한 의견들을 생산적으로 수렴해 창조적인 결과로 도출하는 것이 아닌가 하는 생각이 듭니다. 건축가들 중 상당수가 자기 색깔이나 선호하는 형식을 고집스럽게 견지하는 부류가 흔한데, 선생님의 작업은 오히려 진행 과정 속에서 설계팀, 컨설턴트, 건축주, 사용자의 의견을 경청해 그것에서 건축적인 아이디어를 끌어내고 문제를 해결해내는 능력을 가지고 계십니다. 이건 물론 선생님의 개인적인 성격과도 관계가 있겠지만 오히려 건축에 대한 선생님의 생각, 즉 건축을 통해 선생님이 추구하고 달성하고자 하는 바에 의해 크게 좌우되는 것이 아닌가 생각됩니다.

우규승 네, 내가 만드는 건축물이 내 개인의 소산이며 내 서명이 새겨진 작품이라는 사고에서 자유로운 편이에요. 소위 자의식적인 건축가와는 거리가 멀지만, 그렇다고 내가 만든 건물들이 우규승의 건축이 아닌 것은 아니지요. 그 안에는 알게 모르게 나의 철학과 관심과 취향이 배어 있기 마련입니다. 다만 더 중요한 것은, 내가 만든 공간이 도시 맥락이나 주변 상황 혹은 사용자들의 요구와 부합해서 이전과 다른, 새로운 삶의 가능성을 제공하는 일입니다.

Khang   Your stance as an architect is certainly different from one that approaches the discipline as visual art. It goes beyond the conventional meaning of a designer, and it might be more appropriate to call you an organizer of spaces, or an orchestrator of circumstances. Thank you for sharing your thoughts on the ACC in this lengthy interview. I have no doubt that the ACC, which will soon reveal its full splendor as its construction completion approaches, will become the object of affection and pride for citizens. I sincerely hope it will be representative of the city of Gwangju, and become an exemplary model for cultural spaces of East Asia. I'd like to end this interview wishing you good health, and with expectations for greater achievements in the coming years.

Notes

1. Jose Luis Sert (1902-1983), who worked for Le Corbusier, succeeded Walter Gropius as the Dean of Harvard Graduate School of Design. He introduced the urban design course at Harvard, for which he also built many buildings. Woo, who studied under Sert and later worked at his office, designed 11 Akron Street, housing for Harvard graduate students, in 2008, right next to Sert's Peabody Terrace.

2. In 1975, Woo won a competition for housing at Roosevelt Island, New York. Although unrealized, it remains an important work in the history of housing, not to mention an important incident in the architect's professional career. Some see it as an important precursor to the 1988 Olympic Athlete's Village.

3. In Korea Dominique Perrault's ECC (Ewha Campus Center) is a well-known example of such approach.

강혁   건축가로서 선생님의 접근은 시각예술로서의 건축과는 큰 거리가 있다고 생각됩니다. 통상의 디자이너라기보다 공간의 조직자, 상황의 연출자로서의 건축가라고 부르는 게 더 합당할지 모르겠습니다. 여하튼 장시간 ACC에 대한 친절한 설명에 감사드립니다. 아무쪼록 ACC가 성공적인 시공으로 조만간 그 위용을 드러내고 시민들의 애정과 자부심의 근원이 되기를 바라 마지않습니다. 또한 광주를 대표하는 건축물이자 동아시아에서 모범적인 문화공간으로 탄생하길 기원해 봅니다. 항상 건강하시고 건축가로서 미래의 더 큰 활약을 기대하면서 대담을 마칠까 합니다.

주註

1. 호세 루이스 서트(Jose Luis Sert, 1902-1983)는 르 코르뷔지에(Le Corbusier) 밑에서 잠시 일했었으며 그로피우스(W. A. Gropius)를 이어 하버드 건축대학의 학장을 역임했다. 그는 그곳에 도시 설계 과정을 도입했다. 서트는 하버드에 여러 건물을 지었는데 우규승은 2008년에 스승인 서트의 피바디 하우징 바로 옆에 기혼자 기숙사를 지었다. 건축가 우규승은 서트의 사무소에서 일한 바 있다.

2. 우규승은 1975년 뉴욕 루스벨트 집합주택 현상설계에 당선되었다. 비록 실현되지는 못했지만 그 계획안은 집합주거의 역사에 중요한 작품으로 남아 있다. 건축가 개인의 경력에서도 중대한 사건이었다. 88 올림픽 선수촌의 설계와 실현 역시 이런 배경 하에 가능했다고 볼 수 있다.

3. 국내에서는 도미니크 페로(Dominique Perrault)의 이화여대의 이화캠퍼스복합단지(ECC)가 대표적인 사례일 것이다.

Construction site of the Citizens' Park, May 2013. 시민공원의 건설 현장, 2013년 5월.

PROJECT BACKGROUND AND SITE
건립 배경과 부지

p.52.
Surroundings of site.
대지 주변 지역.

Project Background

Hub City of Asian Culture

In 2004, President Roh established the Presidential Committee for the Hub City of Asian Culture and launched a national initiative for creation of an urban model for a culturally-oriented future, while promoting balanced growth of the nation. In September 2006, the Special Act on the Hub City of Asian Culture was legislated and enacted, followed by the approval of the general master plan in 2007. It is the largest cultural project in the nation's history, with over 5 trillion wons in planned investments through 2023.

The scope of the project for the Hub City of Asian Culture combines cultural exchange and interaction with production, consumption, and research. Its vision promotes a city where daily life is filled with cultural enjoyment, where a variety of communities and cultural values constantly emerge and coexist. The Hub City of Asian Culture seeks to foster cultural growth on the national level, directly linked to the competitiveness of the entire nation. As a city of peace, human rights, and democracy, Gwangju will serve as the "Asia's cultural window to the world."

The Hub City of Asian Culture is a human-centered, neo-humanist city, and an educational city where arts and culture are embedded into the daily life of its citizens. Convergence of Asian culture and the latest advances in technology leads to innovative products, and renewed understanding and re-interpretation of Asian culture will help convert the cultural assets into industrial assets. The Hub City of Asian Culture is also an open arena for Asia's experimental artists, redefining the cultural geography of the contemporary world, and a physical foundation for Asia's aspiration for liberty, equality, and peace. Gwangju, a pioneer in Asia's pro-democracy movement, offers effective alternative to the global hegemony of Western culture, and its legitimacy as Asia's cultural capital is assured by its history of upholding peace and human rights as a core value, and by its power to turn tragic sacrifices into hope for the future. The vicissitude of Gwangju has been characterized not merely by political struggles but by broader cultural

건립 배경

아시아문화중심도시

아시아문화중심도시는 국가의 균형 발전과 문화를 통한 미래형 도시 모델의 창출을 목표로 2004년 노무현 정부 당시 대통령 소속의 문화중심도시 조성위원회를 발족시켜 국책사업으로 추진되었다. 2006년 9월, '아시아문화중심도시 조성에 관한 특별법' 이 제정 공포되었으며, 2007년 종합계획이 수립되어 연차적으로 실시계획을 세워 추진되고 있다. 2023년까지 5조원 이상의 재원이 투입되는 대규모 사업으로, 건국 이래 국가가 주도하는 최대 규모의 문화 관련 프로젝트이다.

아시아문화중심도시 조성사업은 아시아 문화의 소통과 교류에서 시작하여 생산, 교환, 소비, 연구와 교육의 장이 되려는 큰 시도이다. 아시아의 문화자원이 집적되고, 다양한 커뮤니티와 문화적 가치가 공존하고 상생함으로써 국제 수준의 문화 향유가 일상적으로 일어나는 도시를 지향한다. 또한 국가 차원의 문화 발전을 도모하는 사업이며, 지역의 성장뿐 아니라 국가 경쟁력 향상과 직결되는 사업이기도 하다. 아시아의 평화, 인권, 민주의 도시로서 광주가 '세계를 향한 아시아 문화의 창' 으로서의 역할을 담당하게 되는 것이다.

아시아문화중심도시는 사람이 중심이 되는 신인본도시(新人本都市)이자, 문화예술이 시민의 삶 속에 스며드는 교육문화 도시이며, 아시아 문화가 첨단 기술과 만나 창의적으로 산출되는 곳이고, 아시아 문화의 새로운 이해와 해석을 통해 문화적 가치를 산업적 가치로 전환하는 곳이기도 하다. 또한 아시아 예술가들의 실험적인 창작활동의 장으로서, 세계 문화예술 지형을 새로운 영역으로 이끌고 아시아의 자유와 평등 및 평화 구현을 위한 물적 토대를 마련하는 일이기도 하다.

서구로부터 비롯한 범지구적인 문화 제국주의에 저항하는 공간으로 광주는 아시아 민주화의 선도적 역할을 해 왔다. 또한 평화와 인권을 중심적 가치로 지켜 온 전통과 비극과 희생을 미래의 희망으로 전환하는 능력이 있기에 아시아의 평화예술도시이자 아시아의 문화중심도시로서 충분한 자격을 갖추었다고 할 수 있다. 광주의 역정이 정치보다 더 본질적인 문화투쟁이라는 점에서, 그것은 아시아문화중심도시의 조성 방향을 지시한다.

ambitions, setting up the framework for the future of the Hub City of Asian Culture. As a creative meeting point for Asian cultures with different historical backgrounds, and as a platform for dialogues in search of common solutions for the future, the Hub City of Asian Culture is entirely consistent with the historical and urban identity of Gwangju. The "center" of the Hub City of Asian Culture is not an alternate entity for displacing the old city center. In today's heterogeneous world without any distinction of center from periphery, it offers an open platform for exchange of different identities, and a central node in the global network. It is similar to the currently popular image of a hub, which is made up of a series of spokes radially attached to an empty center. The Hub City of Asian Culture, or Gwangju, will incorporate cultural environments across the entire urban region, starting with the Asian Culture Complex (ACC). To support autonomous cultural production throughout the city, seven cultural clusters will be formed, all linked to the ACC in a synergic relationship. The seven cultural clusters include practical contents such as urban landscape and public sector design for a coordinated image of Gwangju, infrastructural development of region's cultural assets, establishment of a cultural belt with small and intermediary hubs, and a green ecological axis. In addition to building new facilities, it will renovate and reuse existing cultural facilities and districts, to reformulate and expand a broad cultural network. Ultimately, in anticipation of Asia's cultural renaissance in the 21st century, the Hub City of Asian Culture forms a cultural solidarity within Asia, and Gwangju and Korea will lead the efforts to explore Asia's cultural power, with the "Open City" of Gwangju as the hub and the window into Asia's culture.

Asia

The Asian Discourse is gaining popularity. The economic model of East Asia is attracting attention from the world, and many claim that the 21st century will be an Asian century. China's economic rise and return to the global scene is adding weight to this claim. No longer merely imaginary, the global community has formed intimate ties beyond national boundaries, and many are discussing a new Asian identity. Meanwhile, discourses on nationalism versus globalism are reaching an impasse, and along the currents of neo-liberalism and neo-regionalism, a new trans-national identity for Asia is being formed.

The validity of this Asian proposition is based on shared experiences of the colonial past, history of dictatorial oppression, forced modernization, struggles for independence and democracy, and

한편 역사적 경험과 가치를 공유하는 아시아의 문화들이 함께 모여서 서로의 동일성과 차이를 확인하면서 서로의 존재를 존중하고 창조적인 만남을 이어 가는 거점으로서, 그리고 아시아의 과거와 현재, 그리고 미래를 함께 고민하고 대화하며 해법을 찾아가는 장소로서 아시아문화중심도시는 실로 광주의 역사 및 도시적 정체성과 잘 부합한다.

아시아문화중심도시의 '중심' 은 과거의 것을 대체하는 새로운 권력으로서의 중심이 아니다. 그것은 차라리 주변도 없고 중심도 없는 오늘의 다원화된 세계에서 자신의 정체를 지키면서도 상호 교류하고 소통하는 거점이자 네트워크의 결절로서의 중심인 것이다. 최근에 회자되는, 비어 있으면서 바퀴의 중앙에 위치하여 바퀴살들을 묶어 주는 허브(hub)와 같은 중심인 것이다.

아시아문화중심도시, 광주 프로젝트는 아시아문화전당을 위시하여 도시의 전 영역을 문화적인 도시 환경으로 조성하는 것을 목표로 한다. 도시에 문화 인프라를 제공하고 자생적인 문화 생산이 이루어질 수 있도록 광주 내에 모두 일곱 개의 문화권이 형성되며 아시아문화전당과의 연계로부터 발생하는 시너지를 시민의 일상 속으로 확장시킨다.

칠 대 문화지구는 광주의 이미지를 상징하는 도시 경관 및 공공 디자인의 조성, 지역 문화자산의 개발 및 물적 인프라 구축, 문화벨트 구축 및 중 · 소 거점 연계, 생태문화 축 조성 등의 구체적 내용을 포함한다. 따라서 새로운 시설 공간의 구축뿐 아니라 기존의 문화 영역과 자원을 리모델링하는 등의 도시의 문화 네트워크 광역망을 재형성, 확대하는 작업이다.

결국 아시아문화중심도시 조성사업은 21세기에 아시아 문화의 르네상스를 준비하고 아시아적 문화 연대를 형성하여 아시아 문화의 새로운 가치와 동력을 이끌어내는 역할을 한국/광주가 주도하면서 아시아 문화의 창이자 허브로서 '열린 도시' 광주를 일구려는 노력이다.

아시아

근래에 아시아 담론이 유행하고 있다. 동아시아의 발전 모델이 세계의 주목을 끌고 있고 21세기가 아시아의 시대가 될 것이라는 주장도 무성하다. 중국의 부상과 국제무대로의 귀환도 아시아의 비중을 높이고 있다. 상상의 공동체를 넘어서 실제적인 삶의 유대가 밀접해지고 있으며, 아시아의 정체성에 대한 논의가 활발히 진행되고 있다. 민족 담론과 세계화 담론의 한계로 인해 아시아 담론은 더욱 부각되고 있으며, 신자유주의, 신지역주의의 추세 속에서 국민국가의 경계를 넘어 아시아인이라는 새로운 주체의 형성이 주목되고 있다.

아시아라는 명제는 제국주의의 유린과 식민화의 역사, 독재와 탄압의 역사, 강요된 근대화의 역사, 민족 해방과 민주화 투쟁의 역사, 사회주의와 자본주의의 체제

experiments on socialism and capitalism. Asia's enduring values are being highlighted as possible alternatives to, and means for subverting, Western modernization. The idea of forming the Asian Union, comparable to the European Union, is gaining support. Politically, economically, and culturally, nations in Asia are forming closer ties to one another, with growing mutual influences.

Despite the abundance of discourses on Asia, the Asian voice speaking for itself has been largely absent, and the viewpoints adapted by Asians implicitly internalized the Western imperialistic ideologies in interpreting our own conditions. Asia's path to modernization which has been modeled after the Western modernity has reached an end, and we are entering a new age when dialogues and exchanges among Asian nations, based on the foundation of shared Asian experiences, will lead to a new discourse.

We must search for a possibility for uniting Asia in a new way, undeterred by the exclusive regionalism based on fight for dominance between China and Japan. To form a broad regional community for mutual collaboration among Asian nations, Korea can assume a pioneering role. Korea's experiences in modernization and democratization offer valuable insights to all Asians, and the size and population of Korea offer appropriate conditions for mutual solidarity and communication. The cultural catalyst for the Asian Union will enable discovery of common Asian values based on wholesome modernity, promoting peace, human rights, ecology, and environment. Formation of Asia's cultural network, which will accommodate diversity and differences within, is a task demanded by our times, and Korea must get actively involved.

Asia has evolved into the current reality of ethnocentric nationalism, in the form of increasing cross-ethnic families, influx of migrant labor, and spread of Korean Wave, or popular culture. The theme of "Asia as culture" is becoming a practical reality, and it is important to create an arena for mutual exchange of ideas to produce shared knowledge and culture for mutual growth and well-being. As a cultural community, Asia will preserve its abundant cultural ecology, and resist the cultural monotony of globalization.

Asian Culture Complex: A New Cultural Power Plant

The ACC is the heart of the Hub City of Asian Culture. It is a physical foundation for realizing the grand vision of the Hub City of Asian Culture, and infrastructure for cultural exchanges and cultural creations in Asia. As a nucleus of the Hub City of Asian Culture, the ACC will accelerate

실험과 같은 다양한 경험을 공유하고 있기에 유효하다. 아시아의 오래된 가치들이 주목받고 있으며 서구적 근대의 대안이자 극복 방안으로 논의되고 있다. 유럽연합(EU)에 필적할 아시아권 연합의 구성 가능성도 거론되고 있다. 정치적으로든 경제적으로든 문화적으로든, 아시아 내 국가들 간의 관계는 더욱 긴밀해지고 있으며 상호 영향력은 더욱 커져 가고 있다.

아시아 담론의 범람에도 불구하고 아시아 스스로 아시아를 말하는 목소리가 부재했으며, 아시아인으로 살고 있음에도 아시아를 대상화하여 바라보는 서구 제국주의적 시선을 내재화하고 그런 관점에서 우리 자신을 비롯한 아시아를 보고 해석하는 우를 범해 온 것도 사실이다. 서구 근대성을 모델 삼아 서구 일변도로 향하던 아시아의 근대 기획은 종언을 고하고 있으며, 아시아 상호간의 공동의 경험을 기초로 새로운 담론을 창출하기 위한 대화와 소통이 더욱 중요한 시대로 진입하고 있다.

중국이나 일본 같은 강대국의 패권에 근거한 지역주의가 아니라 새로운 방식으로 아시아가 만날 수 있는 가능성을 모색해야 한다. 동아시아, 나아가 아시아 전체에서 공동체 형성과 상호 협력에 한국이 선도적인 역할을 담당할 가능성은 충분하다. 한국의 근대화와 민주화 경험은 아시아인 모두의 소중한 자원이며, 국가 규모와 인구는 상호 협력과 교류에 적절한 조건이 된다. 아시아의 연대는 문화를 매개로 평화와 인권, 환경과 생태 같은 공통의 가치를 추구하는 건강한 현대성에 바탕을 둔 것이어야 할 것이다. 다양성과 차이를 하나로 묶는 아시아 문화 네트워크의 형성은 시대적 요청이며 한국의 적극적 참여를 요구한다.

우리의 삶의 현실 속에서도 아시아는 깊숙이 들어와 있다. 다문화 가정의 급속한 증가, 아시아 노동자를 비롯한 장기 체류자의 유입, 한류(韓流)로 대표되는 대중문화의 교류와 소통이 그러하다. '문화로서 아시아'라는 의제는 구체적인 실체가 되어가고 아시아는 점점 삶의 일부로 인식되어 우리 곁에 다가오고 있다. 중요한 것은 공동의 번영과 발전, 공통의 지식과 문화 생산을 위한 상호 이해와 교류의 장을 마련하는 일이다. 문화 공동체로서 아시아는 역내의 풍성한 문화 생태계를 보존하고 세계화가 강요하는 문화적 획일성에 저항하는 유효한 방안이기도 하다.

국립아시아문화전당: 신개념의 문화발전소

아시아문화중심도시의 핵심 사업으로 국립아시아문화전당의 건립이 자리잡고 있다. 아시아문화중심도시의 원대한 이상을 실제로 구현하기 위한 물적 기반이, 그리고 아시아 문화 교류와 문화 창조를 위한 기반 시설이 바로 아시아문화전당인 것이다.

아시아문화중심도시의 중추로서 국립아시아문화전당은 지방 분권화 시대에

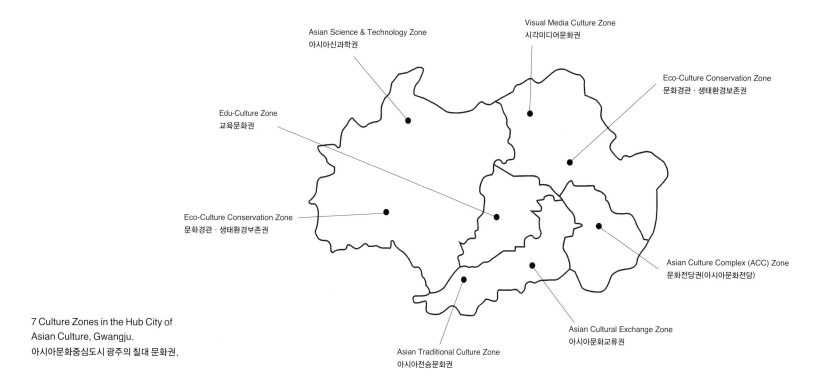

Asian Science & Technology Zone
아시아신과학권

Visual Media Culture Zone
시각미디어문화권

Eco-Culture Conservation Zone
문화경관 · 생태환경보존권

Edu-Culture Zone
교육문화권

Eco-Culture Conservation Zone
문화경관 · 생태환경보존권

Asian Culture Complex (ACC) Zone
문화전당권(아시아문화전당)

Asian Cultural Exchange Zone
아시아문화교류권

Asian Traditional Culture Zone
아시아전승문화권

7 Culture Zones in the Hub City of
Asian Culture, Gwangju.
아시아문화중심도시 광주의 칠대 문화권.

the pace of balanced growth in the age of autonomous regional governments. With facilities built to global standards, it will be a symbol for Korea as a culturally advanced nation, matured beyond its economic and technological development. The ACC is a landmark, but its form is consistent with Gwangju's spirit of democracy and peace, and its urban focus is to contribute to regional revitalization.

The ACC is a hybrid cultural space where exchanges, creation, and education of Asian culture will take place, and where all kinds of artistic activities, merging with latest technologies, will occur simultaneously and polyphonically. As a cultural power plant, the ACC will generate creative energy for Gwangju, Korea, Asia, and beyond, by producing and industrializing cultural contents, and by converging and aligning life and culture, culture and economy.

The ACC is a pioneering facility for organically combining production, fabrication, distribution, and consumption of cultural contents, and for carrying out strategies for formation and support for creative industries. Asian cultural network will be anchored at the ACC, which will be a cultural base camp for collecting and recreating Asian culture for global

국토의 균형발전을 실현하는 기반 시설이자 경제와 기술 선진국을 넘어 문화 선진국으로서 대한민국을 표상하는 국제적인 수준의 시설이고자 한다.

아시아문화전당은 도시의 랜드마크이기를 지향하나 광주의 민주와 평화 정신에 부응하는 형태를 취하며, 도시의 재생과 활성화에 기여하는 방식으로 건립된다.

국립아시아문화전당은 아시아 문화의 교류와 창조, 연구와 교육이 이루어지고, 온갖 종류의 예술 활동이 최첨단 기술과 결합되어 동시 다발적으로 이루어지는 복합문화공간이다. 문화발전소로서 아시아 문화의 창조적 에너지를 광주와 대한민국, 아시아, 나아가 세계에 공급하며, 디지털 문화콘텐츠를 생산하고 산업화하는 역할, 그리고 문화의 시대에 삶과 문화, 문화와 경제를 융합하고 일치시키는 역할을 수행한다.

즉, 아시아 문화자원의 생산, 가공, 유통, 소비를 유기적으로 결합하는 선구적인 시설이며, '인프라 구축, 교류 거점화, 창조 산업화' 전략을 수행하는 기관이기도 하다. 이곳을 거점으로 아시아의 문화 네트워크가 형성되며 문화의 전진 기지로서 아시아 문화를 집적하고 재생산하여 세계 각지로 확산시키는 역할을 담당한다.

아시아문화전당은 140,000제곱미터의 거대한 규모에 다양한 공간과 시설들이

The Asian Culture Complex within Metropolitan Gwangju.
광주 도심 내에 위치할 아시아문화전당.

distribution.

With a grand scale exceeding 140,000m², the ACC includes the Cultural Exchange Agency, Asian Culture Information Agency, Cultural Promotion Agency, Asian Arts Theatre, Agency of Culture for Children. The Cultural Exchange Agency is the headquarters for the Asian Culture Complex, serving as a hub for cultural exchange and communication, focusing on the formation of network infrastructure. Asian Culture Information Agency is comprised of the Center for Strategic Management of Cultural Contents, Asian Cultural Research Institute, Education Center, and the Center for Cultural Assets, and seeks to become a cradle of new Asian culture. The Cultural Promotion Agency will promote development of new contents and foster cultural industries, and includes a multi-purpose exhibition hall. The Asian Arts Theatre is a cultural incubator where all types of experimental events can be staged, and includes various facilities for performing arts and media halls, to become a unique cultural destination. The Agency of Culture for Children is an educational and cultural center for children, where the cultural creators of the future can play and learn at Children's Museum of Knowledge, and also includes Edu-Culture Center for Contents Development. Other auxiliary facilities include a service center for visitors, a shopping mall for cultural products, and a food court where traditional Asian cuisines will be served.

The ACC is initially an architectural project, but at the same time an urban regeneration project, addressing the social networks and ecological environments. It will make a significant contribution to urban re-branding of Gwangju as a prestigious cultural city. Culture will seep into its citizens' daily lives, and opportunities for cultural enjoyment will be broadened. The urban environment will be made greener, and a culture of open communication and exchange will blossom with a specific link to a real place. As the urban culture and the way it is experienced become more diverse, the quality of life will be consequently improved.

수용되는데, 민주평화교류원, 아시아문화정보원, 문화창조원, 아시아예술극장, 어린이문화원 등이 그 면면이다. 그 중 민주평화교류원은 전당의 헤드쿼터로서 문화의 교류와 소통의 허브 역할을 담당하며 네트워크와 인프라 구축에 주력한다. 아시아문화정보원은 문화콘텐츠 경영전략센터와 아시아문화연구소, 전문교육기관, 그리고 문화자원센터로 구성되는데, 새로운 아시아 문화의 산실이고자 한다. 문화창조원은 콘텐츠 개발과 문화산업 육성을 위한 기관이며 다목적 전시공간을 거느린다. 아시아예술극장은 공연과 영상 공간을 위시한 다양한 프로그램을 수용하는 시설들로 구성되며 온갖 실험과 행사가 가능한 문화의 인큐베이터이자 차별적인 명소이다. 어린이문화원은 미래의 시민을 위한 교육 문화센터로 에듀컬처 콘텐츠개발원과 어린이 지식박물관 등으로 미래의 문화 주역들이 마음껏 뛰놀고 배우는 장소이다. 이 밖에도 방문자서비스센터, 문화상품 쇼핑몰, 아시아 전통음식 체험장(푸드 코트) 등의 부대 공간이 포함된다.

아시아문화전당은 일차적으로 건축 프로젝트이지만 동시에 도시 개발 프로젝트이기도 하며, 사회적 관계망과 생태적 환경을 아우르는 프로젝트이기도 하다. 문화도시 광주를 특성화하고 명품 도시화하는 데 크게 기여할 뿐만 아니라 문화를 시민 생활 속에 끌어들이고 문화 향유의 기회를 확장시킬 것이다. 또한 도회적 일상에 녹색의 풍경을 도입하고 장소에 기반을 둔 소통과 교류의 문화를 꽃피울 것이며, 도시 문화의 다양한 체험이 가능해지면서 삶의 질 향상으로 이어질 것이다.

Site

Gwangju

Gwangju has been sealed with an image as the "Holy Land of the Pro-democracy Movement," and a "City of Resistance." It is hard to deny the fact that the identity of Gwangju is predominantly made up of its history of resistance, against the looting by the ruling royalties, Japanese colonial rule, and the tireless fight against the dictatorial rule during Korea's modernization, culminating at the pro-democracy movement of the 1980s.

Another important tendency in defining the identity of Gwangju is its image as a cultural city, or a hometown for artists. Gwangju possesses a wealth of cultural heritage, both tangible and intangible, and has been a cradle of the regional culture with active artistic scenes. The cultural impact of Gwangju's artistic achievements from the Joseon Dynasty to the present has reached beyond its immediate geographic region. But by exclusively focusing on the artistic heritage and the history of democratic movements, we run the risk of reducing the diverse colors and characteristics of Gwangju, one of Korea's largest metropolitan areas, into a singular spectrum. It is true that Gwangju is an artistic city and a cradle of Korea's democracy, but at the same time it is undergoing dynamic transformations in the 21st Century, with a forward-looking aim of active metamorphosis beyond its historical past. A much broader perspective needs to be applied to understanding the Hub City of Asian Culture and the ACC.

Gwangju, located in Jeollanam-do Province, was the fourth city to receive the designation as a metropolitan city, and is the sixth largest city in Korea, with a population of 1.467 million inhabitants living in 91 towns in 5 districts, spread over 501.28km². It is surrounded by Damyang-gun to the east, Hampyeong-gun to the west, Naju-si and Hwasun-gun to the south, and Jangseong-gun to the north. The new City Hall, built in 2004, is located on Naebang-ro in Chipyeong-dong, Seo-gu.

Geographically, it sits between the mountains to the east and large plains to the west. Mount Mudeungsan is the guardian mountain,

부지

광주

광주는 무엇보다도 '민주화의 성지' '저항의 도시' 라는 이미지로 각인되어 있다. 왕조시대의 수탈에 대한 저항에서부터 일제 식민 통치에 대한 치열한 저항, 그리고 근대화 과정에서의 독재에 대한 끊임없는 저항, 그리고 그 정점을 찍은 1980년의 민주화 운동은 광주의 도시 정체성을 구성하는 가장 유력한 성분임은 부인하기 어렵다.

광주를 규정하는 또 하나의 중요한 성향은 예향(藝鄕) 또는 문화도시로서의 이미지이다. 광주는 유무형의 풍성한 문화유산을 보유하고 있는 도시이며 활발한 문예 활동으로 인해 호남문화의 산실로 인식되고 있다. 조선시대로부터 근현대에 이르기까지 이룬 문화적 성취는 광주를 지역 문화의 중심으로만 머무르게 하지 않는다.

그러나 민주화 운동과 예향이라는 단일한 스펙트럼으로만 광주를 한정하려 한다면 한국의 대표적인 광역시의 하나이자 대도시인 광주의 다양한 색깔과 특성을 간과한 채 협소하게 이해할 우려가 있다. 민주화의 성지이고 문화도시인 것은 사실이지만, 동시에 광주는 21세기의 역동적인 변화 속에 있는 도시이기도 하며 자랑스러운 과거를 토대로 능동적인 변신을 꾀하는 미래지향적인 도시이기도 하다. 아시아문화중심도시나 아시아문화전당(이하 ACC)의 건립도 이런 관점에서 바라볼 필요가 있을 것이다.

전라남도에 위치한 인구 백사십육만칠천 명(2010년 현재) 규모에 다섯 개 구 아흔한 개 동을 거느린 광주는, 501.28제곱킬로미터의 면적을 지닌 대도시로서 한국에서 네번째로 광역시로 지정되었으며 여섯번째로 큰 규모의 도시에 해당한다. 동쪽에는 담양군, 서쪽에는 함평군, 남쪽에는 나주시와 화순군, 북쪽에는 장성군과 접하고 있다. 2004년에 신축된 시청은 서구 치평동(내방로)에 위치하고 있다.

지형적으로 동쪽 산지와 서쪽 평야 지대의 경계에 위치하며, 동쪽에 진산인 무등산(無等山)이 자리잡고 있다. 장원봉(壯元峯), 양림산(楊林山), 성거산(聖巨山) 등과 광주 시역(市域)을 둘러싸면서 분지를 형성하고 있는 무등산은 광주를 언급할 때 항상 거론되는 장소로, 시민들의 정신적 귀의처이자

situated on the east side of the city. Mount Mudeungsan, along with Jangwonbong, Yangnimsan, and Seonggeosan, surrounds the urban area of Gwangju, forming a plateau, and Mount Mudeungsan is a spiritual haven and daily refuge for the citizens of Gwangju, always mentioned as part of any discussion on the city. Gwangjucheon Stream originates in the valleys of Mount Mudeungsan and flows northwest through the urban center. Located on the southwestern part of the Korean peninsula, Gwangju enjoys a temperate climate with a mean temperature of 13.5°C, average rainfall is 1368.0mm, and it snows a lot in winter.

Records of pre-historic human settlements have been found in the area, and Mahan people were based along the Yeongsangang river basin, forming an alliance of kingdoms with collective political power with the advent of iron-based culture. During the Three Kingdom Period, Gwangju was part of the Baekje Dynasty, and during the Unified Silla Dynasty, it was a regional center under the name of Muju. In the late Joseon Dynasty, it was part of Naju-bu, and when the provincial government for Jeollanam-do Province was located there, it became the regional capital. It was designated as a city in 1949, a municipality in 1988, and finally a metropolitan city in 1995.

It has always been regarded as the regional center for education, culture, administration, industry, and transportation. During the Japanese colonial period, most of the resources were diverted to developing the port city of Mokpo for extrapolation of natural resources out of Korea, but after liberation, it regained its administrative and commercial status as the provincial capital, and the industrialization during the 1970s turned it into an industrial capital. Its role as a regional trading post also needs to be mentioned, but it is largely a consumption-based city, with its economy largely dominated by the service sector. During the Japanese Invasion of Korea in 1592, civilian armies led by Go Gyeong-Myeong and Kim Deok-ryeong played significant roles. A civil uprising against the exploitation and poverty during the reign of King Cheoljong, as well as the peasants' revolt during the Donghak Movement in 1894 and other uprisings in the last days of the dynasty attest to Gwangju's long history of resistance. In 1919, a large-scale demonstration was staged against Japanese colonial rule as part of the March 1 Uprising. The 1929 Students' Uprising, led by Gwangju high school students marked an important event in the history of anti-colonial resistance. The Pro-democracy movement against the military dictatorship of 1980s was a tragic event in Korea's contemporary history, but triggered an important series of events leading to Korea's

일상의 안식처이기도 하다. 무등산 골짜기에서 발원해 시가를 관류하는 광주천(光州川)은 서북쪽으로 흐른다. 한반도의 남서부에 위치하므로 온화한 기후이며 연평균기온은 13.5도, 연강수량은 1368밀리미터이고 겨울에는 눈이 많이 내린다.

광주 지역에는 선사시대부터 인간이 거주하였으며, 광주를 비롯한 영산강 유역은 마한(馬韓) 세력의 근거지로 철기문화의 보급에 따라 정치적 결집력을 키운 지역의 연맹 왕국이 형성되었다. 삼국시대에 광주는 백제에 포함되었으며 신라 통일 후 무주(武州)라는 이름으로 전남 지역의 중심지 역할을 담당했다. 조선시대 후기에 광주는 나주부(羅州府)에 속했으며 전남도청이 설치되면서 지역의 중심지가 되었다. 1949년 광주부는 광주시로 승격하였으며 1988년 직할시, 1995년 광역시로 변경되었다.

예로부터 광주는 호남 지방의 교육, 문화, 행정, 산업, 교통의 중심지였다. 일제 때에는 자원을 반출하기 위해 항구도시인 목포의 개발에 치중함에 따라 전라남도의 중심지로서 역할을 하지 못했다. 그러나 광복 후 도청 소재지로서 행정과 상업 기능을 회복하였으며 1970년대 말 이후 공단들이 조성되는 등 산업도시의 면모를 강화했다. 호남의 집산지(集散地)로서의 기능을 수행하는 동시에 주민 대다수가 삼차산업에 종사하는 등 여전히 소비도시의 면모를 가지고 있다.

임진왜란 시에는 고경명(高敬命), 김덕령(金德齡) 등의 의병장들이 지역에서 의병을 이끌고 큰 활약을 하였다. 철종(哲宗) 시절에는 착취와 궁핍에 반발해 민란이 일어났으며, 1894년의 동학운동(東學運動) 때의 봉기를 비롯하여 구한말에는 여러 저항 운동이 활발하게 일어났다.1919년의 삼일운동 때에도 일제에 대항해 대규모 시위를 전개하였다. 1929년 광주고보를 중심으로 일어난 광주학생운동은 우리 독립운동사에서 중요한 비중을 차지하는 사건으로 기록된다. 군사 독재에 항거해 일어난 1980년의 오일팔 민주화 운동은 한국 현대사의 비극이었지만 한국 민주화의 역정에 결정적인 계기로 작용하였으며, 팔십년대 내내 지속되었던 민주화 투쟁의 도화선이었다. 광주 문제의 해결은 상당 기간 한국 현대사의 숙제로 남았으며 광주 시민의 고통과 자부심의 원천으로 작용하였다. 2011년, 광주 민주화 운동 관련 자료들이 유네스코 세계기록유산으로 등재되었는데, 이로써 광주 민주화 운동은 한국 민주주의의 역사를 넘어서 세계사적인 의의를 지닌 사건으로 인정받았고 인류 보편의 정신적 자산이 되었다. 유네스코 등재를 계기로 광주를 국제인권도시로 정착케 할 여러 계획과 사업들이 추진되고 있다.

광주는 문화와 예술의 도시로 인식되고 있다. 과거부터 일상생활에서 문화활동을 영유할 수 있는 여건이 잘 마련되어 있는 도시로 유명했다. '맛' 과 '멋' 이 어우러진 남도의 중심도시라는 이미지는 광주의 소중한 자산이다. 예부터 무등산 산자락을

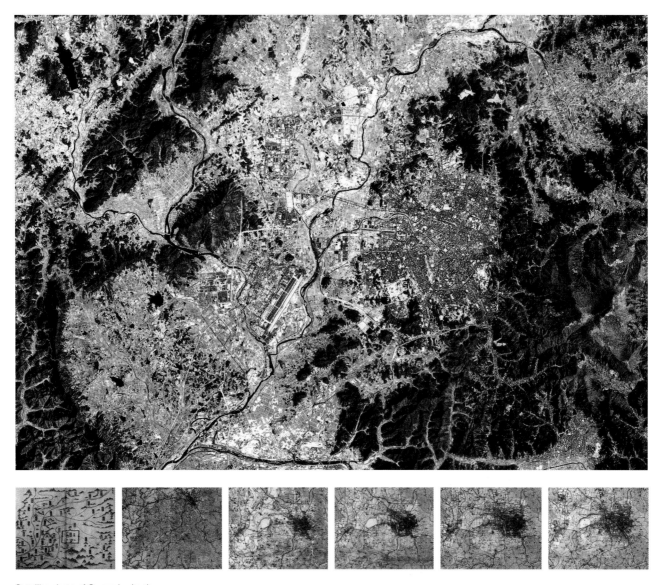

Satellite photo of Gwangju. (top)
광주의 위성 사진.(위)

Expansion of Gwangju. (bottom)
광주의 도시 확장 변천 과정.(아래)

eventual democratization. Historical accountability on the scars of Gwangju became a lasting national burden, and a source of pains and pride among the citizens of Gwangju. In 2011, the relics from the Gwangju Democratic Uprising were designated as UNESCO World Heritage, catapulting its significance beyond Korea to the world, becoming a spiritual asset for all of humanity. The UNESCO designation is adding weight to various plans for establishing Gwangju as an international city of human rights.

Gwangju is regarded as a city of arts and culture. It has always been known as a city where culture is mixed into citizens' daily lives. Its reputation as the regional center blending "taste" and "style" is a significant asset. The proliferation of Gasa Munhak (old form of Korean verse) along the hills of Mount Mudeungsan validates its status as the refuge for the arts. Its Gasa cultural realm includes pavilions of Jung Cheol, and Sosoewon, a remarkable garden from Joseon period. Traditional folk music of the southern region is also a precious cultural heritage, and various architectural sites for hyang-gyo (Confucian temple and school) and seowon (Confucian school) attest to a Confucian tradition.

Various cultural facilities include the National Museum of Gwangju, Kim Daejung Convention Center, Municipal Folk Museum, and the Biennale Hall, mostly within the Jungwei Park Cultural Belt. New exhibition halls and historical sites are being planned in association with the history of pro-democracy movement.

Famous cultural festivals of Gwangju include Gwangju Biennale, Gwangju Design Biennale, and Im Bangwool Festival of Traditional Music. The Gwangju Biennale, conceived to commemorate and sublimate the spirit of democracy into cultural significance, is the most well known among them, and has claimed its prominent role as Korea's most representative artistic festival with a large number of local and international visitors.

The project to create the Hub City of Asian Culture in Gwangju will be the most significant event for the future of Gwangju. And the ACC, sponsored by the national government, is the most important project that will provide core infrastructure for the Hub City. It will be a cultural space of international caliber, for not only the region and the nation but Asia, and will elevate the status of Gwangju to a new cultural dimension. The Hub City of Asian Culture and the ACC will provide a dramatic opportunity for Gwangju to transform itself. The dawn of the age of the West Coast, the formation of the regional belt along the South Coast, and the completion of the KTX line in the Honam region will be important

타고 꽃피운 가사문학(歌辭文學)이 '예향'을 입증한다. 지역 권역에 송강(松江) 정철(鄭澈)의 가사를 낳은 정자들과 조선시대 대표적 정원인 소쇄원(瀟灑園) 등이 가사 문학권을 형성하고 있다. 남도의 전통 민속음악 역시 지역의 귀한 문화 자원이며 향교와 서원 같은 유교 건축의 유구도 남아 있다.

국립광주박물관, 김대중 컨벤션 센터, 광주비엔날레관 등 문화공간들을 보유하고 있으며 중외공원 문화벨트 지역에는 국립박물관, 어린이공원, 시립민속박물관, 문화예술회관, 비엔날레 전시관 등의 시설이 군집해 있다. 민주화 운동과 관련하여 사적화(史蹟化)와 전시 공간도 구상되고 있다.

광주의 문화 축제로는 광주비엔날레, 광주디자인비엔날레, 임방울국악제 등이 유명하다. 특히 광주비엔날레는 가장 잘 알려진 행사로 광주의 민주정신을 문화적 가치로 승화시키기 위하여 창설되어 이 년마다 개최되고 있다. 비엔날레는 국내외의 많은 방문객이 찾는 한국의 대표적인 미술 축제로 자리매김했다.

광주시를 아시아문화중심도시로 조성하는 사업은 문화도시 광주의 미래에 가장 주목할 사건일 것이다. 그 중 국립아시아문화전당 건립은 가장 중요한 사업으로, 문화도시의 핵심 인프라 조성에 해당한다. 지역과 국가를 뛰어넘어 아시아를 대상으로 하는 국제적 수준의 문화공간의 건립은 광주를 과거와 차원이 다른 문화도시로 도약할 기회를 제공할 것이다.

아시아문화중심도시와 아시아문화전당 사업은 광주의 도시 성격을 바꾸는 획기적 전기가 될 것이다. 서해안 시대의 개막, 남해안 벨트의 형성, 케이티엑스(KTX) 호남선의 완공 같은 변화는 도시 발전을 위한 중요한 촉매로 작용할 것이다.

한국전력 본사의 광주(나주) 이전을 위시해 광주, 전남 공동혁신도시의 조성과 여러 기관의 본사 이전 역시 마찬가지이다. 광주과학기술원 개원을 비롯한 연구 및 과학단지 유치에 따른 연구개발 중심도시로서의 새 위상, 2015년 하계 유니버시아드 개최 같은 대형 이벤트 등도 도시의 변화를 이끌고 있다.

2025년 완성을 목표로 하는 광주 도시기본계획에 의하면, 문화창조 발전도시, 첨단광산업 허브도시, 민주인권 평화도시, 국제교류 중심도시, 저탄소 녹색청정도시를 지향하며 도시 성격의 변신을 꾀하고 있다. 무분별한 성장과 개발 대신에 적정한 관리와 재생에 의한 선진 도시이자 생활 공동체로서의 광주를 추구하는 것이다.

따라서 21세기에 광주는 소비 상업도시에서 벗어나 첨단산업, 과학, 문화, 교육, 관광 등이 주도하는 국제도시, 열린 도시로서의 면모를 갖추게 될 것이다. 지속가능한 개발과 저탄소 정책은 친환경 생태도시로서의 위상을 부여할 것이다. 예향(藝鄉), 의향(義鄉), 미향(美鄉)으로서의 고유한 전통을 지키면서도 독자적인 개성을 갖춘 현대 도시가 광주의 미래 모습이다.

Site in 1951 (top left), in 2005 (top right), before construction (bottom left),
and after demolition (bottom right).
1951년(위 왼쪽), 2005년(위 오른쪽), 착공 전(아래 왼쪽),
그리고 철거 후(아래 오른쪽)의 대지.

catalysts for the future growth of Gwangju. Creation of Innovation Cities in Gwangju and Jeollanam-do, including the relocation of the headquarters for Korea Energy and Power Corporation to Naju, will contribute to the process of transformation. Gwangju Institute of Science and Technology will open, to elevate the status of Gwangju as a center for scientific research, and the Summer Universiade Games in 2015 will bring large-scale international events to Gwangju. According to the urban master plan of Gwangju, with a projected completion in 2025, the city will transform itself into a generator for cultural creation; a hub for advanced tourism industry; a symbol for democracy; human rights, and peace; a center for global exchange; and a low-carbon green and pure city. Instead of uncontrolled growth and development, Gwangju will seek to become a well-managed, regenerated city that will become a living community.

In the 21st century, Gwangju will no longer be a consumption-based commercial city but a global and open city led by advanced technology, science, culture, education, and tourism. Environmentally sustainable growth and low-carbon policies will augment its stature as a green ecological city. The future of Gwangju will be characterized by its unique and modern identity, while maintaining its traditional status as the home of propriety, arts, and good taste.

Urban Context

Previously organized with a singular urban nucleus along Geumnam-ro, Gwangju began its outward expansion with a large financial district that followed the relocation of the provincial headquarters and Sangmudae, and the addition of new urban centers and large high-rise residential districts has further revised the spatial organization. As in many other cities in Korea, increasing outward migration has caused the decline of the historical center of Gwangju. The traditional road network was centered on Geumnam-ro, where central administrative agencies were located, but with the city's outward expansion and construction of new residential districts have pulled the road network outside of the city center.

Mount Mudeungsan on the east side of the city is a crucial element within the urban landscape, providing a strong background for the scenery. Gwangjucheon Stream originates here and flows through the center of the city. The train station and the old provincial headquarters are main anchors in the historical center, with commercial and business districts clustered near the most important axis along Geumnam-ro. The relocation of the provincial headquarters in 2005 and formation of

도시 맥락

광주는 금남로를 중심으로 한 단핵의 도시 공간구조를 가지고 있었으나 상무대와 구 도청사의 이전에 따라 대단위 금융 지구가 조성되는 등 도시 외곽으로 기능 이전이 진행되었으며, 새로운 시가지와 대규모 아파트 단지의 조성으로 공간 조직상의 재편성이 진행되고 있다. 현재 구 도심은 한국의 여타 대도시처럼 도심 공동화(空洞化) 내지 쇠퇴 현상을 보이고 있다. 도시 도로망은 중심 업무기능을 담당하는 기관들이 집중된 금남로를 중심으로 형성되었으나, 도심 외곽지역으로 도시가 확대되고 새로운 집합 주거단지가 건설되면서 도로망이 도시 외곽으로 뻗어 가고 있다.

도시 동쪽의 무등산은 도시 경관을 규정하는 주요 인자로서 도시의 배경을 구성한다. 여기서 시작된 광주천이 도심을 관통하고 있다. 도심 지역은 철도 역사와 구 도청사, 금남로를 주축으로 상업과 업무 지역이 발달하였다. 2005년 전남도청의 이전과 외곽의 신시가지 형성은 유서 깊은 이 지역을 구시가지화하였고, 업무, 상업, 주거 기능은 상무와 송정의 신 성장동력 축으로 이동하고 있다. 따라서 구 도심인 충장, 금남로 지역은 문화와 역사의 중심, 상무 지역은 업무 행정 중심, 송정 지역은 첨단 제조 및 레저 중심으로 기능 분화가 진행되고 있다.

낙후된 구 도심의 활성화와 재생을 위한 처방과 대응이 이루어질 예정인데 아시아문화전당의 건립은 구 도심 공간조직에 가장 큰 변화를 가져올 사건이다. 이 시설과 도시와의 접점 내지 경계에서 일어날 공간적 변화를 어떻게 통제하고 관리하느냐가 미래의 도시 환경과 경관에 큰 영향을 미칠 것이다.

한편, 무분별한 도심 재개발이나 도시 외곽으로의 확장을 억제하고 구 도심 활성화에 의한 도시 재생 위주로 광주시의 정책 전환이 이루어지면서 낙후된 도심의 도시 기능의 수복이 이루어지리라 예상된다. 2015년 도심에 건립될 유니버시아드 선수촌도 그 일환이다. 지역 공동체 부활을 위한 다각도의 노력도 진행되고 있다. 2011년 광주 디자인 비엔날레의 일환으로 도심 거리에 설치된 어반 폴리(Urban Folly)도 한 예이다.

도로망 체계는 제1순환도로와 2007년 개통된 외곽의 제2순환도로로 이루어진다. 도시철도인 지하철 1호선 공사가 2004년 소태-상무역 사이의 1구간이 개통되었고, 2008년 상무역에서 평동역까지 2구간이 개통되었다. 순환선인 2호선과 백운광장-서방시장-첨단지구로 연결되는 3호선 공사가 완공되면 광주시의 대중 교통체계가 지하철을 중심으로 재편될 것으로 예상된다.

광역교통망으로는 호남고속국도가 광주시를 통과해 남해고속국도, 88올림픽고속국도와 연결된다. 철도 교통은 2004년 개통된 경부고속철도와 연결되면서 광주역에서도 케이티엑스를 이용할 수 있게 되었다. 목포까지

Location of Gwangju and the
Asian Culture Complex.
한반도 내에서의 광주의 위치와
광주에서의 아시아문화전당의 위치.

new towns have been followed by many businesses and commercial establishments who followed the residents who left the historical district for Sangmu and Songjung. Consequently, the original urban center of Chungjang-ro and Geumnam-ro have retained mainly cultural and historical functions, while Sangmu District became a center for business and administration, and Songjeong District, a center for advanced manufacturing and leisure industries.

Regeneration plans to remedy the decline of the historical center are being implemented, and the creation of the ACC will introduce the biggest change in the urban-spatial fabric. Success in controlling and managing the intersections and boundaries between the Asian Culture Complex and the surrounding city will be important for the future of Gwangju's urban environment.

With the shift in administrative policies to regenerate and revitalize the historical center by suppressing peripheral expansion and uncontrolled redevelopment, the process of decline in the historical center is projected to be reversed. The selection of the site for the athletes' village for the 2015 Universiade Games within the old center is part of

연결되는 호남고속철도 사업 가운데 오송−광주 구간은 2015년 완료 예정이다. 호남선의 복선화가 이뤄지고 있고, 용산−광주를 연결하는 케이티엑스 외에도 새마을호, 무궁화호가 운행되고 있다. 또한 광주공항을 통해 항공편이 서울과 제주와 연결되며, 부정기적으로 중국, 일본 등 해외와도 연결되고 있다.

부지

아시아문화전당이 건립될 부지는 동구 광산동 구 전남도청과 구 경찰청 일대로, 96,036제곱미터의 면적이다. 부지는 중심상업지역에 속하며 중심미관지구이자 일반미관지구, 문화자원보존지구이기도 하다. 부지가 이곳으로 선정된 일차적인 이유는 오일팔 민주화 항쟁의 현장이기 때문이다. 건립 부지와 그 주변은 다양한 도시 기능이 중첩되면서 다양한 활동이 벌어지는 장소이다. 다만 도시 기능의 외곽 이전으로 공간 변화가 지체되어 쇠락한 모습을 보여 주고 있기도 하다.

고고학적인 접근으로 부지를 들여다보면 광주의 형성기부터 다양한 층위의 역사들이 이 땅에 중첩되어 흔적을 남기고 있음을 발견하게 된다. 이곳은 조선시대 읍성이 위치한 곳으로 그 성터가 부지를 경계짓고 있다. 그 흔적이 작은 골목길로

this process. Various efforts are also in progress to regenerate urban communities within the region, including the urban follies built as part of the 2011 Gwangju Design Biennale.

The road network is comprised of the First Ring Road and the Second Ring Road, completed in 2007. The first subway line between Sotae and Sangmu was completed in 2004, and the second line connecting Sangmu and Pyeongdong was completed in 2008. When the second loop line and the third line connecting Baekwoon Plaza, Seobang Market, and High-tech District are completed, the main public transportation system of Gwangju will be organized along its subway network.

For regional transportation network, Honam Expressway cuts through Gwangju with links to Namhae Expressway and 88 Olympic Expressway. In 2004, KTX connection from Gwangju Station to the Kyeongbu Express Railway was made, and the segment between Osong and Gwangju will be completed in 2015 as part of the new Honam Express Railway which extends to Mokpo. In addition to the KTX service between Yongsan and Gwangju, Saemaul and Mugunghwa trains are also in operation. The Gwangju International Airport offers flights to Seoul and Jeju, as well as China and Japan.

Site

The site for the ACC includes 96,036m² near the old provincial office and police headquarters in Gwangsan-dong, Dong-gu. The site is part of the central commercial district, and is designated as the core aesthetic control zone and cultural preservation district. The primary reason for the selection of the site is its link to the May 18th Democracy. Various urban functions and activities overlap on and around the site, although the area has been in decline due to relocation of many functions to the city's periphery.

An archeological survey of the site reveals multiple historical layers dating back to the founding years of Gwangju. The old fortress from Joseon Dynasty was located here, and its footprints demarcate the border of the site. Narrow alleys follow the outline of the fortress, and historical records show that the South Gate was located within the site. The provincial office and houses scattered around the area are from the Japanese colonial period. But most importantly, it is the historical site of the Gwangju Democratic Uprising, when over a thousand lives were lost. These historical traces, from Joseon, colonial period, and the contemporary past, remain imprinted in the land and its spatial fabric, not in whole but as fragments scattered within the crevices of the city.

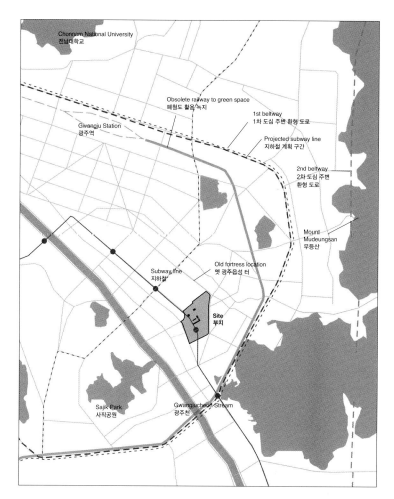

Major urban elements within the old city.
광주 구 도심의 주요 도시 요소.

남아 있으며, 역사적 고증은 이곳에 성의 남문이 있었음을 보여 준다.
일제강점기의 흔적은 도청 건물과 주변에 산재한 주택들의 양태에서 발견된다.
무엇보다 천여 명의 사상자를 낳은 광주 민주화 운동의 역사적 사건의 기억이 서린
장소이기도 하다. 이렇듯 조선시대부터 일제와 근현대사의 궤적들이 대지와 공간
조직에 아로새겨져 있으되 온전한 모습이라기보다 파편화되어 도시 속에
산재하거나 틈새에 존재하고 있다.
한국의 전통 도시들은 자연과의 관계를 통해 도시 형성의 기틀을 마련하였다. 여타
도시와 마찬가지로 광주에도 도시 발전의 축에는 배경으로서의 산과 생활의
중심으로서의 강이 자리잡고 있다. 그러나 도심의 현대화 과정에서 자연은 일상과
이격되어 왔으며 광주 또한 마찬가지이다. 그러나 여타 한국의 대도시와는 달리

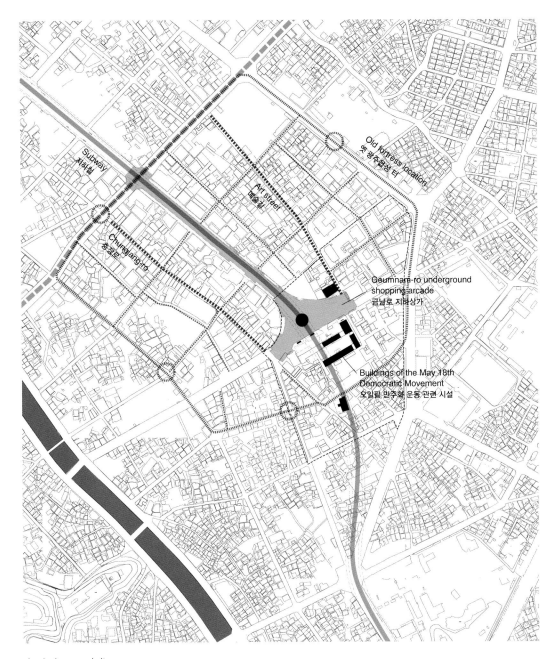

Subway
지하철

Old fortress location
옛 광주읍성 터

Art Street
예술길

Chungjang-ro
충장로

Geumnam-ro underground
shopping arcade
금남로 지하상가

Buildings of the May 18th
Democratic Movement
오일팔 민주화 운동 관련 시설

Analysis around site.
대지 주변 분석.

Traditional cities in Korea have formed their urban frameworks through their relationships with nature. The developmental axis of Gwangju, similar to other cities, included a river as the center of daily lives and a mountain as a backdrop. But the process of modernization has alienated nature from daily lives, and the same is true in Gwangju. But physical restructuring of the urban fabric or construction of high-rise buildings has been comparatively slower in the central Gwangju, where residential districtsstill exist immediately behind the commercial and business towers along the main roads. Mount Mudeungsan has been a constant reference point throughout the history of Gwangju, and its visual weight dominates the orientation and landscape of Gwangju. Geumnam-ro is the most bustling commercial thoroughfare in the central district, with high-rise financial and office buildings and underground arcade. The terminus of Geumnam-ro is marked by the old provincial office and a water fountain, and many galleries have been located along the Avenue of the Arts since the Japanese colonial period. Most commercial establishments are densely clustered around Chungjang-ro. The site is surrounded by many academic centers and restaurants, with police station, banks, and offices on the eastern side and wedding shops and motels on the western side, as well as print shops and houses mixed in the areas farther away from the site. The central commercial district and low-rise residential districts are divided by a single road.

The skewed trapezoidal shape of the site faces the urban axis along Geumnam-ro. The subway line passes directly under the site, with a station (Culture Complex Station) is situated within the site. Existing road network abuts or crosses the site. Upon completion of the ACC, new road system will surround the site, and merge with the existing network, offering various links to the city. Existing and new roads will draw the boundaries between the inner and outer territories of the site, but will not detach the site as in other cultural institutions.

The site is flat overall, with a gentle slope from Geumnam-ro to the other end. The old urban fabric within the site is being demolished, but the historical buildings such as the old provincial office which served as the stage of the Gwangju Democratic Uprising will be preserved. The old provincial office is a brick structure built in the Japanese colonial period, and its architectural value also deserves to be preserved.

광주의 도심은 고층화나 고밀화, 도심의 물적 재구조화가 상대적으로 더디게 진행되었으며, 가로의 업무, 상업 건축물 이면에는 바로 주택가가 형성되어 있다. 무등산은 광주의 긴 역사 속에서 도시 인지의 변하지 않는 참조점으로 작용해 왔으며 부지에서도 마찬가지이다. 무등산은 시각적으로도 광주의 가장 비중 있는 요소이며 정위(定位, orientation)와 경관을 지배한다.

금남로는 도심 지역의 최대 번화가로 고층의 금융, 업무 기능이 발달했으며 지하의 쇼핑 아케이드와 함께 중심 상권을 형성한다. 금남로의 끝 지점에 구 도청사와 분수대가 위치하고 있으며, 일제 때부터 형성된 '예술의 거리'는 화랑들이 들어선 문화 영역을 형성한다. 충장로 쪽으로도 상업 기능이 밀집되어 있다. 부지 일대에는 밀집한 학원과 음식점이 눈에 띄며, 동쪽 가로를 따라 공공(경찰서), 금융, 업무 기능이 펼쳐지고, 서쪽 가로변은 예식 관련 대여, 판매, 숙박 기능과 그 옆에는 인쇄와 주거 기능이 혼재하고 있다. 도심 번화가는 도로 하나를 사이에 두고 저층의 주거지역과 혼재되어 있다.

부지의 형태는 변형된 마름모꼴이며, 금남로의 도시 축이 부지와 정면으로 만나는 형국이다. 부지 하부에 도심 지하철이 관통하고 있으며 지하철 역(문화전당 역)이 부지 내에 위치하고 있다. 기존 도로망도 부지와 만나거나 지나가고 있다. 아시아문화전당의 완공과 함께 전당을 에워싼 도로 체계가 형성되어 기존 도로 체계에 접속된다. 다양한 접근로가 형성되는 것이다. 부지는 기존 도로나 신설될 도로에 의해 경계가 구획되나 일반 문화공간처럼 도시로부터 분리되어 존재하지 않고 자연스럽게 주변과 통합될 것이다.

완만한 경사에 위치한 대지는 전체적으로 평탄한 편이며, 금남로 쪽으로부터 반대편 끝까지 일 미터 정도의 높이 차이를 갖는다. 부지의 옛 도시 공간 조직은 철거되어 신축 시설이 들어서지만, 구 도청사를 비롯한 광주 민주화 운동 현장의 역사적 건물들은 남겨진다. 구 도청사 건물은 일제강점기에 지어진 벽돌조 건축물로, 건축적인 보존 가치도 있다고 판단된다.

MAIN CONCEPT AND PROPOSAL
주요 개념과 제안

Memory

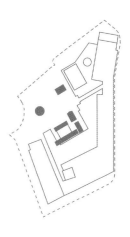

Preserved memory rescues past events from oblivion and restores its significance for the present. Official history is a collection of relics from battles over retained memories. To preserve and prolong memories of past events is to define and update their meanings for the present space and time, and to realign their influences for future generations. Reinterpretation of the past to reinvigorate its meaning and to perpetuate its influence on the future defines the objectives of our struggles over memories. Modes of such revivals take various forms— archival records, rituals, memorials, and commemorative holidays, all of which share a common goal of rumination and reflection on the past. Memorial monuments, in particular, recreate historical memories as physical and formal objects, as visual proofs to be shared by specific communities.

The Asian Culture Complex (ACC) is mainly a cultural space, but its location on the historical grounds near the old provincial office, and the undeniable link to the pro-democracy movement that provided the initial motivation for the project, pose an inherent challenge to address the problem of memory. The ACC as a whole is in fact a monument to Gwangju's memories.

The old provincial headquarters and its annex are being preserved and renovated, and the surrounding plaza and public open spaces in and around the ACC, are creating a new sacred ground, all of which are a part of the efforts to revise the "culture of memory" in Korea's contemporary history. We have witnessed many memorial spaces that still follow and reproduce the authoritarian practices of the past, even long after democratization. The ACC offers a proper alternative for our present era, based on trust in the power of culture. Rejecting the conventional formal language of grandiosity or symmetry, it offers a site

기억

과거의 사건을 망각으로부터 끌어내어 그 의미를 현재화하기 위해서 중요한 것은 기억(memory)의 보존이다. 모든 공식적 역사는 기억 투쟁의 산물이라 할 수 있다. 기억의 보존과 지속은 과거 사건에 대한 지금 이곳에서의 의미를 규정하며 후대에 영향한다. 기억 투쟁은, 과거를 다양한 형식으로 재현하여 살아 있는 것으로 만들고 영구화하려는 실천으로 정의할 수 있다. 재현의 방식은 역사 기록부터 의례, 기념일, 기념물 등 여러 형태가 있을 수 있으나 과거의 사건을 반추하고 성찰하게 한다는 공통점이 있다. 그 중에서도 기념비는 역사적 기억을 구조물 내지 조형물로 재현하는 일인데, 공동체가 공유할 기억을 가시적인 증거로 전환한다는 측면에서 특별하다.

아시아문화전당은 문화공간이지만, 동시에 그 부지가 구 도청사 일대(사건의 현장)라는 장소성으로 인해, 그리고 그 건립 취지가 가진 민주화 운동과의 연관성 때문에 자연스럽게 기억의 문제를 제기한다. 이 시설 자체가 광주의 기억을 위한 기념비가 될 것을 요구하고 있다.

아시아문화전당의 건립과 함께 진행되는 구 전남도청사 보존과 리노베이션, 그리고 주변의 광장 조성 및 성지화는 한국 현대사에서 '기억의 문화'를 새롭게 쓰려는 시도이다. 우리는 민주화 시대 이후 세워진 기념공간들조차 과거 권위주의 시대의 관행을 답습, 재생산되는 것을 목격해 왔다. 아시아문화전당에서 디자인상의 접근은 문화의 힘에 대한 신뢰를 바탕으로 새로운 시대에 부합하고자 하는 대안적 방식이다. 그것은 일방적인 거대주의나 대칭과 위계 같은 상투적 어법을 벗어나, 민주와 평화의 사상에 부합하는 배치와 공간 조성을 시도하면서 과거 사건에 대한 회상과 애도, 그리고 미래의 희망을 이야기하고자 한다.

과거의 기억이 서린 현장과 건물의 영구적인 보존은 광주 민주화 운동의 숭고한 투쟁과 희생을 기리는 일이며, 그것의 전용과 확대는 기억의 계승과 창조적 확장을 의미한다. 나아가 지역적 도시적 기억을 국가와 범아시아적 문화 자산으로 넓혀

Citizens of Gwangju in the May 18th
Democracy Movement. (left)
오일팔 광주 민주화 항쟁 당시의 광주
시민들.(왼쪽)

Changdeok Palace, Seoul. (right)
창덕궁(昌德宮), 서울.(오른쪽)

plan and spatial composition in line with ideas of democracy and peace, and tells a story which combines the remorse and reminiscence on the past with a hope for the future.

To preserve the grounds and buildings with embedded memories is to commemorate and sublimate the struggles and sacrifices during Gwangju Democratic Uprising, and to reuse and expand them signifies creative expansion of the inherited memories. In other words, the memories of Gwangju will not remain as part of personal memories for those who were directly involved, but translated into general memory to be shared by the public.

As such, the ACC a grand ritual for preservation of memory. Active reuse of the preserved structures and transformation of the surrounding areas are all proofs of new determination to absorb the stagnant past memories into nation's cultural reserve as a source for future progress. Memorial culture connects the past and the future, and the spatial composition of the ACC is derived from similar dialectic relationships between old and new, center and periphery, and extroverted and introverted. The ACC is a newly formed urban space, but its design is based on the memories of the past, and respects the traces of the past. The geometric arrangement and spatial planning of the ACC, in other words, retrieves our past memories.

The Citizens' Park, as an extension of the urban fabric, incorporates the buildings that witnessed the events of May 18th, and the water fountain and the surrounding buildings serve as visual anchors for citizens and visitors. The new facilities are suppressed underground with a grand central courtyard in the middle to yield most of the site as open public spaces, entirely owned by citizens.

가려는 의도이다. 즉, 광주의 기억을 관계자만의 것으로 남겨 두기보다 모두가 공유하는 보편적인 기억으로 변환하려는 것이다.

이 점에서 광주 민주화 항쟁의 현장에 세워지는 아시아문화전당 프로젝트는 기억의 보존을 위한 거대한 제의(祭儀, ritual)이다. 현장과 구조물의 보존과 적극적인 활용, 그리고 그 주변의 개조와 변신은 과거의 기억을 고착된 것으로 한정하지 않고 미래로의 진보를 위한 자산으로 적극 활용하려는 의지를 나타낸다.

기억의 문화는 과거와 미래를 매개하며, 이는 아시아문화전당의 공간 계획에서 옛것과 새것, 중심과 가장자리, 내향성과 외향성 사이의 변증법적 관계에서 파생된다. 아시아문화전당은 새롭게 구축되는 도시의 장소이지만 과거의 기억에 근거하여 배치와 디자인이 진행되며 과거의 장소적 흔적을 존중한다. 즉, 이 시설의 기하학적 배치와 공간 계획에 의해 기억은 귀환하는 것이다.

프로젝트의 제안은 이러한 과거 기억에 대한 존중으로부터 시작한다. 존엄한 과거의 물적 흔적들을 보존하고 그 주변으로 대지의 경계를 따라 새로운 시설물들이 보존건물을 위압하지 않고 지표 아래 형성된다. 가운데 위치한 오일팔 민주화 항쟁의 기억을 담은 건축물은 자연스럽게 아시아문화전당의 중심이 된다. 시설물들의 지붕이자 지표면은 도시 조직의 연장선상에 존재하는 시민 공원으로 조성되어 오일팔 민주화 항쟁과 함께한 건축물들을 망라하며, 광장의 분수와 주변의 역사적 건물들은 시민과 방문객들의 시각적 초점이 된다. 자신을 드러내지 않고 바닥으로 파묻힌 전당의 시설물들, 그리고 그 가운데 조성되는 거대한 중정형 마당은 모두에게 열린 공간으로, 시민이 주인이 되는 시대를 나타낸다.

Citizens of Gwangju at Geumnam-ro in the May 18th
Democracy Movement. 1980.
오일팔 광주 민주화 운동 당시 금남로의 광주 시민들의 모습.

pp.74–75.
Citizens of Gwangju gather around the site of the
Asian Culture Complex in the May 18th Democracy
Movement, 1980.
오일팔 광주 민주화 운동 당시, 현 아시아문화전당 부지인
도청 앞 분수대에 모인 광주 시민들.

p.77.
Site of the Asian Culture Complex.
아시아문화전당 부지 항공사진.

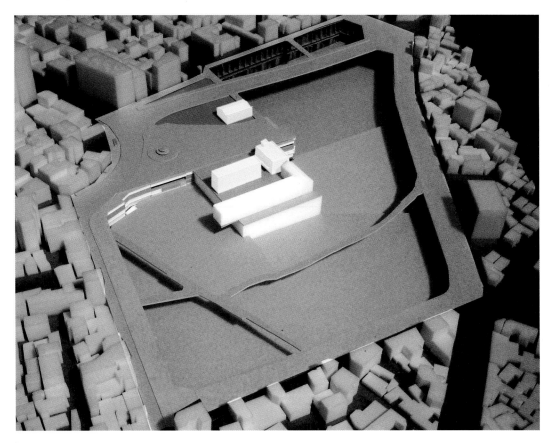

Concept model of the Asian Culture Complex.
아시아문화전당의 개념 모형.

Concept sketch for the Asian Culture Complex.
아시아문화전당의 개념 스케치.

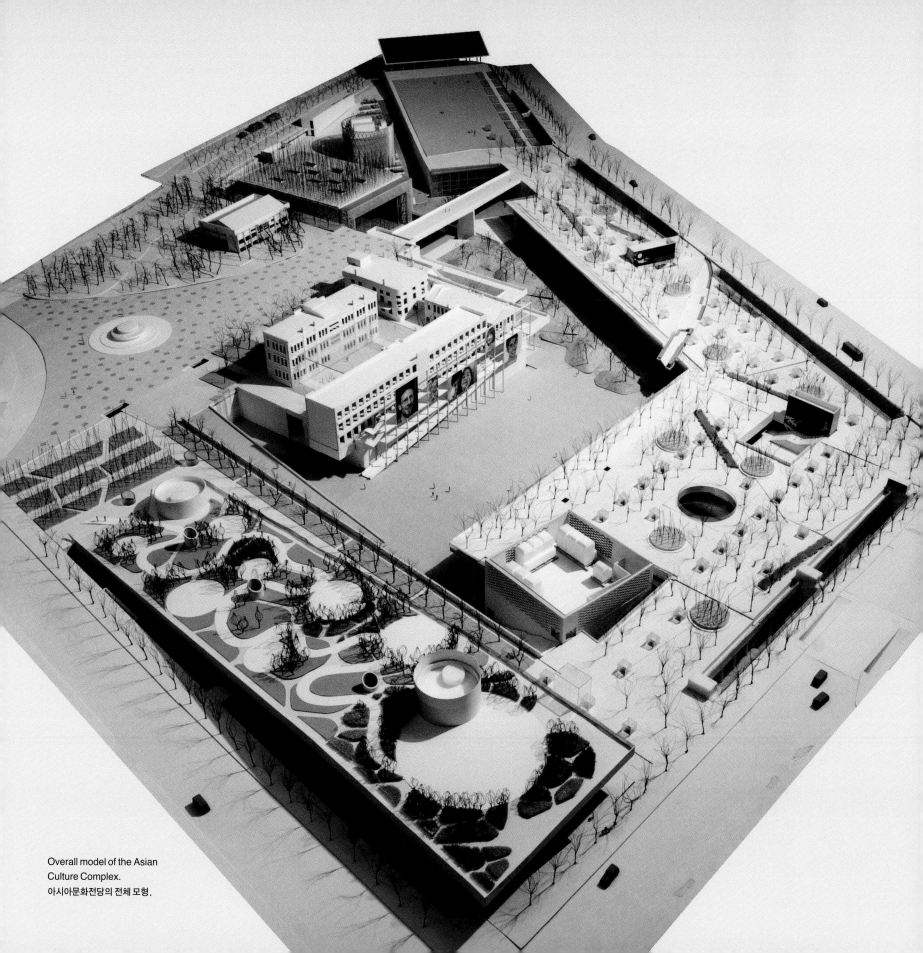

Overall model of the Asian
Culture Complex.
아시아문화전당의 전체 모형.

Citizens' Park

시민공원

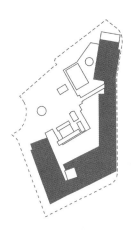

The Asian Culture Complex (ACC) at first sight exists more as a grand public park than a cultural space. The building becomes a green park. The concept of a park comes from the notion that it is an ecological environment to be inserted to Korean cities after raid modernization and urbanization. The ACC is intended to provide a public park, healing desolate cities. The green park that wraps around the old provincial office and the central plaza in a U-pattern is created on the rooftops of underground facilities. The park on the roof is the crucial concept as well as efficient, intensive and environmental development.

As it draws a green boundary in the city, the Citizens' Park provides refreshing scenery to the dilapidated historical district, and provides an open space with links to surrounding roads and urban fabrics. As it can be accessed from all directions, it will be owned by all, reinforcing its democratic tendencies.

The landscape of the park will be the result of the spirit of participatory democracy and social progress, rooted in the pro-democracy movements. As an open and public space, the park implicitly illustrates openness, communication, and participation, with various symbolic monuments to sacrifice, human rights, and peace. The greenery in the park symbolizes the value of ecology and a new spatial order based on restored nature. As an urban lung and oasis, this green space will become a dwelling place for citizens' hearts and minds.

The ratio of green space per person in Gwangju is the lowest among Korean major cities. The Citizens' Park forms an ecological green axis connecting Gwangjucheon Stream, Gwangju Park, Sajik Park, and Mount Mudeungsan. The visual prominence of Mount Mudeungsan will be further reinforced by the new foreground provided by the Citizens' Park. The new urban green network formed by the Citizens' Park will

아시아문화전당의 건립은 문화공간의 구축과 동시에 도시의 거대한 공원 조성을 의미한다. 건축물과 시설의 생성이 푸른 공원의 생성이기도 한 것이다.

급속한 근대화와 도시화를 경험하면서 녹색 공간의 절대 부족으로 고통받아 온 한국 대도시에 가장 절실한 것이 생태적 환경 조성이라는 인식에서 아시아문화전당의 공원화라는 디자인 개념이 비롯되었다. 그것은 삭막한 회색도시를 치유하면서 더불어 시민을 위한 공공의 공원을 제공한다는 이중의 목표를 의도한 것이다.

도심의 대공원으로서 아시아문화전당은 구 전남도청과 중앙 광장을 ㄷ자 형태로 둘러싸면서 주요 시설을 지하화하고, 그 옥상에 해당하는 지상의 인공 대지 위에 조성되는 방식으로 생겨난다. 상부 지붕 데크의 전면적 공원화는 아시아문화전당의 핵심적 설계 개념으로, 효율적이고 집약적인 개발이자 친환경적이고 인문적인 개발이기도 하다.

도시에 푸른 경계선을 그리면서 쇠락한 원도심에 신선한 풍경을 부여하게 될 이 시민공원은, 도시 한복판에 위치하면서 주변 도로 및 도시 조직과 연결되는 열린 공간이다. 사방팔방에서 자유로운 접근이 가능하기에 공원은 시민 모두의 것이 되며, 민주적 성격을 띤 공적 장소가 된다.

뛰어난 경관을 자랑하게 될 시민 공원은 민주 항쟁에 뿌리를 둔 시민들의 참여의식과 사회적 진보가 일구어낸 결과물이다. 개방된 장소로서 이 공원은 희생, 인권, 평화에 대한 상징물들과 함께 소통, 교류, 참여의 의미를 내포한다. 공원의 녹색 경관은 생태적 가치를 표상하면서 회복된 자연이자 새로운 공간적 질서를 나타낸다. 도시의 허파이자 오아시스로서의 이 녹색 공간은 시민의 사랑과 심성이 머무는 장소가 될 것이다.

광주는 남쪽에 위치해서 기온이 높은데도 불구하고 한국의 다른 도시보다도 일인당 녹지율이 크게 떨어지며, 부지가 위치하는 동구는 광주에서도 가장 낮은 비율로

Landscape Model of the Asian
Culture Complex. (left)
아시아문화전당의 조경 모형.(왼쪽)

Korean park. (right)
한국식 공원.(오른쪽)

unite scattered vacant spaces. The ACC and the Citizens' Park,
forming a new cultural landscape for the city, will dramatically update
the urban character.

The visual connection to Mount Mudeungsan from the city will be
reinforced by the Citizens' Park. It will be a firm ground for a green
network and integrate dispersed green spaces within the city. The
ACC and citizen's park will create cultural sceneries, renewing the
character of Gwangju.

The green roof of the ACC is connected horizontally with the
surrounding city on the ground level. The green roof creates a cool
and calm place at the heart of the city, while reducing energy use.
From the outside, the ACC will be perceived not as a structure but a
green park, and inside the Citizens' Park, the sensitivity in design of
landscaped spaces and outdoor spaces will offer visual pleasure and
sensual joy.

되어 있다. 부지의 방대한 시설물의 지하화로 얻어지는 140,000제곱미터의 시민
공원은 이 지역에 필요한 휴식 공간을 제공하며, 동시에 배경으로 삼고 있는
무등산, 보행거리 내에 있는 광주천, 폐기된 철도 부지, 사직공원 및 광주의 여러
공원들과 연결하여 도시 규모의 녹지 및 보행로 체계를 확립할 수 있는 거점의
역할을 한다.

광주의 가장 중요한 시각적 조망인 무등산으로의 시계(視界)는 시민공원에 의해
더욱 강화되는 효과를 얻는다. 시민공원은 광주 도심의 녹지 네트워크 형성의
기반이 되며 흩어진 공지 공간을 통합하는 효과를 기대하게 한다.

아시아문화전당과 시민공원은 도시에 문화적인 경관을 형성하면서 도시의 성격을
일신시킬 것이다.

아시아문화전당의 옥상은 녹색 지붕을 이루면서 지상 레벨에서 도시와 수평적으로
연결된다. 옥상 지붕의 녹색 공간은 에너지를 절감하면서 도심에 시원하고 차분한
장소를 창출한다. 이 문화공간은 외부에서는 구조물이라기보다 푸르른 공원으로
인식되며, 시민공원의 내부에는 다양한 유형의 조경 공간과 외부 공간이 조성되어,
크게는 도시의 기능과 연결되면서 각각의 특성을 통해 집회, 휴식, 오락, 행사,
공연 등 광주에 필요한 공용공간을 제공하고, 더불어 섬세한 디자인으로 시지각적
즐거움과 감각적 쾌감을 제공하게 된다.

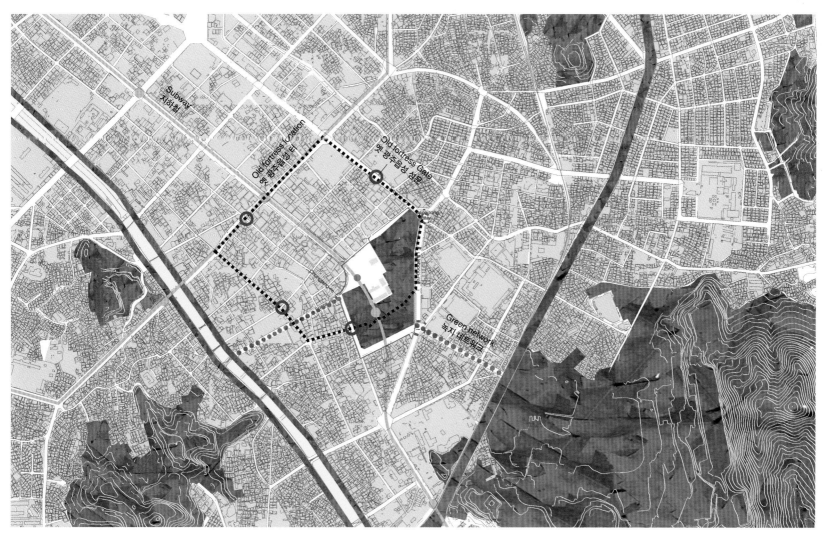

Subway
지하철

Old fortress station
옛 광주읍성 터

Old fortress Gate
옛 광주읍성 성문

Green network
녹지 네트워크

The Asian Culture Complex provides a park
within the city, making a green network.
아시아문화전당은 도심 내 공원을 제공하며 녹지
네트워크의 거점을 형성하게 된다.

p.82.
Satellite photo of the old
downtown in Gwangju.
광주 구 도심의 위성 사진.

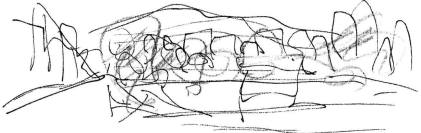

Park — Trees / Light

Concept sketch for the Citizens' Park.
시민공원의 개념 스케치.

Perspective of Citizens' Park. The roof of the
Asian Culture Complex becomes the Citizens'
Park at the ground level.
시민공원 투시도. 아시아문화전당의 지붕은
지상 레벨에서 시민공원이 된다.

Overall perspective of the Asian Culture Complex.
아시아문화전당 조감도.

Extroverted Courtyard

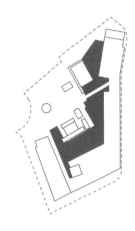

The old provincial headquarters is the symbolic center and a visual anchor for the Asian Culture Complex (ACC), but the spatial heart is the central courtyard surrounded by new facilities. The courtyard is a spatial typology with a long history, widely used for place making both in western and eastern cultures. Whereas the western examples have a more public character, with a stronger focus on urban place making, the eastern courtyards are more silent and passive, with emphasis on emptiness. The courtyard at the ACC incorporates both of these qualities, given a public function appropriate for a modern city.

It must be first recognized that the courtyard of the ACC is surrounded by the underground buildings, effectively making it a broad sunken *madang*. This circumscribed outdoor space appears at first as an introverted void left over after filling all of the necessary functions. It is protected by the surrounding buildings from the traffic noise. But connected by many ramps and stairs from the ground level, as well as directly linked to the subway, this broad outdoor space is capable of becoming a dynamic urban square, accommodating various urban activities. As an extension of the existing urban spatial fabric, this public place is therefore also an extroverted courtyard. Its extroverted character becomes more prominent when the overall urban context, space, scale, and accessibility are considered.

The courtyard is a core element that dominates the overall site plan. At the same time, The courtyard is also like a reservoir for collecting various streams of circulation flowing into the ACC. Connections from the city ultimately lead to the courtyard, where they are further distributed to individual facilities. Surrounded by glass walls, the courtyard permeates into the adjacent facilities, becoming at once convergent and divergent.

외향화된 중정中庭

아시아문화전당의 시각적 초점이자 상징적 중심은 구 전남도청사 건물이지만, 전체를 아우르는 실제적인 중심은 중앙에 위치한 중정(中庭, courtyard)이다. 중정은 오랜 역사를 지닌 보편적인 건축 유형이며, 성격을 달리하기는 하지만 동서양을 막론하고 '장소'의 조성을 위해 사용되어 왔다. 서구의 그것이 도시적 장소의 생성에 주력하면서 공공적 성격이 강하고 적극적인 공간이라면, 동아시아의 그것은 비움에 더 가치를 둔 정적이고 소극적인 공간이라는 특성을 갖는다. 아시아문화전당의 거대한 중정은 이 두 가지 성격을 아우르면서 현대 도시에 적합한 공적 기능이 부여된 외향화된 광장으로 의도되었다.

우선 아시아문화전당의 중정이 지상 레벨에서 지하로 파고 들어간 시설들에 의해 에워싸인 광장임을 인식할 필요가 있다. 따라서 이 중정형 광장은 지상 레벨에서 하부로 움푹 꺼진(sunken) 너른 마당으로 존재한다. 이 외부 공간은 시설들에 둘러 싸여 비워진 공간으로 보이기에 내향적으로 비친다. 건물들로 둘러싸여 외부의 교통이나 소음으로부터 보호받는다는 점에서도 그러하다. 그러나 지상 레벨에서 경사로와 계단으로 연결되고 지하철과도 연결되면서 도시의 다양한 행위를 수용하기에 도시의 역동적인 광장으로도 손색이 없다. 이 점에서 광장은 기존의 도시공간 조직의 연장으로 존재하며, 공적인 장소로서 외향적인 중정이기도 하다. 도시 맥락, 공간 스케일, 그리고 접근 동선과 관련하여 중정의 외향성은 더욱 부각된다.

중정은 아시아문화전당의 전체 배치를 지배하는 중추적 요소이다. 전체적으로 낮은 건물들(시설들)이 부지 경계를 따라 외곽으로 고르게 분포되고, 나머지 가운데 자리에 움푹 파인 중정이 생성된다. 부지의 심장부에는 높은 공간이 조성되는데, 여기에 구 전남도청사 등 보존 대상 건물들이 자리잡는다. 건물 덩어리의 바깥쪽 테두리는 대나무 정원이 둘러싸고, 안쪽으로는 광장의 지형을 따라 커다란 유리 파사드가 설치된다.

Concept sketch for courtyard. (left)
중정의 개념 스케치.(왼쪽)

Korean traditional house and
landscape. (middle)
한국의 전통 주택과 풍경.(가운데)

Korean traditional courtyard. (right)
한옥의 중정.(오른쪽)

Street elevations, public spaces and existing underground spaces were considered in designing a three-dimensional and rational plan for transportation and circulation. The urban design considerations for the Citizens' Park made intimate connections to existing transportation network of the city center. The park serves as a lobby for the ACC and Gwangju's central district. The existing network of roads and plazas make direct connections to the transportation system of the ACC, to guarantee its accessibility and efficient circulation.

The grand stair that connects the May 18th Democracy Plaza and the inner courtyard is itself a public plaza, initiating a circulation network leading to all parts of the ACC. This Stepped Plaza has a direct link to the subway, and leads to the Asian Arts Theatre. From this point, a sloped road leads to Gwangju's central district.

Pedestrians can enter the ACC from all locations. But access by car, taxi, or bus is made within transition zones on the south, west, and north sides of the site. The underground shopping arcade from the subway station and Geumnam-ro is also directly linked.

Visitors may take public elevators from the May 18th Democracy Plaza, but the most basic and widely used passage will be through the outdoor stairs. Escalators and ramps will offer convenient access routes at various points.

또한 중정 광장은 아시아문화전당으로 진입하는 여러 동선들의 물줄기를 받아들이는 호수와도 같다. 도시에서의 여러 접근 동선들이 궁극적으로 광장으로 모이고, 광장을 통해 주위의 개별 문화시설들로 분기되어 들어가는 것이다. 유리 파사드로 둘러싸인 이 커다란 중정은 주변 시설들과 삼투하면서, 때로는 수렴하고 때로는 발산하는 공간이 된다.

이 프로젝트는 거리 레벨, 공공 공간, 그리고 현존하는 지하 공간의 사용 실태를 고려한 입체적이고 합리적인 계획이 되도록 했다. 도시 차원에서 시민공원은 도심 교통망과 긴밀하게 연결된 기존의 맥락을 유지하면서 조성된다. 공원은 광주 도심과 아시아문화전당의 로비 역할을 수행한다. 기존 도로와 광장들은 아시아문화전당의 교통 체계와 직접적으로 연결되어 아시아문화전당으로의 접근의 용이성과 효과적인 순환 체계를 보장해 준다.

오일팔 민주광장에서 하부의 아시아문화광장으로 연결되는 거대한 계단은 그 자체가 또 하나의 광장이라 할 수 있으며, 아시아문화전당의 각 부분으로 이어지는 순환 동선을 제공한다. 계단 광장은 오일팔 민주광장 및 지하철 출구와도 연결되며 아시아예술극장으로 이어진다. 여기서부터 광주 시가지 쪽으로 경사로가 시작된다.

보행자들은 어느 곳에서든 아시아문화전당으로 들어올 수 있다. 다만, 자가용이나 택시 혹은 버스를 통한 접근은 남쪽과 서쪽, 그리고 북쪽에 여유롭게 위치한 전이 지역을 통해 이루어진다. 지하철역 및 금남로 하부로부터 연결되는 쇼핑 아케이드와도 직접 연결되어 있다. 방문객은 공용 엘리베이터를 타고 오일팔 민주광장에서 이동할 수 있다. 가장 기본적이면서 많이 사용될 방법은 계단을 통해 아시아문화전당으로 진입하는 것이다.

Perspective of the Asian Culture Plaza. This sunken plaza provides all access to the Asian Culture Complex, becoming the central outdoor space.
아시아문화광장의 투시도. 이 선큰(sunken) 형식의 광장은 아시아문화전당의 중심 외부 공간이자 시설 내부로의 진입을 제공한다.

pp.90-91.

Model view of the Asian Culture Plaza. (top)
아시아문화광장의 모형.(위)

Sequential views in the Asian Culture Plaza. (bottom)
아시아문화광장에서의 연속 조망 투시도.(아래)

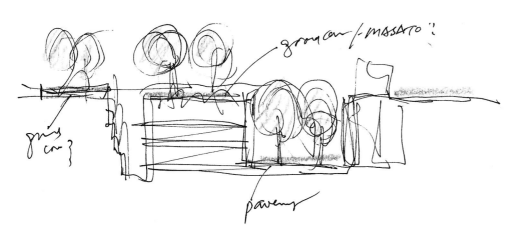

Concept sketch for garden area within
the Asian Culture Plaza.
아시아문화광장 내 정원의 개념 스케치.

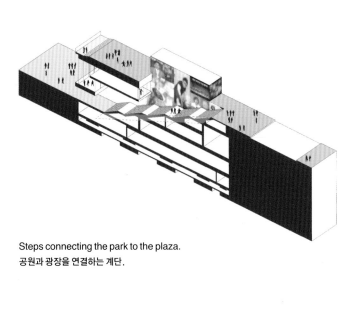

Steps connecting the park to the plaza.
공원과 광장을 연결하는 계단.

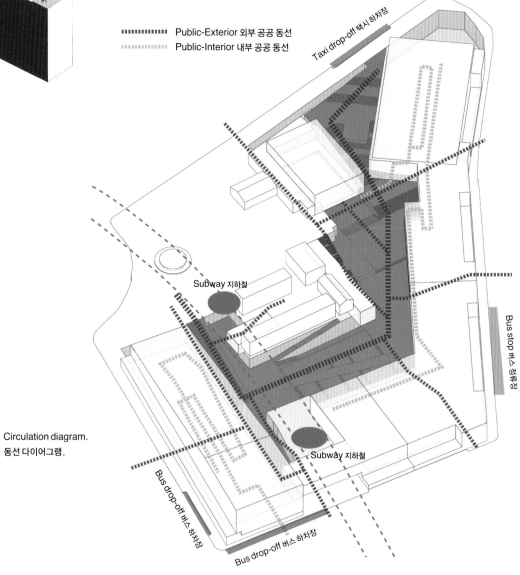

▪▪▪▪▪▪▪▪▪▪▪▪ Public-Exterior 외부 공공 동선
▫▫▫▫▫▫▫▫▫▫▫▫ Public-Interior 내부 공공 동선

Taxi drop-off 택시 하차장

Subway 지하철

Bus stop 버스 정류장

Subway 지하철

Bus drop-off 버스 하차장

Bus drop-off 버스 하차장

Circulation diagram.
동선 다이어그램.

p.95.
Model of the Citizens' Park.
공원의 모형.

Forest of Light

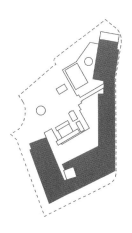

The "Forest of Light" conceptually summarizes the Asian Culture Complex (ACC), and it alludes to the literal meaning of Gwangju—city of light. The light signifies the spiritual value of Gwangju, and illuminates the radiant history of Gwangju. The light within the name of the city inspired the design of the ACC, and provided a clue for the design problem.

The symbolic meaning of light, in contrast to darkness, is inherently important, but its physical and phenomenological significance must not be ignored. The light in the ACC, literally expressed in the "Forest of Light," is sensed and experienced as physical reality in the entire space, and serves as a main ingredient for symbolism throughout the complex. It is also a means for acquiring architectural personality and spatial quality. Light becomes a catalyst for facilitating architectural realization of place, space, and objects, and people and objects inside will gain greater vitality.

The "Forest of Light" as a phrase also directly refers to the green forest within the Citizens' Park. The light that penetrates the forest is absorbed into the facilities below to illuminate the interior. The "Forest of Light" is not merely conceptual, but practically recognized inside the space. The refreshing imagery of a radiant forest is perpetuated throughout the ACC as natural light penetrates into all of the underground facilities. The interior spaces are carefully designed to receive sufficient illumination through precisely designed light wells and skylights, and sunken gardens, to enable a diverse atmospheric manipulations of light.

Artificial lighting will invert the sceneries of day and night, creating another spectacle of light at the ACC. The upward projection of light will provide an entirely different environment at night, creating a new

빛의 숲

아시아문화전당을 표상하는 개념어인 '빛의 숲(forest of light)' 은 물론 빛고을 광주(光州)에 연원을 둔 말이다. 여기서 빛은 광주의 정신적 가치를 나타내며 그 이름은 광주의 빛나는 역사와 겹쳐진다. 도시의 이름이 표방하는 빛은 아시아문화전당 디자인의 영감의 원천으로 작용했으며 문제 해결의 단초가 되었다.

어둠과 대비되는 빛은 그것이 내포하는 상징적 의미로도 중요하지만, 자연 '광(光)' 으로서의 물리적 특성과 현상학적 체험 또한 이 프로젝트의 중요한 요소가 된다. 아시아문화전당에서 빛은, '빛의 숲' 이라는 말 그대로, 공간 전체에서 물적 현실로 지각되고 경험되면서 시설 전체에 상징성을 부여하는 중심적 소재로 동원된다. 또한 건축적 개성과 공간의 질을 획득하는 수단으로 활용되기도 한다. 빛을 매개로 장소와 공간과 물체가 건축적 실재로 경험되며, 그 안의 사람과 사물 들은 생동감을 부여받는다.

'빛의 숲' 이라는 용어는 아시아문화전당의 시민공원의 푸른 숲과도 결부된다. 숲으로 침투한 빛은 다시 시설 전체로 스며들며 내부를 밝힌다. '빛의 숲' 은 개념으로 그치지 않고 공간 내에서 구체적으로 인식되는 것이다. 빛으로 환해진 싱그러운 숲과 같은 이미지가 아시아문화전당 전체에 구현되기 위해 지하화한 아시아문화전당의 모든 시설 속으로 자연광이 침투한다. 내부 공간은 필요한 조도(照度) 이상의 밝고 환한 공간을 조성할 수 있도록 면밀히 계획되었다. 정교하게 설계된 빛 우물과 천창(skylight), 선큰 가든 등을 통해 빛은 다각도로 침투하여 다양한 분위기를 창출할 것이다.

또 하나 주안점을 둔 것은 밤에 투사되는 빛이다. 인공의 조명은 낮과 밤의 경관을 역전시키면서 아시아문화전당에 또 다른 빛의 장관을 연출할 것이다. 바닥에서 상부로 투사되는 조명은 밤의 공간을 낮과는 전혀 다른 장소로 변환하여 또 하나의 빛의 숲을 현현시킬 것이다. 조형적 과시를 최대한 자제한 아시아문화전당에서

Bamboo forest.
대나무 숲.

incarnation of the Forest of Light. The lofty status of light within the ACC, where formal and scalar pomposity is greatly suppressed, dictates the atmosphere of the place, and becomes an unparalleled element of its identity.

장소의 분위기와 독자성을 고양시키는 것으로서의 빛의 위상은 아무리 강조해도 지나치지 않는다.
공원과 빛을 통해 아시아문화전당은 그 자체로 과거 숭고한 역사를 기억하게 할 기념비(memorial)이자 과거와 미래, 도시와 건축을 연결하는 매개가 될 것이다.

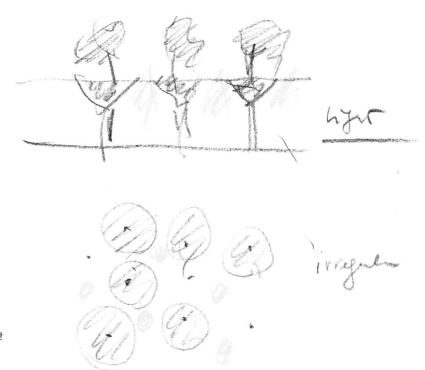

Concept sketch for light, tree and structure.
지붕층의 빛과 수목, 구조를 위한 개념 스케치.

Perspective of skylight
and tree in daytime.
주간의 천창과 수목
투시도.

Perspective of skylight
and tree at night.
야간의 천창과 수목
투시도.

Night view of the Asian Culture Complex.
야간의 아시아문화전당 조감도.

Unfolded section of the Asian Culture Complex in daytime.
주간의 아시아문화전당 전개 단면도.

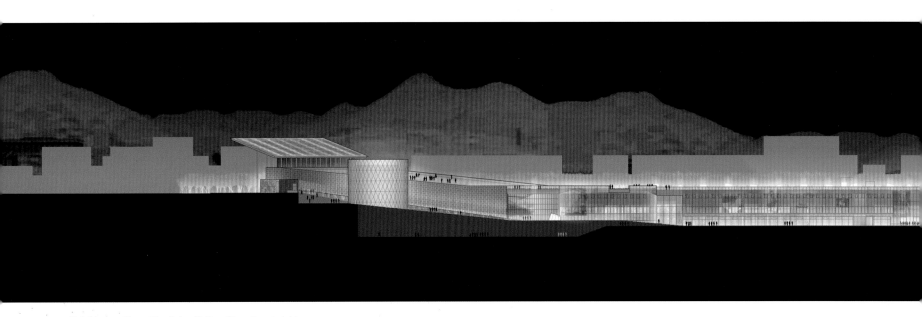

Unfolded section of the Asian Culture Complex at night.
야간의 아시아문화전당 전개 단면도.

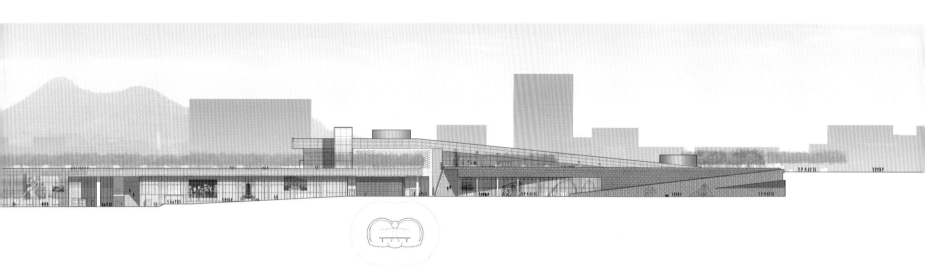

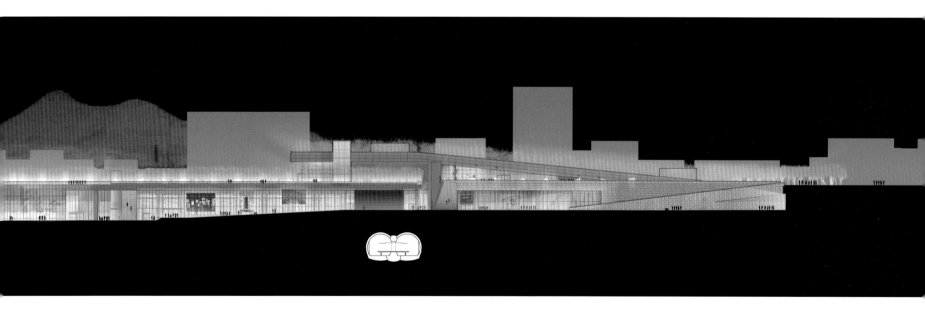

PROGRAM
프로그램

p.104.
Construction site of the Asian Culture
Information Agency, May 2013.
아시아문화정보원의 건설 현장, 2013년 5월.

Building Organization

Culture becomes a vehicle for dialogues between the past and the future, and the center and the margin. The facilities for generating and showcasing these dialogues that will lead to a new form of cultural production are the core program elements.

A vast open space occupies the center of the ground at the heart of the city. It is a place embodying the spirit of open exchange, access, transparency and broad participation, while paying tribute to past sacrifices for human rights and peace. It offers a landscape open to all, comprising a series of plazas, shaded groves, play environments and lawns, attracting a diversity of uses.

The program elements and their adjustable boundaries form a continuum that begins at the Historic Buildings (memorial), proceedings to the Agency of Culture for Children (education); through the Cultural Promotion Agency (production); and culminates at the Asian Arts Theatre and Multi-Functional Exhibition Hall (performance and consumption). As programs change, spatial boundaries and characteristics will be adjusted to meet the specific needs of an unknown future. A strategy of "frame and infill" allows for flexibility and adaptability of interior spaces. Large volumes under long-span structures provide an open framework for shifting activities indoors and, the architectural space in itself becomes a public icon for evolution of culture and related technologies.

As the process of cultural production and performance evolves, programmatic divisions will change over time. Additional changes for seasonal events, festivals, markets and political rallies will be supported, both indoors and outdoors. The buildings can be better understood as urban infrastructures, designed to absorb over time changing conditions of physical and cultural contexts, while strengthening the sense of place.

건물 조직

문화란 과거와 미래, 중심과 가장자리, 내향과 외향 사이의 매개물이 된다. 새로운 문화상품을 만들어내고 전시할 아시아문화전당의 시설물들은 이러한 생각을 바탕으로 새로운 구축물을 정의할 중심 요소가 된다.

프로그램 요소들은 공공 공간을 중심으로 조직된다. 공원은 과거의 희생과 인간의 권리, 평화를 존중하며 교환, 접근, 투명함과 넓은 참여를 구체화하는 장소인 도심 속의 열린 공간이다. 이 풍경은 일련의 광장들과 숲, 놀이공원과 잔디밭으로 구성되며, 아시아문화전당을 도심의 중심으로 정착시키고 다양한 사용을 이끌어낼 것이다.

아시아문화전당의 각 프로그램 요소의 위치와 영역은 아시아문화광장을 따라 역사적 건물(기념관)에서 시작하여 어린이문화원(교육), 문화창조원(생산)을 거쳐 아시아예술극장(공연 실행 및 소비)으로 이어지는 연속체를 형성한다.

프로그램들이 진화하여 대체됨에 따라 사용자의 기술발전, 그리고 미래의 불특정 요구에 대응하여 공간의 경계와 성격도 조정될 것이다.

아시아문화전당은 점유자들이 거주하고 적응하면서 변화하는 건축물이 되도록 '프레임 앤드 인필(frame and infill)' 전략을 통해 미래의 변화에 유연하게 적응할 수 있도록 했다. 장스팬(long-span)의 볼륨이 큰 공간들은 전체 시설의 틀구조를 제공하고, 필요에 의해 내부 공간이 자유롭게 구성되도록 했다. 이로써 문화의 생산 과정이 시간의 흐름에 따라 프로그램 분류와 공간의 형태 변화로 반영되고, 아시아문화전당은 공간적 변화로써 미래의 기술과 문화의 진화를 보여 줄 것이다. 계절 행사나 축제 혹은 장(場)이 서거나 정치적 집회가 있을 때 내외부의 추가적인 변화도 수용하도록 고려했다. 도시의 구조와 같은 이러한 장치는, 기존 구조물이 변화하는 여건을 흡수하며 시간에 따라 변화하도록 살아있는 장소로 만들어 줄 것이다. 건물을 대지로 구상하고 '집 속의 집' 으로 상황을 수용하도록 구상된 스캐폴딩(scaffolding)은 모두 이런 개념의 연장이다.

Visitor Service Center
방문자서비스센터

Historic buildings
역사적 건물들

Agency of Culture for Children
어린이문화원

Asian Culture Information Agency
아시아문화정보원

Cultural Promotion Agency
문화창조원

Asian Arts Theatre
아시아예술극장

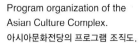

Program organization of the
Asian Culture Complex.
아시아문화전당의 프로그램 조직도.

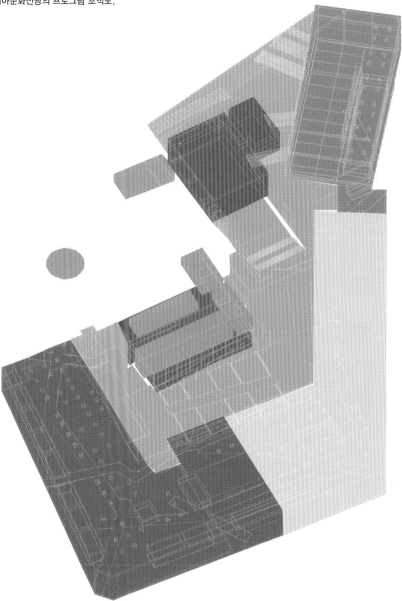

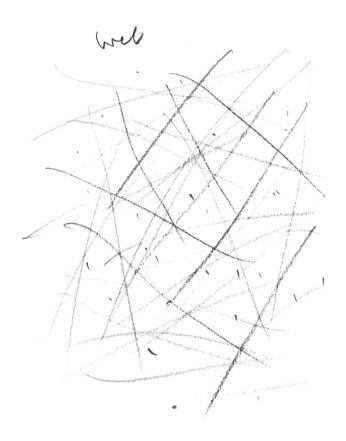

Concept sketch for building organization.
건물 조직의 개념 스케치.

p.109.
Concept model of program
elements below ground.
지표 아래 위치되는, 아시아문화전당
프로그램 구성요소들의 개념 모형.

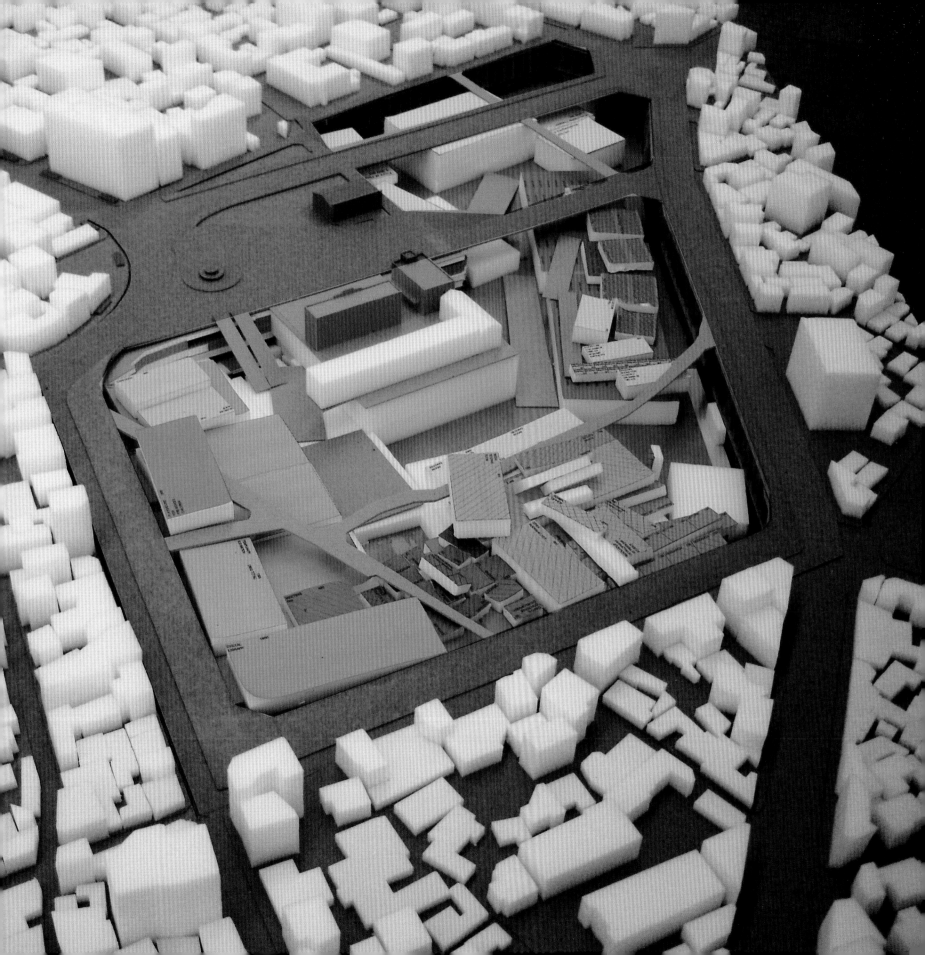

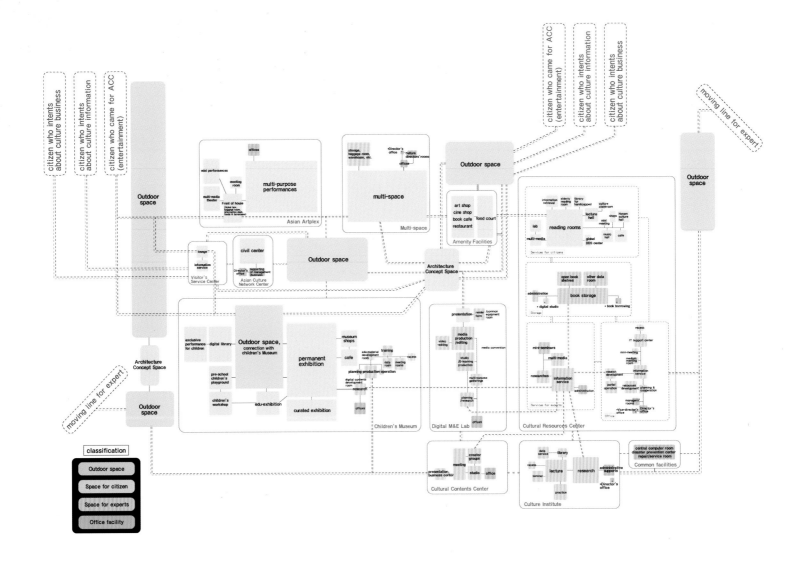

Programmatic requirement by the client (Ministry of Culture, Sports, and Tourism).
Total Gross Floor Area: 143,837m²
Cultural Exchange Agency: 7,194m²
Asian Culture Information Agency: 21,386m²
Cultural Promotion Agency: 16,597m²
Asian Arts Theatre: 12,880m²
Agency of Culture for Children: 20,542m²
Visitor Service Center: 1,180m²
Supporting Facilities: 539m²
Amenities: 2,404m²
GFA: 31,744m²
Parking: 18,654m²
Mechanical Area: 10,711m²

문화체육관광부가 제시한 프로그램 요구 사항.
전체 연면적: 143,837m²
민주평화교류원: 7,194m²
아시아문화정보원: 21,386m²
문화창조원: 16,597m²
아시아예술극장: 12,880m²
어린이문화원: 20,542m²
방문자서비스센터: 1,180m²
공용지원시설: 539m²
부대시설: 2,404m²
공용면적: 31,744m²
주차시설: 18,654m²
기계실: 10,711m²

Reorganized program by the
architect, KSWA.
건축가에 의해 재조직된 프로그램.

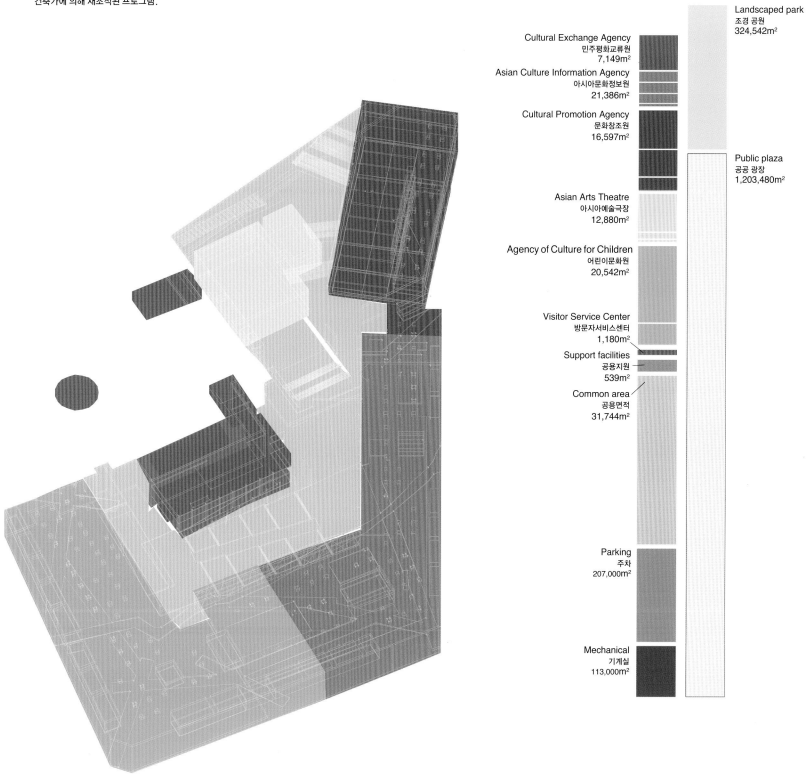

Landscaped park
조경 공원
324,542m²

Cultural Exchange Agency
민주평화교류원
7,149m²

Asian Culture Information Agency
아시아문화정보원
21,386m²

Cultural Promotion Agency
문화창조원
16,597m²

Public plaza
공공 광장
1,203,480m²

Asian Arts Theatre
아시아예술극장
12,880m²

Agency of Culture for Children
어린이문화원
20,542m²

Visitor Service Center
방문자서비스센터
1,180m²

Support facilities
공용지원
539m²

Common area
공용면적
31,744m²

Parking
주차
207,000m²

Mechanical
기계실
113,000m²

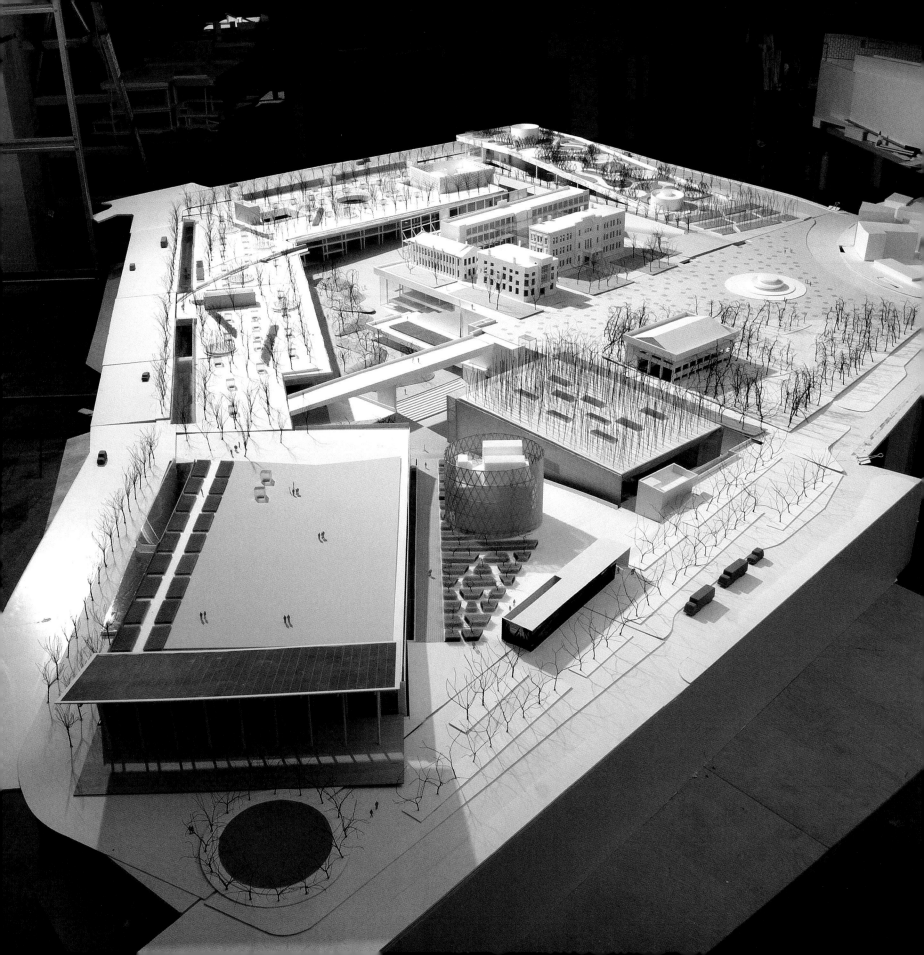

Axonometric view of
the Asian Culture Complex.
아시아문화전당 지표 아래 공간의 부등각투영도.

Asian Arts Theatre
아시아예술극장

Cultural Promotion Agency
문화창조원

Asian Culture Information Agency
아시아문화정보원

Agency of Culture for Children
어린이문화원

Asian Culture Information Agency
아시아문화정보원

p.112.
Overall model of the
Asian Culture Complex.
아시아문화전당 전체 모형.

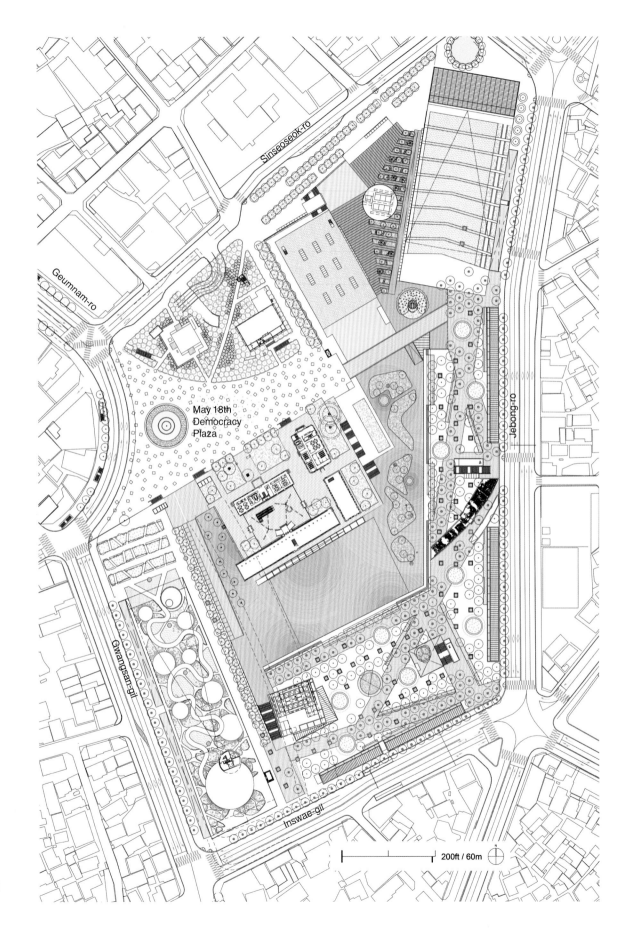

Roof plan of the
Asian Culture
Complex.
아시아문화전당의
지붕층 평면도.

May 18th
Democracy
Plaza

Sinseoseok-ro

Geumnam-ro

Jebong-ro

Gwangsan-gil

Inswae-gil

200ft / 60m

1st floor plan of the
Asian Culture Complex.
아시아문화전당의
지상 1층 평면도.

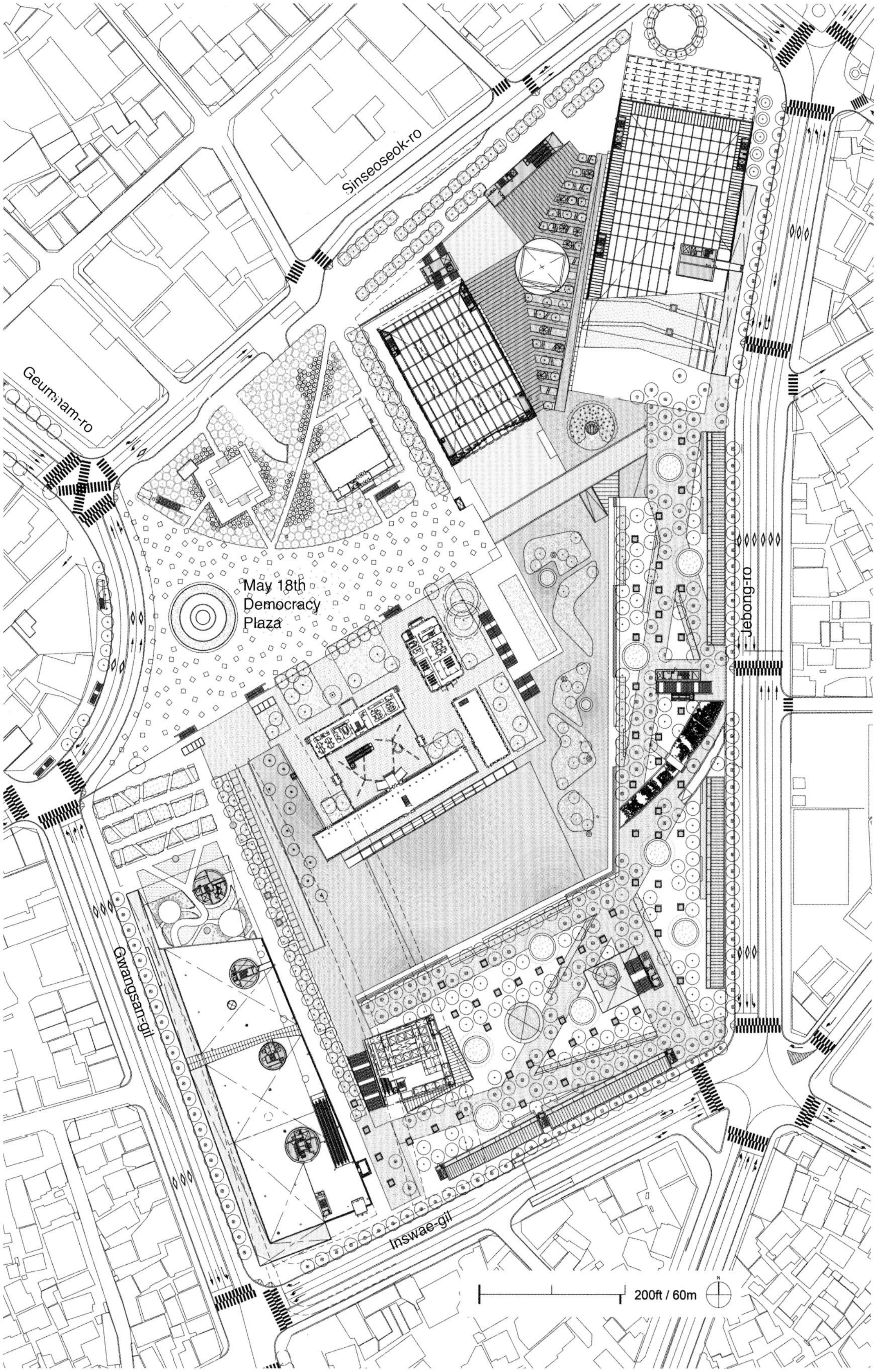

Sinseoseok-ro

Geumnam-ro

Jebong-ro

May 18th
Democracy
Plaza

Gwangsan-gil

Inswae-gil

200ft / 60m

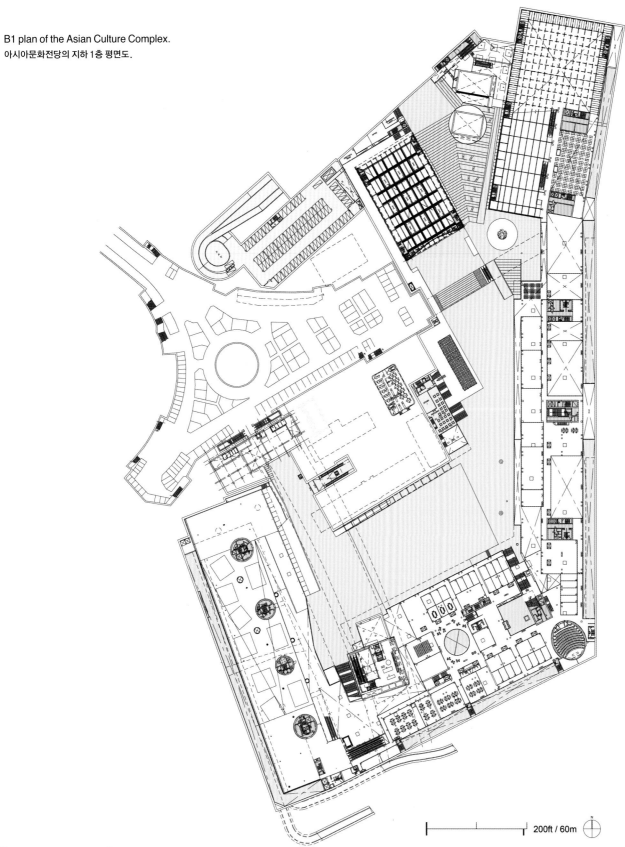

B1 plan of the Asian Culture Complex.
아시아문화전당의 지하 1층 평면도.

200ft / 60m

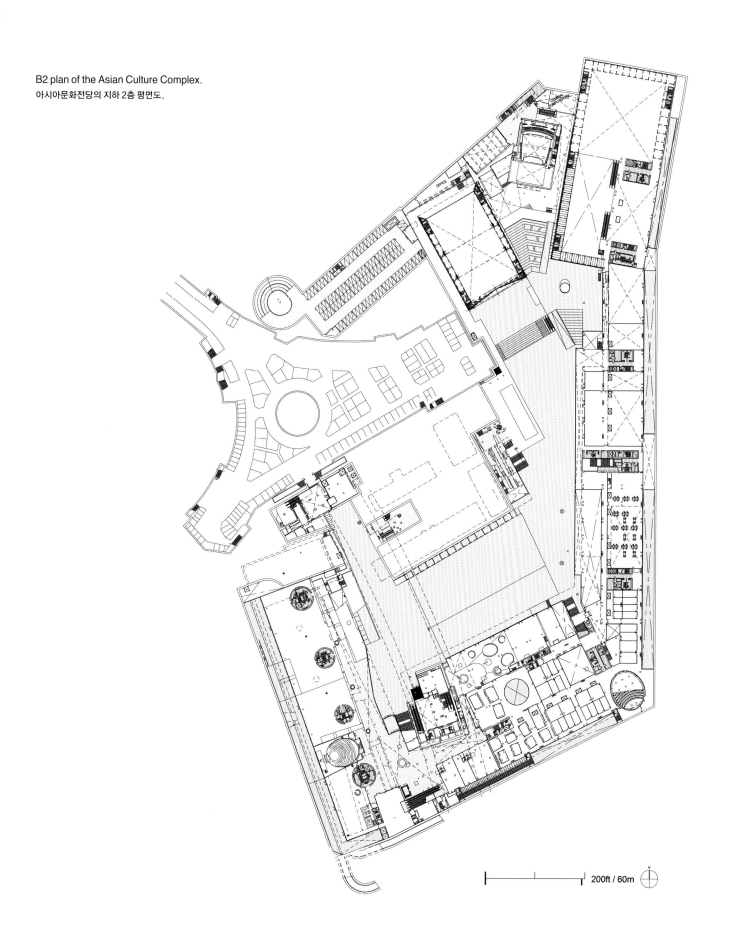

B2 plan of the Asian Culture Complex.
아시아문화전당의 지하 2층 평면도.

200ft / 60m

B3 plan of the Asian Culture Complex.
아시아문화전당의 지하 3층 평면도.

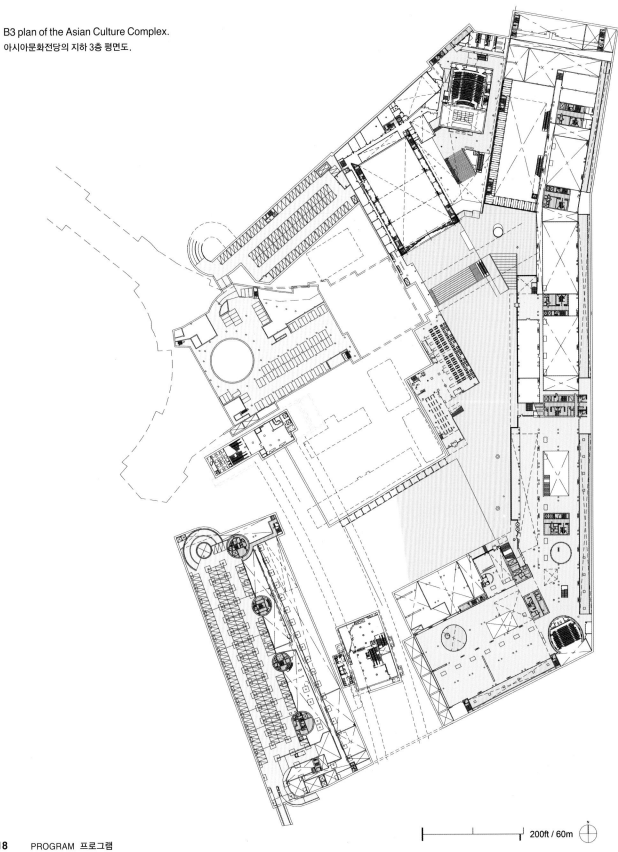

200ft / 60m

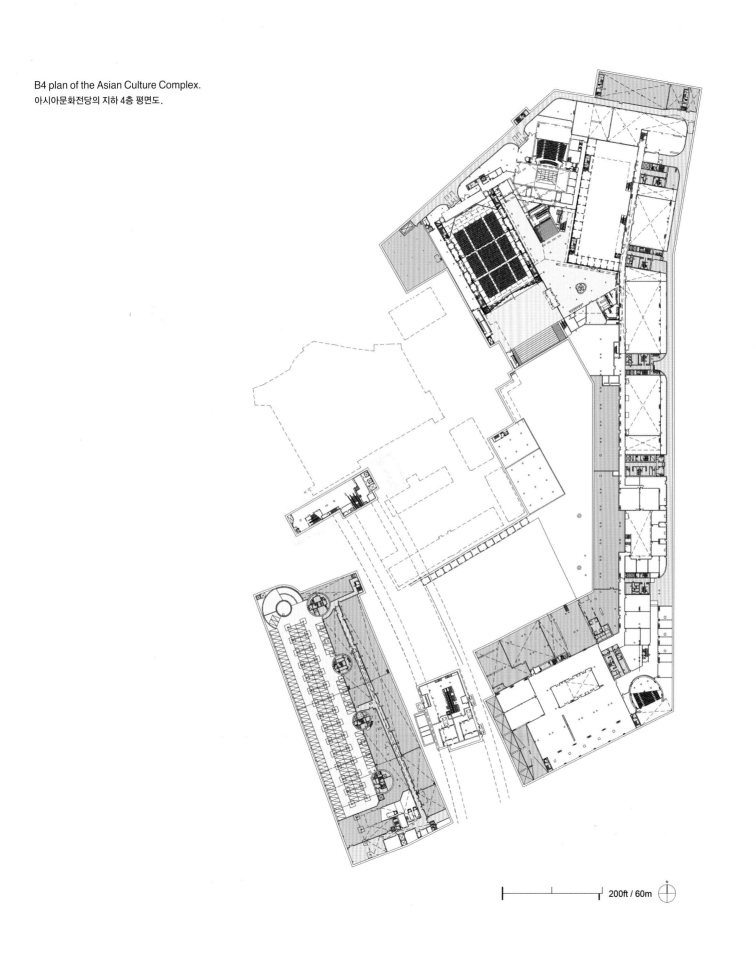

B4 plan of the Asian Culture Complex.
아시아문화전당의 지하 4층 평면도.

200ft / 60m

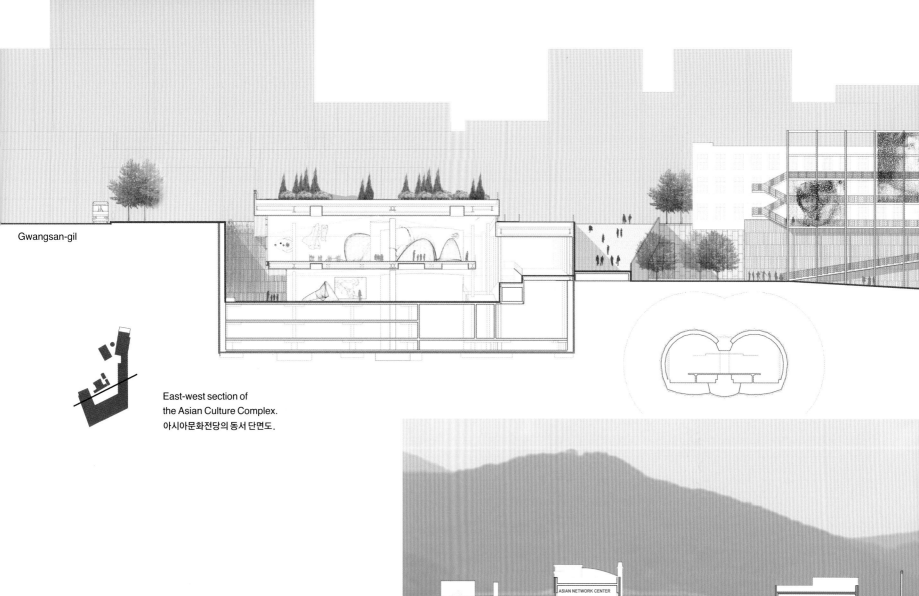

Gwangsan-gil

East-west section of
the Asian Culture Complex.
아시아문화전당의 동서 단면도.

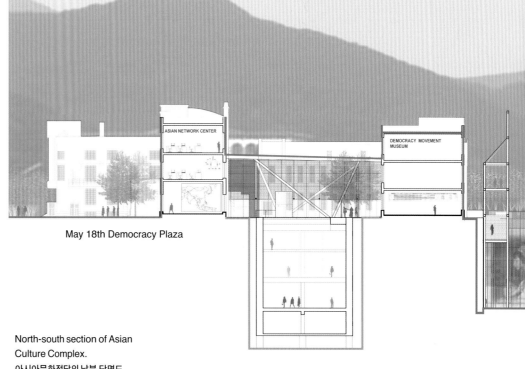

May 18th Democracy Plaza

North-south section of Asian
Culture Complex.
아시아문화전당의 남북 단면도.

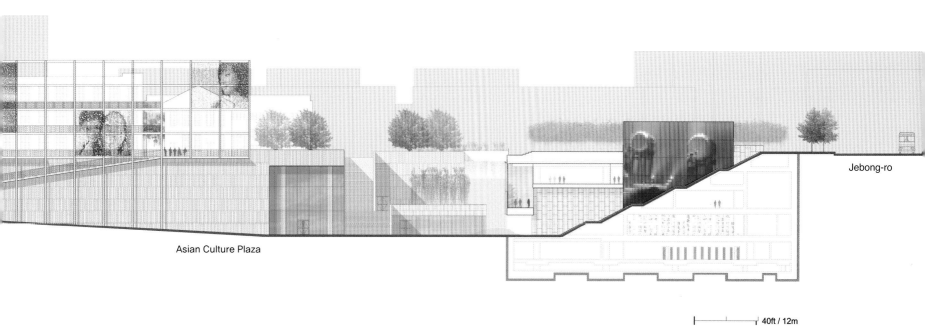

Asian Culture Plaza

Jebong-ro

40ft / 12m

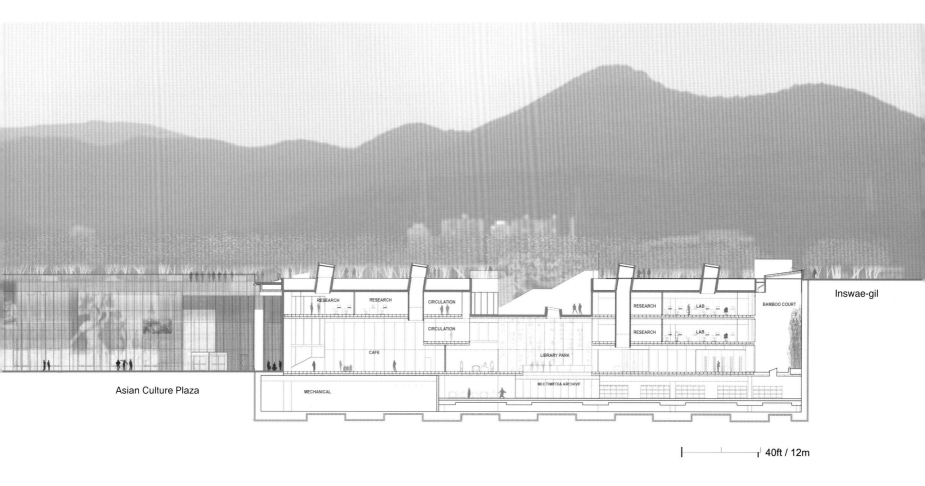

Asian Culture Plaza

Inswae-gil

RESEARCH RESEARCH CIRCULATION RESEARCH LAB BAMBOO COURT

CIRCULATION RESEARCH LAB

CAFE LIBRARY PARK

MECHANICAL MULTIMEDIA ARCHIVE

40ft / 12m

Cultural Exchange Agency

Area 7,194m²
Program Component The May 18th
Memorial Hall, Asian Cutlural exchange
Center, Visitor Service Center

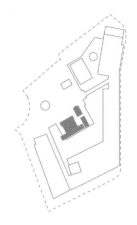

The historic buildings from the events surrounding the May 18th Democracy Movement — Jeollanam-do Provincial Office and the Public Service Center — are the symbolic heart of the Asian Culture Complex (ACC), and they will be restored and renovated as a memorial. As the home of the Cultural Exchange Agency these buildings will house a conference hall, exhibition space and the Visitor Service Center in an atrium connection within the courtyard between the buildings.

The Visitor Service Center provides a direct link to the Cultural Forum, the subway and the shopping arcade. The space will be visitor's central orientation point for all aspects of the ACC. The upper level of the former Police Station will be converted into a museum-quality exhibition space for exhibits addressing democracy movements throughout Asia. Visitors can enter the ACC through this building and experience the historical significance and origins of the site while being immediately exposed to all aspects of the historical struggles for democracy.

민주평화교류원

면적 7,194m²
프로그램 구성요소 민주인권평화기념관,
아시아문화교류지원센터, 방문자서비스센터

오일팔 광주 민주화 운동의 역사적 건물들인 구 전남도청과 회의실, 구 전남경찰청과 민원실은 아시아문화전당의 중심이다. 이 시설들은 기념관으로서, 그리고 민주평화교류원의 거점으로서 재생되고 리노베이션될 예정이다. 보존 건물에는 회의장, 전시공간 및 민주평화교류원이 위치하게 된다. 건물 사이의 중정에는 방문자서비스센터인 아트리움이 설치된다. 방문자서비스센터는 문화포럼과 지하철, 그리고 쇼핑 아케이드에 직접적으로 연결된다. 이곳을 기점으로 방문객들은 아시아문화전당의 각 구역을 손쉽게 찾아갈 수 있다. 구 경찰청 건물을 박물관으로 사용하여 아시아 전역에서 일어난 민주화 운동을 증언하는 전시를 열 수도 있다. 이 건물을 통해 아시아문화전당에 입장함으로써 방문객들은 이 장소의 기원과 역사적 중요성을 체험하는 한편, 바로 아시아문화전당의 모든 구역으로 이어지는 장소에 도달하게 된다. 공간적인 오리엔테이션과 정보의 전달이 한 장소에서 이루어지는 것이다.

Model of the Cultural Exchange Agency.
민주평화교류원의 모형.

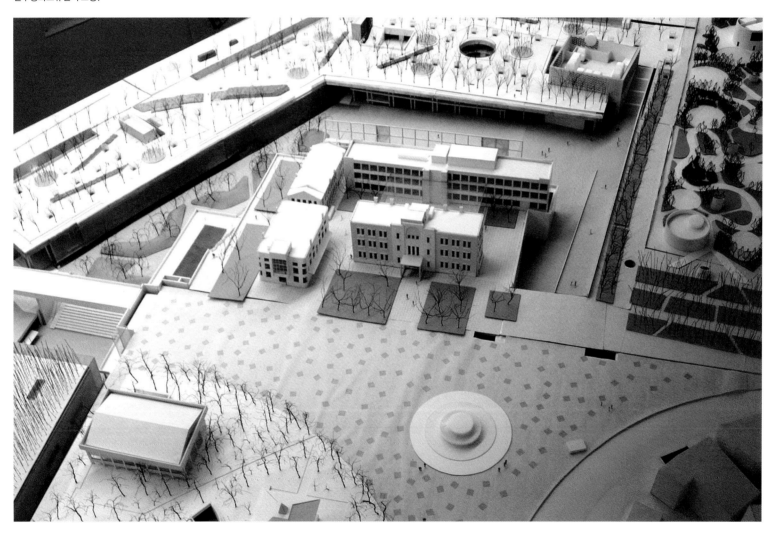

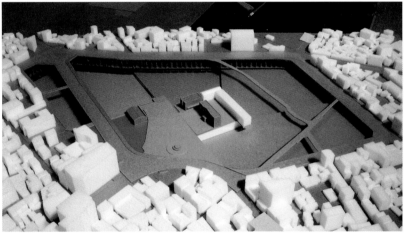

Process model of making underground space with
the preserved historic structures.
기존 건물을 중심으로 지하공간을 형성하는 과정의 모형.

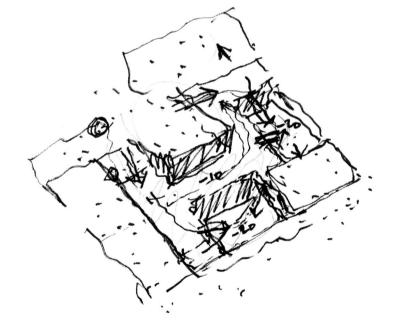

Sketch for organization of underground space.
지하 공간 조직의 스케치.

Historic structures within the site of the
Asian Culture Complex.
1. Jeollanam-do Provincial Office
2. Conference Hall of Jeollanam-do
   Provincial Office
3. Jeollanam-do Police Station
4. Annex of Jeollanam-do Police Station
5. Sangmugwan
6. Fountain

아시아문화전당 부지의 역사적 건물들.
1. 구 전남도청
2. 구 전남도청 회의실
3. 구 전남경찰청
4. 구 전남경찰청 민원실
5. 상무관
6. 분수대

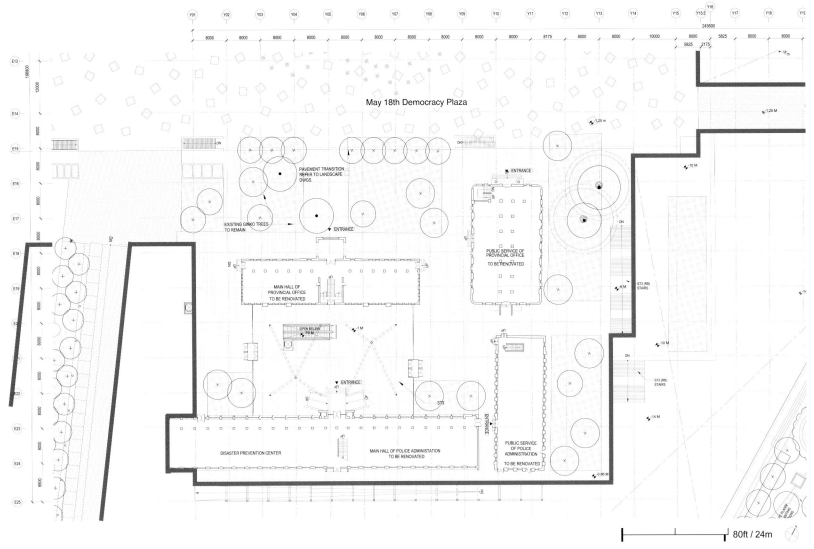

May 18th Democracy Plaza

PAVEMENT TRANSITION
REFER TO LANDSCAPE
DWGS.

EXISTING GINKO TREES
TO REMAIN

ENTRANCE

ENTRANCE

PUBLIC SERVICE OF
PROVINCIAL OFFICE
TO BE RENOVATED

MAIN HALL OF
PROVINCIAL OFFICE
TO BE RENOVATED

OPEN BELOW

ENTRANCE

ST3 (RB)
STAIRS

ST3 (RB)
STAIRS

ENTRANCE

DISASTER PREVENTION CENTER

MAIN HALL OF POLICE ADMINISTATION
TO BE RENOVATED

PUBLIC SERVICE
OF POLICE
ADMINISTRATION
TO BE RENOVATED

80ft / 24m

Ground floor plan of the Cultural Exchange Agency.
민주평화교류원의 지상층 평면도.

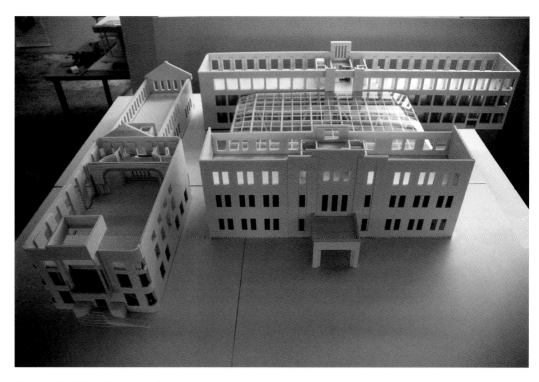

Model of the Cultural Exchange Agency.
민주평화교류원의 모형.

Section of the Cultural
Exchange Agency.
민주평화교류원의 단면도.

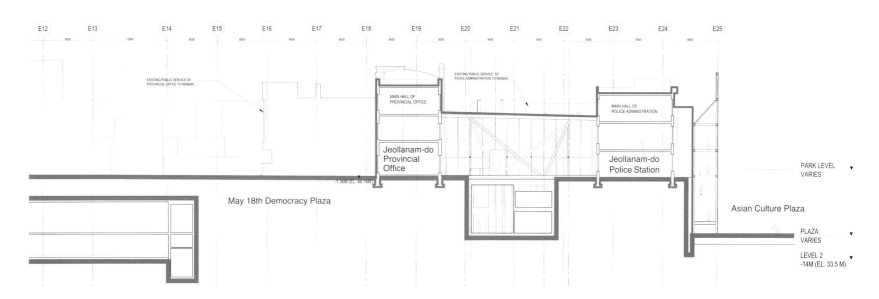

Model of the Visitor Service Center.
방문자서비스센터의 모형.

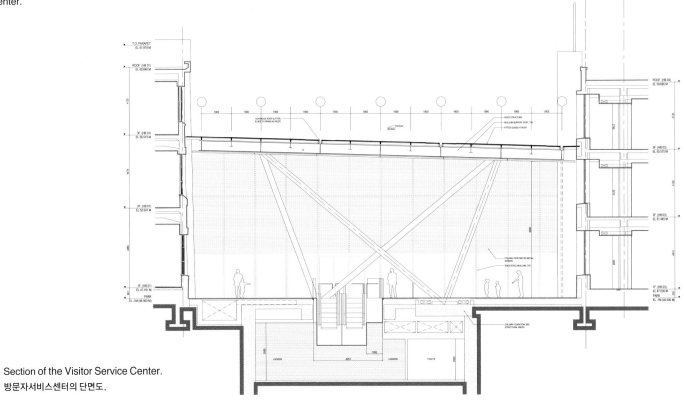

Section of the Visitor Service Center.
방문자서비스센터의 단면도.

Perspective of the Visitor Service Center.
방문자서비스센터의 투시도.

Agency of Culture for Children

Area 20,542m²
Program Component Art-Culture Contents
Development Center, Children's Art Culture
Museum

어린이문화원

면적 20,542m²
프로그램 구성요소 문화예술콘텐츠개발센터,
어린이체험전시관

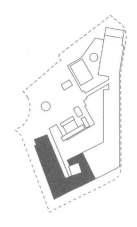

Aiming to elevate educational activities onto a cultural sphere, the Agency of Culture for Children advocates the concept of "culture embedded within education." Like textbooks, the exhibition spaces display "educational artifacts" or "edu-art,"—a new concept that reinterprets and transforms textbook contents into an aesthetic experience. In close collaboration with other ACC facilities, the Art-Culture Contents Development Center will conduct ongoing research, to be used for the planning and implementation of exhibitions and educational programs. Through its spatial openness, transparency and visibility to the city, the Agency of Culture for Children promotes interactive learning and communication while engaging with the local community.

The main entrance is accessed from the Asian Culture Plaza near the subway entrances, while a group entrance for school groups is located at park level by the bus drop-off areas. Both lead into a large public lobby from which the exhibition spaces, theatre, library, educational and support spaces can all be accessed. Dining areas spill out informally into the adjacent bamboo courts. The Children's Library gradually steps down to connect with the Asian Culture Information Agency and the Library Café. The Art-Culture Contents Development Center and support offices are located on the upper level, linking its users to the exhibition spaces, classrooms, studios, and the rest of the ACC complex. Throughout the agency, glass partitions maintain spatial openness and transparency, reinforced by physical connections to the bamboo courts along the periphery.

The large loft-like galleries become frameworks accommodating "exhibition pavilions" that will be assembled within, allowing for exhibits to be scaled down for children. Degrees of complexity and specific

교육행위를 문화행위로 확장하는 데 목표를 두고 있는 어린이문화원은 약 20,542제곱미터의 면적을 차지하고 있으며, '교육 속에 녹아든 문화' 라는 개념을 표방하고 있다. '교과서 속 박물관' 은 교과서 속의 콘텐츠를 심미적 시각으로 재해석, 변화시킨 신개념 '교육예술품' 전시공간이다.

문화예술콘텐츠개발센터에서는 아시아문화전당 내 시설과 긴밀한 협조 아래 전시 및 교육 프로그램의 기획 및 수행을 위한 지속적인 연구가 이루어질 것이다. 어린이문화원은 도시를 향한 공간적 개방성 및 투명성을 통해 대화형 학습과 의사소통을 증진하는 동시에 지역 커뮤니티와 교류한다.

지하철 근처에 위치한 아시아문화광장을 통해 주출입구에 접근할 수 있으며, 단체 방문객 전용 입구는 공원 레벨의 버스 승하차 구역 옆에 위치한다. 두 출입구 모두 넓은 공용 로비로 연결되며, 이곳을 통해 전시공간, 극장, 도서관 및 지원시설에 접근할 수 있다. 푸드 코트는 인접한 대나무 정원으로 연결된다. 아시아문화광장 정면에 위치한 어린이도서관은 광장 레벨과 같은 높이로 점진적으로 낮아져 아시아문화정보원의 열린도서관과 연결된다.

문화예술콘텐츠개발센터와 행정 지원실은 상부층에 위치하여 사용자를 전시공간과 아시아문화전당의 다른 시설로 연결시켜 준다. 유리 파티션은 공간적 개방성과 투명성을 유지하면서 내부 공간과 대나무 정원의 연결성을 더욱 강화시킨다.

'로프트' 와 같은 대형 전시공간은 '전시 건물(Exhibition Building)' 을 수용하는 뼈대가 되어 어린이의 눈높이에 따라 그 크기를 조정할 수 있다. 이러한 가변적인 구조체를 통해 복잡하고 특수한 교육적 목표를 달성할 수 있다. 로프트 공간에는, 주변 파사드 및 대나무 정원은 물론 천창을 통해 충분한 자연광이 유입된다. 광주읍성 터에는 유리로 마감된 다리가 설치되어 건물을 관통하면서 일반 보행자들이 공원을 거닐며 전시장을 들여다볼 수 있게 해 준다.

pedagogic objectives can be achieved within this flexible framework. The loft spaces will have ample daylight delivered through skylights as well as the perimeter façades and bamboo courts. The Old Fortress Road becomes a glazed bridge that penetrates through the building, allowing public passers-by to look into the exhibitions as they stroll through the park.

The sloped exhibition floor gradually rises upwards, creating a gentle topography for the park and a continuous experience for the visitor. The absence of stairs is an important feature that enables the integration of exhibition with circulation. Exhibitions installed directly along the circulation route provide an integrated user experience that draws visitors from the lobby through the galleries.

경사진 전시장 바닥은 위로 상승하면서 공원을 향한 부드러운 지형을 형성함으로써 방문객에게 공간의 연속적인 느낌을 제공한다. 무계단 계획으로 전시공간과 동선을 일체화시켜, 어린이를 포함한 다양한 연령의 사람들이 쉽게 이동할 수 있도록 했다. 전시공간들이 동선에 따라 배치되어 있어 이용객들이 로비부터 전시장까지 전체 시설을 한 번에 돌아볼 수 있다.

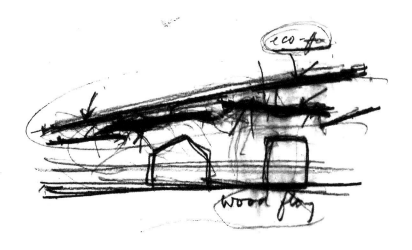

Concept sketch for "House-in-house."
'집 속의 집'의 개념 스케치.

Model of the Agency of
Culture for Children.
어린이문화원의 모형.

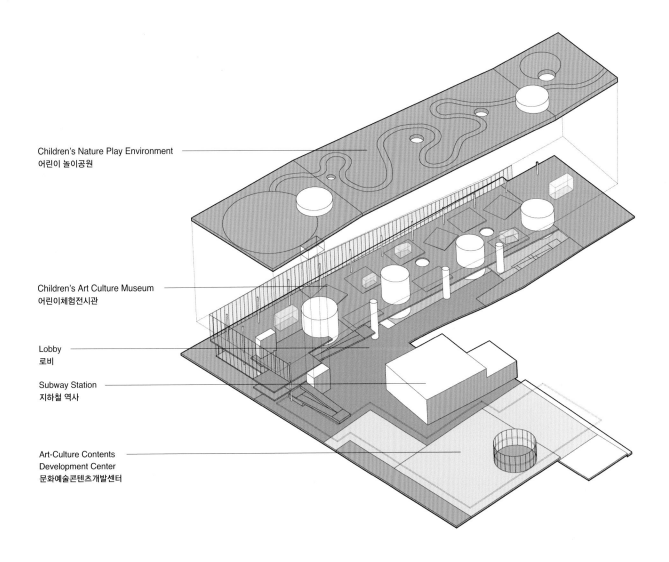

Children's Nature Play Environment
어린이 놀이공원

Children's Art Culture Museum
어린이체험전시관

Lobby
로비

Subway Station
지하철 역사

Art-Culture Contents
Development Center
문화예술콘텐츠개발센터

Spatial organization of the Agency of
Culture for Children.
어린이문화원의 내부 공간 조직.

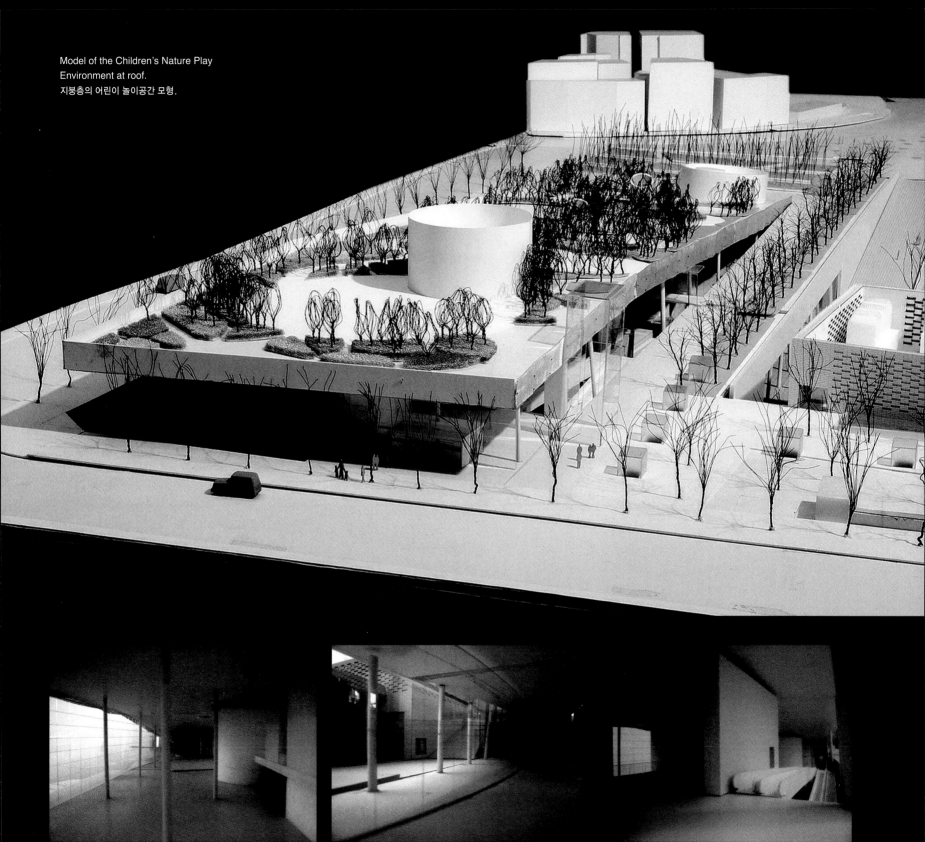

Model of the Children's Nature Play
Environment at roof.
지붕층의 어린이 놀이공간 모형.

Model of the Children's
Art Culture Museum.
어린이체험전시관의 모형.

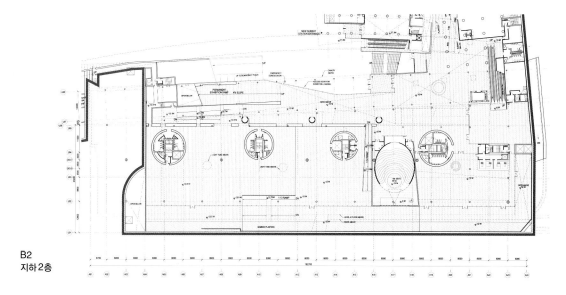

B2
지하 2층

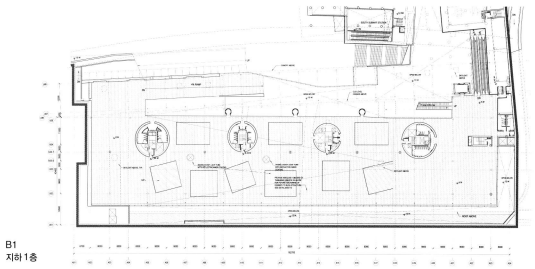

B1
지하 1층

Floor plans of the Agency of
Culture for Children.
어린이문화원의 층별 평면도.

Roof
지붕층

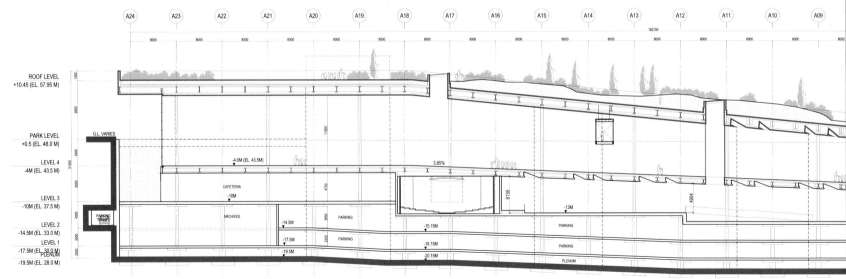

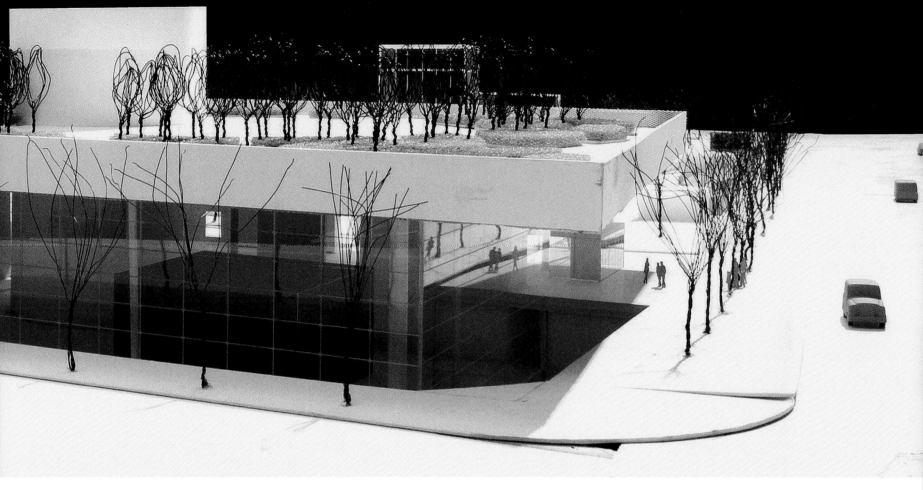

Model of the Agency of Culture for Children.
측면에서 본 어린이문화원의 모형.

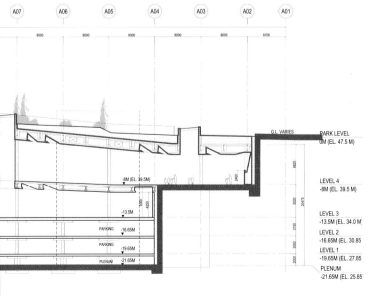

| A07 | A06 | A05 | A04 | A03 | A02 | A01 |

8000   8000   8000   8000   8000   6700

G.L. VARIES

PARK LEVEL
0M (EL. 47.5 M)

-8M (EL. 39.5M)

LEVEL 4
-8M (EL. 39.5 M)

-13.5M

LEVEL 3
-13.5M (EL. 34.0 M)

PARKING   -16.65M

LEVEL 2
-16.65M (EL. 30.85

PARKING   -19.65M

LEVEL 1
-19.65M (EL. 27.85

PLENUM   -21.65M

PLENUM
-21.65M (EL. 25.85

Section of the Agency of
Culture for Children.
어린이문화원의 단면도.

Perspective of permanent exhibition space
of the Children's Art Culture Museum.
어린이체험전시관의 상설 전시공간 투시도.

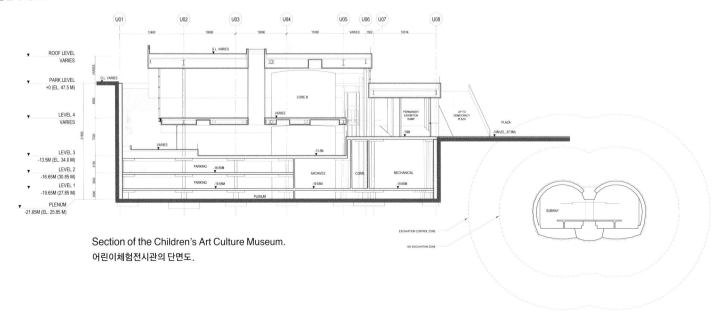

Section of the Children's Art Culture Museum.
어린이체험전시관의 단면도.

Perspective of cafeteria in the Agency of
Culture for Children.
어린이문화원의 카페테리아 투시도.

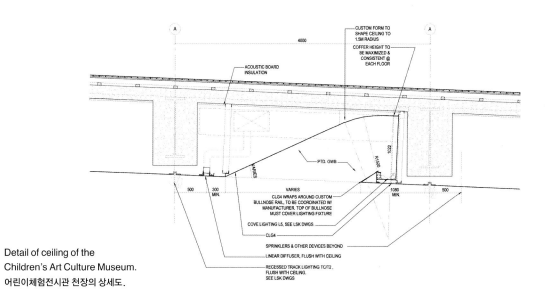

Detail of ceiling of the
Children's Art Culture Museum.
어린이체험전시관 천장의 상세도.

Detail of pedestrian bridge.
보행자다리의 상세 도면.

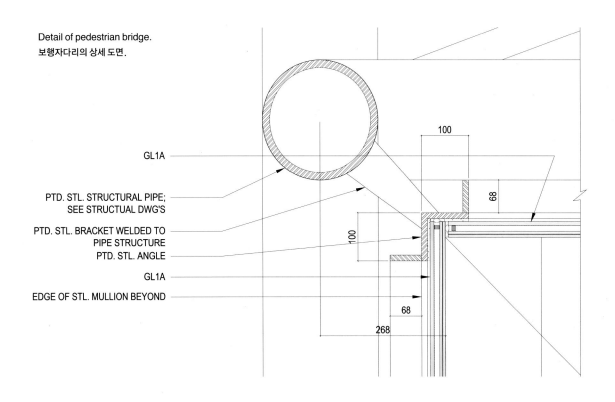

GL1A

PTD. STL. STRUCTURAL PIPE;
SEE STRUCTUAL DWG'S

PTD. STL. BRACKET WELDED TO
PIPE STRUCTURE
PTD. STL. ANGLE

GL1A

EDGE OF STL. MULLION BEYOND

100

68

100

68

268

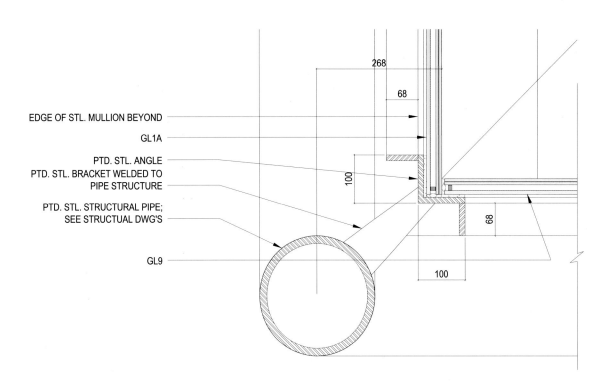

EDGE OF STL. MULLION BEYOND

GL1A

PTD. STL. ANGLE
PTD. STL. BRACKET WELDED TO
PIPE STRUCTURE

PTD. STL. STRUCTURAL PIPE;
SEE STRUCTUAL DWG'S

GL9

268

68

100

68

100

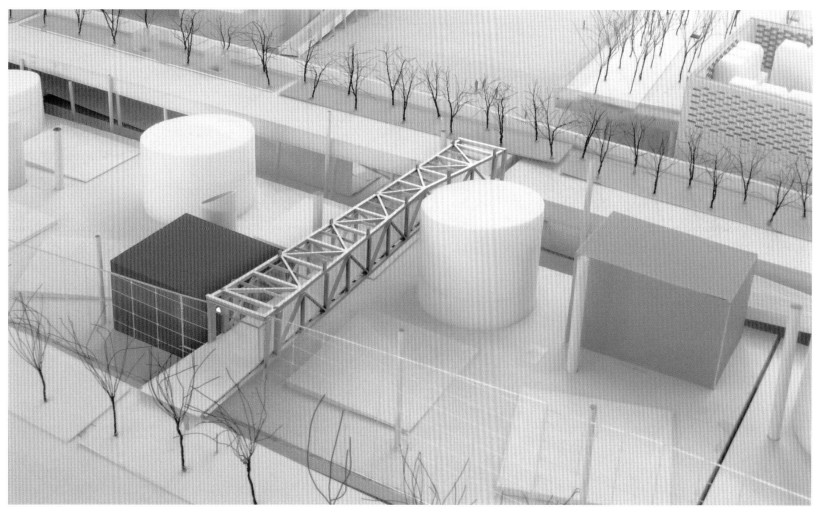

Model of pedestrian bridge running
through exhibition space.
전시공간을 가로지르는 보행자다리 모형.

The pedestrian bridge is aligned with
the location of the old fortress wall.
보행자다리는 옛 광주읍성 성곽의 위치를
건축화한 것이다.

Asian Culture Information Agency

Area 21,386m²
Program Component Asian Culture Research Institute, Asian Cultural Resource Center, Asian Culture Academy

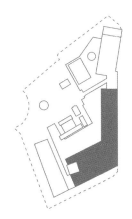

아시아문화정보원

면적 21,386m²
프로그램 구성요소 아시아문화연구소, 아시아문화자원센터, 아시아문화아카데미

Asian Culture Information Agency is to provide research arms, education and integrated cultural resources.

Anchored by an understanding of Asian culture as a product of constant interaction with other cultures within a global context, the Asian Culture Information Agency focuses on research, planning, and management activities for Asian cultural resources. It consists of the Asian Cultural Resource Center, which provides a library and archive for both expert researchers and general public, the Asian Culture Research Institute, which serves as the research arm operating under the motto of "creation, planning, and execution", and the Asian Culture Academy, which trains creative cultural planners and managers.

The Library Park is a significant indoor civic space where the public can browse through the resources of the library, sitting to read in the sun-filled seating areas overlooking the activities in the Asian Culture Plaza. Entered off of the Asian Culture Plaza, the large, three story volume of the lobby, visually connects the Library Park with other functions within the Asian Culture Information Agency. A cafe near the entrance provides another informal place to meet. The main entrance to Library Park also serves the Citizen's Performance Hall, adding another dynamic dimension to this facility.

The Asian Culture Information Agency is the link between the educational and the performance centers of the complex and this concept of linkage is further strengthened by the experts circulation, a 4 meter wide circulation spine that provides the physical connection between the major components of the Asia Culture Complex as well as the individual programmatic components of the Asian Culture Information Agency. The experts circulation has become a series of connected nodes with small lounges and seating areas that

아시아문화정보원은 연구, 교육기관 및 통합된 문화자원센터를 제공한다. 이곳은 세계적 흐름 속에서 아시아 문화의 이해와 지속적인 세계 문화 교류를 목표로 아시아 문화자원을 위한 연구, 기획, 운영 등의 활동에 초점이 맞추어져 있다. 아시아문화정보원은 연구원 및 일반 대중을 위한 도서관과 서고 역할을 담당하는 아시아문화자원센터, 문화콘텐츠경영전략센터, '창조, 기획, 실천' 이라는 모토 아래 운영되는 아시아문화연구소, 그리고 창의적인 문화 기획자와 관리자들을 교육하는 아시아문화아카데미로 구성되어 있다. 자료를 찾아볼 수도 있고, 의자에 앉아 책을 읽을 수도 있는 열린도서관에서는 아시아문화광장의 사람들이 내다보이기도 한다. 아시아문화광장에서 진입하는 거대한 삼층 높이의 로비를 통해 라이브러리 파크와 아시아문화정보원의 다른 시설로 연결된다. 입구 근처에는 카페테리아가 있어 만남의 장소로 이용할 수 있다. 열린도서관의 주 출입구는 시민소극장으로 갈 경우에도 이용할 수 있으므로 이 시설의 또 다른 장점이 된다. 아시아문화정보원은 전당의 교육, 개발, 공연 시설을 연결하는 중요한 링크 역할을 수행한다. 이 링크 개념은 전문가 동선에 의해 구체화된다. 즉 사 미터 너비의 동선이 아시아문화정보원 내 공간과 공간은 물론 아시아문화전당의 시설과 시설을 연결시켜 준다. 전문가 동선은 아시아문화정보원의 연구원들 사이에 편안하고 자연스러운 만남을 제공하는 소규모 라운지와 휴식공간이 있는 연결점 역할을 하면서 '문화 생산' 커뮤니티를 형성하는 역할을 하게 된다. 아시아문화정보원 내 여러 부서가 아시아문화전당의 다른 시설과 통합되면서 지속적인 교류 및 적응성 확보를 위한 계획이 요구되었다. 공간의 변화, 시간의 흐름에 따라 융통성 있는 환경을 조성하기 위한 두 가지 핵심요소는 다음과 같다. 첫째, 아시아문화정보원, 어린이문화원, 그리고 문화창조원 사이의

encourage casual and spontaneous interface between the researchers in the Asian Culture Center.

The integration of various departments of Asian Culture Complex necessitated a design that facilitates constant interchange and adaptability. Two primary characteristics create an environment that is both spatially and temporally adaptable. First, the boundaries between the Asian Culture Information Agency, the Agency of Culture for Children and the Cultural Promotion Agency are flexible, allowing for future growth, re-definition and re-conceptualization as needs change and technology advances; and second, two-story "loft" spaces are conceived to accept temporary, research-based installations. Interior partitions made of transparent material further reinforce views, circulation connections and interchange between disciplines.

경계는 미래의 성장에 대응하고 사용자의 요구 변화와 기술 진보에 따라 재정의되고 재개념화가 가능하도록 가변성을 확보하고 있다. 둘째, 복층 구조의 '로프트' 공간은 연구기반 설치작품들을 임시로 수용할 수 있도록 계획되었다. 투명한 재료들로 만들어진 내부 파티션은 시각적 투명성 확보, 동선 연계, 각 시설 내 다양한 조직 및 레벨들 사이의 교류 등을 원활하게 한다.

Plan sketch for the Asian
Culture Information Agency.
아시아문화정보원의 평면 스케치.

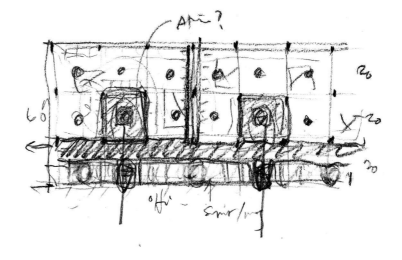

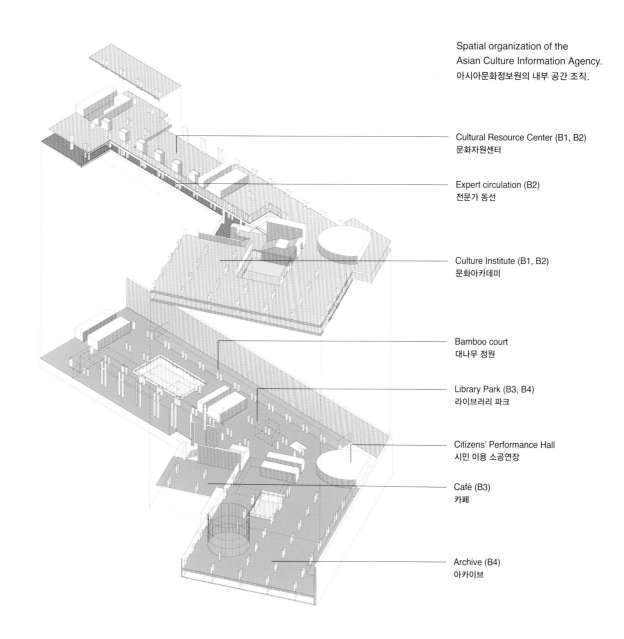

Spatial organization of the
Asian Culture Information Agency.
아시아문화정보원의 내부 공간 조직.

Cultural Resource Center (B1, B2)
문화자원센터

Expert circulation (B2)
전문가 동선

Culture Institute (B1, B2)
문화아카데미

Bamboo court
대나무 정원

Library Park (B3, B4)
라이브러리 파크

Citizens' Performance Hall
시민 이용 소공연장

Café (B3)
카페

Archive (B4)
아카이브

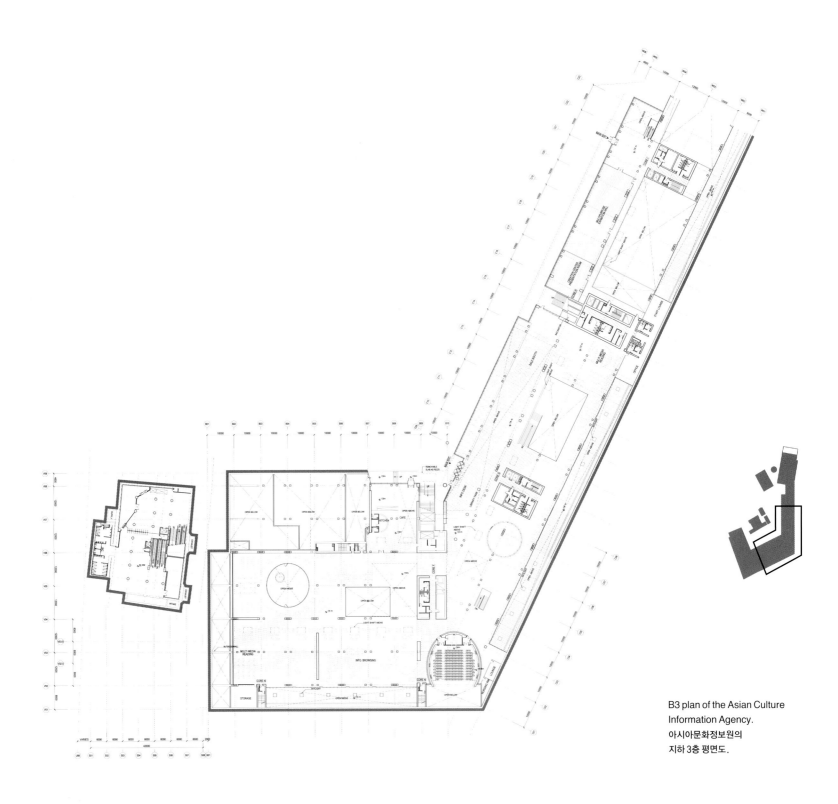

B3 plan of the Asian Culture
Information Agency.
아시아문화정보원의
지하 3층 평면도.

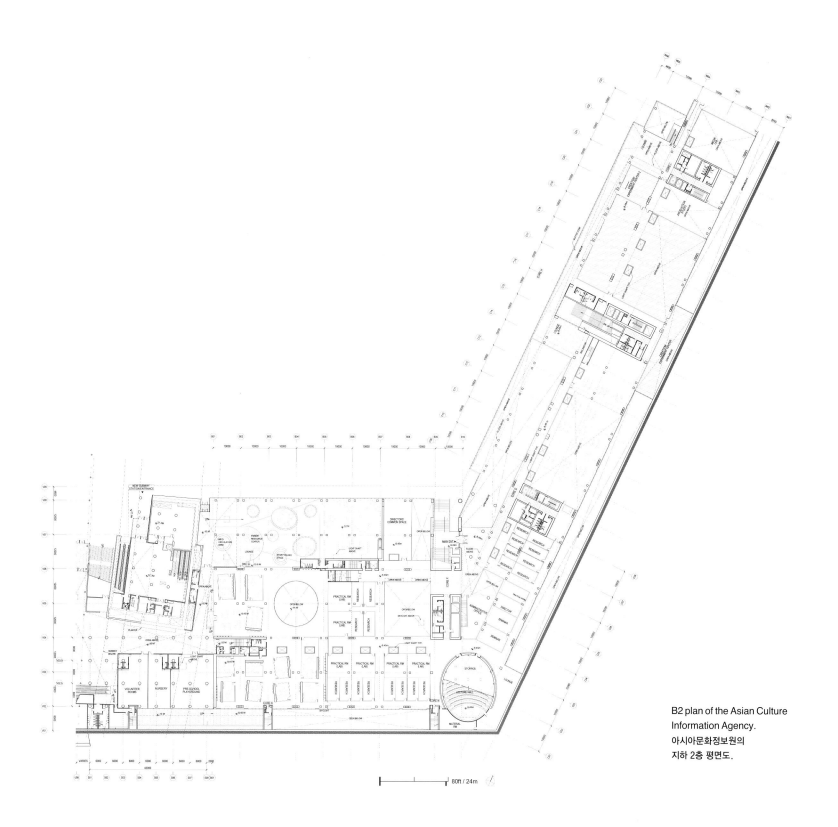

B2 plan of the Asian Culture
Information Agency.
아시아문화정보원의
지하 2층 평면도.

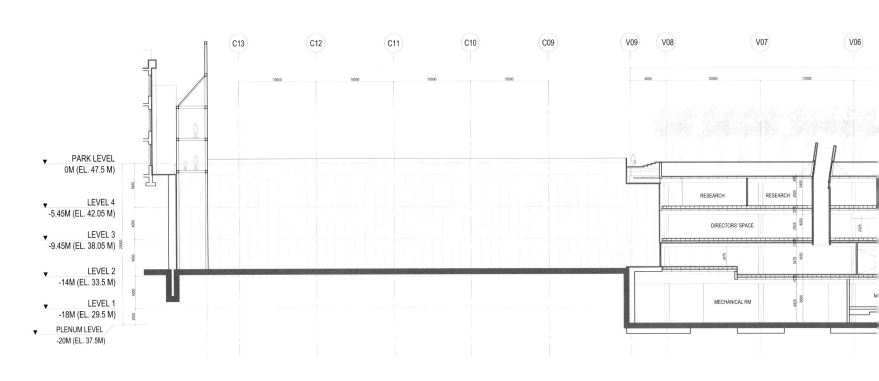

C13 C12 C11 C10 C09 V09 V08 V07 V06

10000 10000 10000 10000 4600 12000 12000

▼ PARK LEVEL
0M (EL. 47.5 M)

▼ LEVEL 4
-5.45M (EL. 42.05 M)

RESEARCH   RESEARCH

▼ LEVEL 3
-9.45M (EL. 38.05 M)

DIRECTORS' SPACE

▼ LEVEL 2
-14M (EL. 33.5 M)

▼ LEVEL 1
-18M (EL. 29.5 M)

MECHANICAL RM

▼ PLENUM LEVEL
-20M (EL. 37.5M)

pp.150–151.
Perspective of the Library Park.
라이브러리 파크의 투시도.

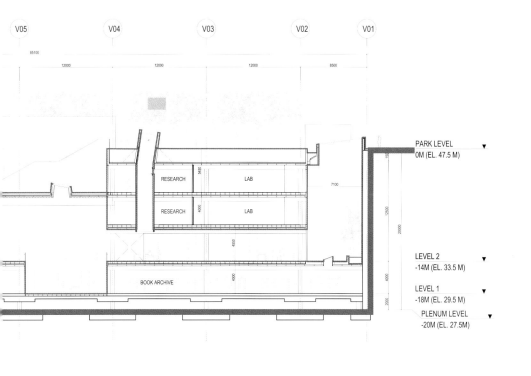

| V05 | V04 | V03 | V02 | V01 |

PARK LEVEL
0M (EL. 47.5 M) ▼

RESEARCH   LAB

RESEARCH   LAB

BOOK ARCHIVE

LEVEL 2
-14M (EL. 33.5 M) ▼

LEVEL 1
-18M (EL. 29.5 M) ▼

PLENUM LEVEL
-20M (EL. 27.5M) ▼

Section of the Library Park.
라이브러리 파크의 단면도.

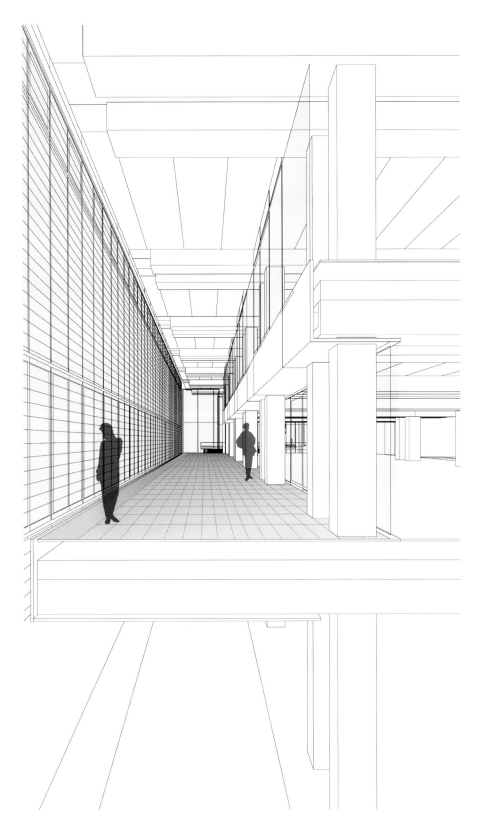

Perspective of expert circulation.
전문가 동선의 투시도.

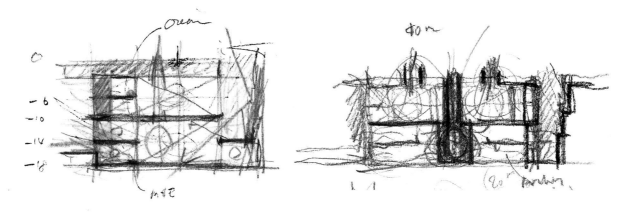

Section sketch of the Asian
Cultural Resource Center.
아시아문화자원센터의
단면 스케치.

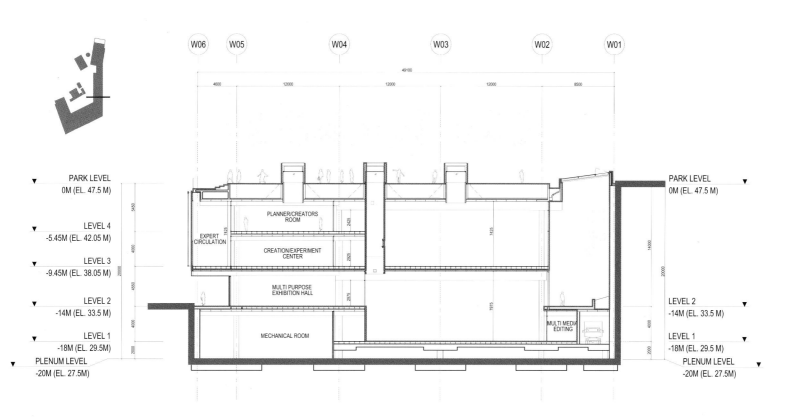

Section of the Library Park.
라이브러리 파크의 단면도.

Perspective of the Library Park. The bamboo court can be seen from most spaces in the Asian Culture Information Agency.
라이브러리 파크의 투시도. 아시아문화정보원 내부의 대부분에서 대나무 정원이 바라다보인다.

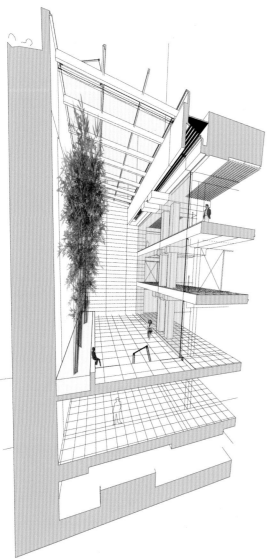

Perspective of bamboo court.
대나무 정원의 투시도.

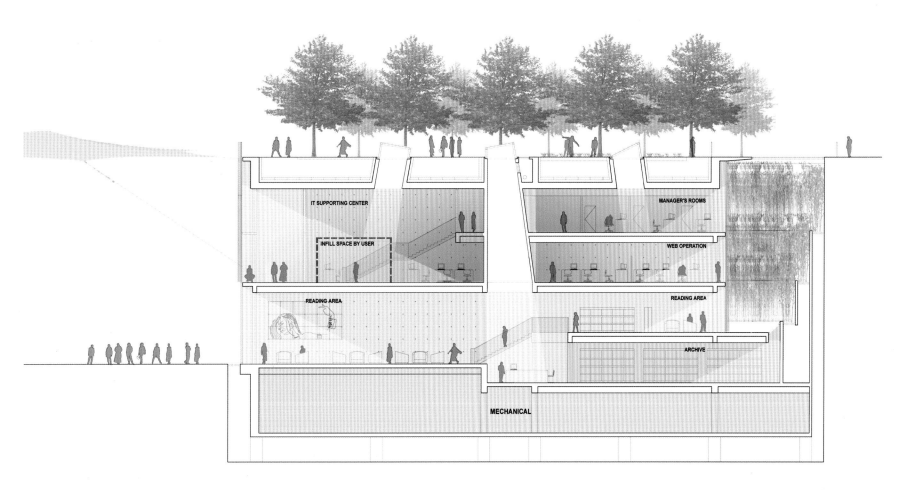

Section of the Asian Cultural Resource Center.
아시아문화자원센터의 단면도.

Cultural Promotion Agency

Area 16,597m²
Program Component Cultural Contents Development Center, Cultural Contents Production Center, Multi-functional Exhibition Hall

문화창조원

면적 16,597m²
프로그램 구성요소 문화콘텐츠기획창작센터, 문화콘텐츠제작센터, 복합전시관

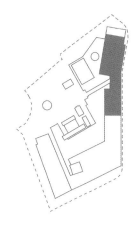

Cultural Promotion Agency will be a creative powerhouse, providing integrated technological solutions to implement creative and experimental activities and creative content display by multi-media and hyper-media. Cultural Promotion Agency focuses on creative production activities that combine Asian culture with the latest technology. The Cultural Contents Development Center functions as the creative powerhouse, supporting the creative experimentation of young Asian artists, while the Cultural Contents Production Center researches technological applications for experimental creativity. The Multi-functional Exhibition Hall serves as the venue for interactive R&D, utilizing the most advanced multi-media technology for creative content display. The proximity of program components and their adaptability within the Cultural Promotion Agency allow for ease of access and cross fertilization between different disciplines. The adaptable infrastructure of the facility allows for the flexibility that is necessary to accommodate future needs as programs and technology evolves. The Multi-Functional Exhibition Hall is where the creative efforts of the Cultural Promotion Agency come together with the public. Located at the deepest part of the site, the Multi-functional Exhibition Hall shares the public front-of-house with the Asian Arts theatre, together creating the culmination of the Asian Culture Plaza. The internal circulation of the Multi-functional Exhibition Hall creates a loop that connects the different levels of the exhibition halls, providing an interactive visual experience throughout the space.
This space is a large 25m high loft-like exhibit space. A large overhead crane supports installations that require significant temporary structural capacity. The archive, contained within the Multi-functional Exhibition Hall, can be selectively open to public and accessible to experts. The

문화창조원은 창조성, 실험성, 다양성의 원칙을 토대로 운영하는 창작발전소로서, 실험적인 창작을 구현하기 위한 통합적인 기술 솔루션과 멀티미디어, 하이퍼미디어의 개념에 의한 전시를 제공한다.
문화창조원은 최신 기술을 통해 아시아 문화를 포괄하는 창조적 생산 활동에 중점을 둔다. 문화콘텐츠기획창작센터는 창작발전소의 역할을 수행하고 젊은 아시아 예술가들의 창의적 실험예술을 지원하며, 문화콘텐츠제작센터의 실험적인 창조성을 뒷받침하기 위한 응용 기술들을 연구하게 된다. 복합전시관은 인터랙티브한 연구 개발을 위한 공간으로서, 최신 멀티미디어 기술을 활용하여 창조적인 콘텐츠의 전시를 가능하게 해 준다. 문화창조원에서 프로그램 구성요소들 간의 용이한 접근성과 가변성은 다양한 프로그램 간의 활발한 상호 교류를 가능 케 한다. 가변성 있는 인프라스트럭처는 프로그램과 기술의 진화로 인한 향후 요구 사항들을 수용하기 위해 필요하다.
복합전시관은 문화창조원의 창조적 노력이 대중과 하나가 되는 장소로, 부지 가장 안쪽에 위치하여 아시아예술극장 및 프런트 오브 하우스와 함께 아시아문화광장의 정점이 된다. 복합전시관의 내부 동선은 전시 홀의 여러 층들을 연결하는 순회 기능을 가지며, 공간을 통해 상호 반응하는 시각 경험을 제공한다.
복합전시관은 이십오 미터 높이의 거대한 갤러리 공간이다. 이 안에 포함된 아카이브는 전문가들이 이용할 수 있으며, 일반인들에게는 선별적으로 공개된다. 중첩된 프로그램 요소들과 순환은 삼차원적인 경험을 만들어낸다. 이십오 미터 높이의 내부 공간 안에 한 층을 추가함으로써 내부 층을 확보할 수 있다.
복합전시관은 삼차원 이중철공구조물로서, 전시장 형성, 구조 및 일반 동선의 역할 수행을 통해 다양한 전시 콘텐츠에 대한 다차원적 전시체험을 제공한다. 십이 내지 십오 미터의 천장 높이는 공간의 수직적 가변성을 확보해 주는 지붕 구조에는

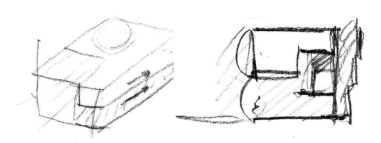

Concept sketch for the Cultural Promotion
Agency's interlocked spaces.
맞물린 공간을 보여 주는 문화창조원의 개념 스케치.

overlap of program elements and circulation creates a three dimensional experience. Additional future floor area is possible through interior expansion by adding levels within the 25m high space.

The steel structure of the Multi-functional Exhibition Hall is a three-dimensional scaffolding that frames the exhibition halls and functions as both structure and public circulation, allowing for a multi-dimensional viewing experience that accommodates a huge variety of exhibition contents. Ceiling heights range from 12 to 15 meters, enabling vertical flexibility of space, while the roof structure provides space for service catwalks and installation of exhibition equipment.

The internal Experts Circulation connects the program elements of the Cultural Contents Development Center and the Cultural Contents Production Center with the rest of the ACC, stimulating creative, cross disciplinary collaboration between the education, research, and creative experts. The Cultural Contents Production Center has infrastructure to support individual research, production and experimentation. The studios—8 meter high "loft" spaces—allow for research-specific plug-ins and specialized constructions to be built within the space, accommodating the unique needs of the Cultural Contents Development Center.

The North of the Multi-functional Exhibition Hall provides a sculptural canopy, for the plaza below and supporting a vast array of photovoltaic cells, supplying the energy that will illuminate the parks and plazas of the ACC in the evenings. At park level, the sloped roof of the Multi-functional Exhibition Hall becomes an adaptable area for outdoor public events.

캣워크 및 전시장비 설치를 위한 필요 공간이 제공된다.

내부 전문가 동선은 문화콘텐츠기획창작센터와 문화콘텐츠제작센터의 프로그램 요소들을 아시아문화전당의 다른 프로그램과 연결시킴으로써 교육, 연구, 생산 각 분야 간의 창조적이고 광범위한 협력을 촉진시킨다. 문화콘텐츠제작센터는 연구, 생산, 실험을 개별적으로 지원하는 인프라스트럭처를 지닌다. 스튜디오들은 팔 미터 층고에 달하는 '로프트' 공간으로서, 연구 관련 플러그인과 특화된 구조물을 내부에서 제작할 수 있으며, 이에 따라 문화콘텐츠기획창작센터의 독특한 요구사항을 만족시킬 수 있다.

복합전시관 북측은 조형적인 캐노피를 가짐으로써 광장에 그늘을 제공하고, 방대한 규모의 태양열 집광판 설치로 야간에는 아시아문화전당의 공원과 광장을 밝혀 주는 에너지를 생산한다. 공원 레벨에서는 복합전시관의 경사 지붕이 실외 행사를 위한 가변성 있는 공간을 형성한다.

Model of the Multi-functional
Exhibition Hall.
복합전시관의 모형.

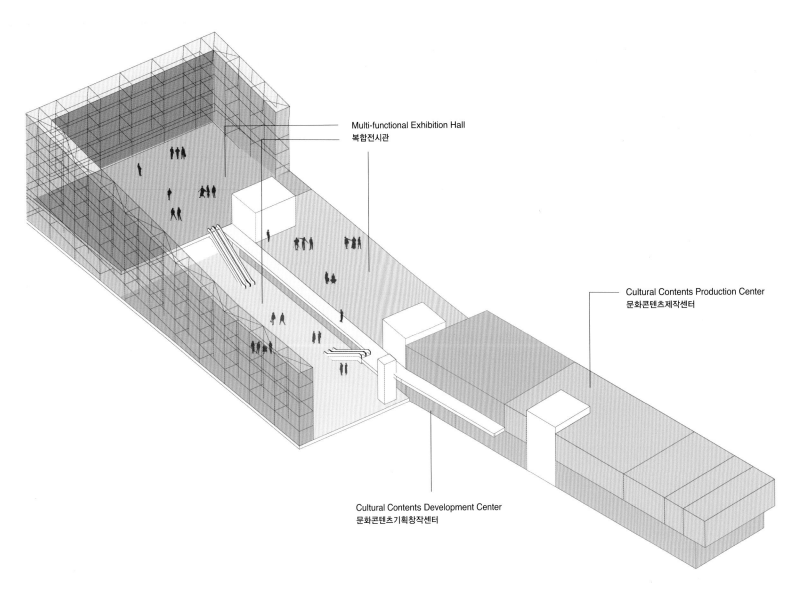

Multi-functional Exhibition Hall
복합전시관

Cultural Contents Production Center
문화콘텐츠제작센터

Cultural Contents Development Center
문화콘텐츠기획창작센터

Spatial organization of the Cultural Promotion Agency.
문화창조원의 내부 공간 조직.

Model of the Multi-functional
Exhibition Hall and Stepped Plaza.
복합전시관과 계단 광장의 모형.

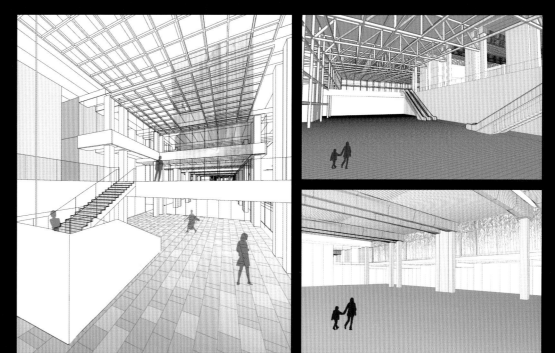

Interior perspective of lobby,
exhibition space, production studio.
로비, 전시 공간, 스튜디오
내부 공간의 투시도.

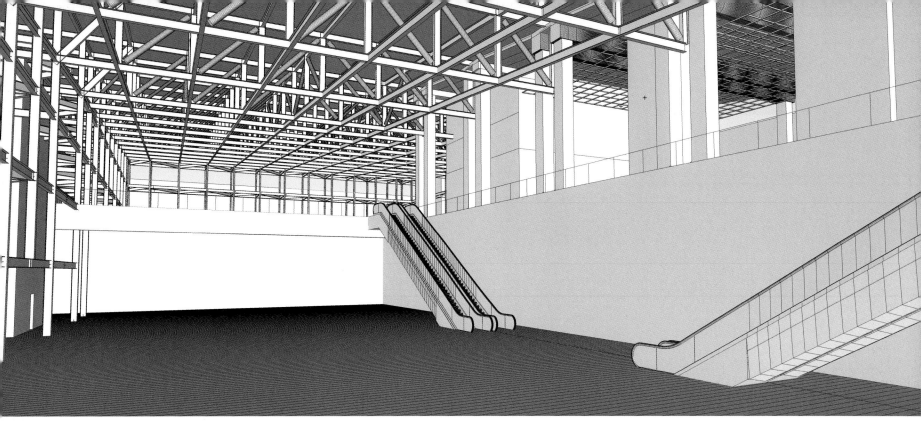

Lower level perspective of the
Multi-functional Exhibition Hall.
복합전시관의 하부층 투시도.

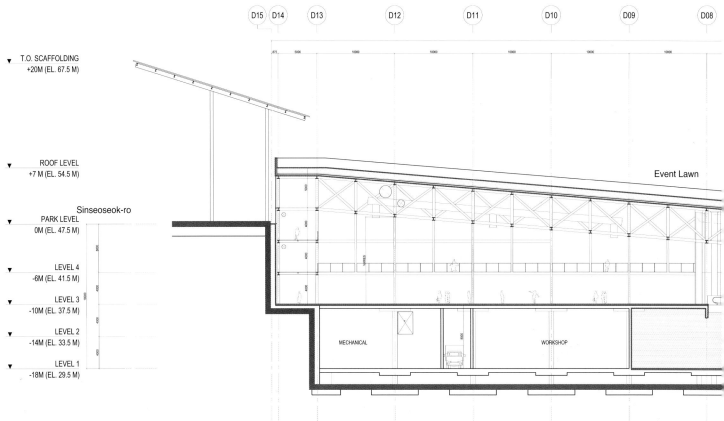

▼ T.O. SCAFFOLDING
+20M (EL. 67.5 M)

▼ ROOF LEVEL
+7 M (EL. 54.5 M)

Sinseoseok-ro
▼ PARK LEVEL
0M (EL. 47.5 M)

▼ LEVEL 4
-6M (EL. 41.5 M)

▼ LEVEL 3
-10M (EL. 37.5 M)

▼ LEVEL 2
-14M (EL. 33.5 M)

▼ LEVEL 1
-18M (EL. 29.5 M)

Event Lawn

MECHANICAL

WORKSHOP

Upper level perspective of the
Multi-functional Exhibition Hall.
복합전시관의 상부층 투시도.

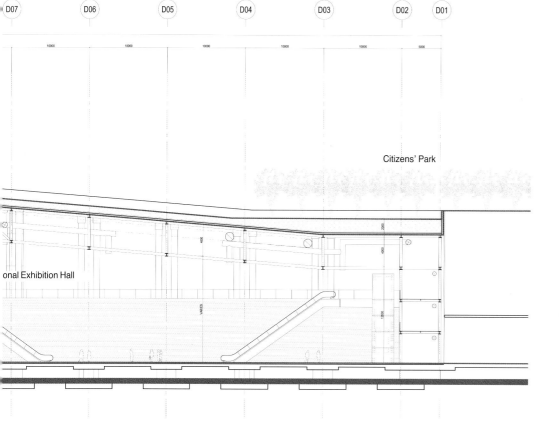

D07	D06	D05	D04	D03	D02	D01
	10000	10000	10000	10000	10000	5000

Citizens' Park

onal Exhibition Hall

North-south section of the
Multi-functional Exhibition Hall.
복합전시관의 남북 단면도.

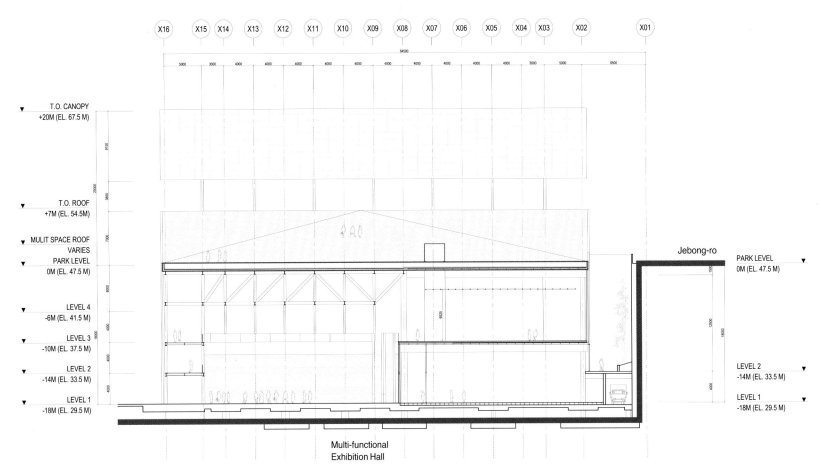

X16	X15	X14	X13	X12	X11	X10	X09	X08	X07	X06	X05	X04	X03	X02		X01

64500

| 5000 | 3000 | 4000 | 4000 | 4000 | 4000 | 4000 | 4000 | 4000 | 4000 | 4000 | 4000 | 3000 | 5000 | 8500 |

T.O. CANOPY
+20M (EL. 67.5 M)

T.O. ROOF
+7M (EL. 54.5M)

MULIT SPACE ROOF
VARIES

PARK LEVEL
0M (EL. 47.5 M)

LEVEL 4
-6M (EL. 41.5 M)

LEVEL 3
-10M (EL. 37.5 M)

LEVEL 2
-14M (EL. 33.5 M)

LEVEL 1
-18M (EL. 29.5 M)

Jebong-ro

PARK LEVEL
0M (EL. 47.5 M)

LEVEL 2
-14M (EL. 33.5 M)

LEVEL 1
-18M (EL. 29.5 M)

Multi-functional
Exhibition Hall

East-west section of the
Multi-functional Exhibition Hall.
복합전시관의 동서 단면도.

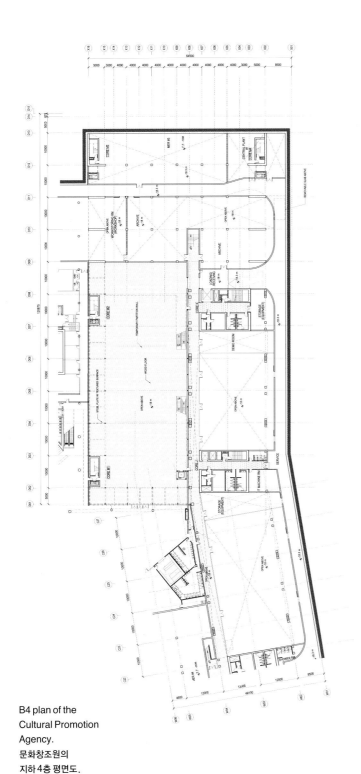

B4 plan of the
Cultural Promotion
Agency.
문화창조원의
지하 4층 평면도.

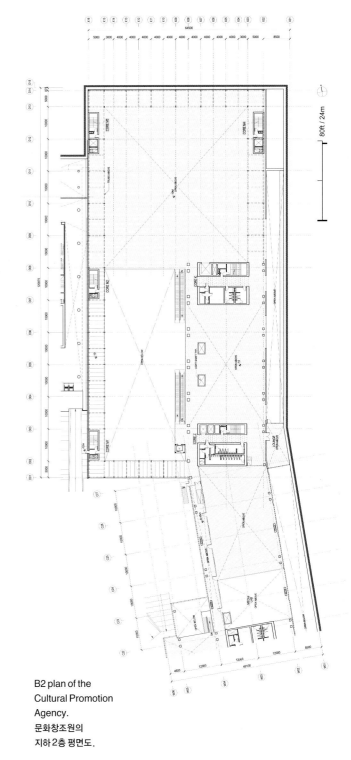

B2 plan of the
Cultural Promotion
Agency.
문화창조원의
지하 2층 평면도.

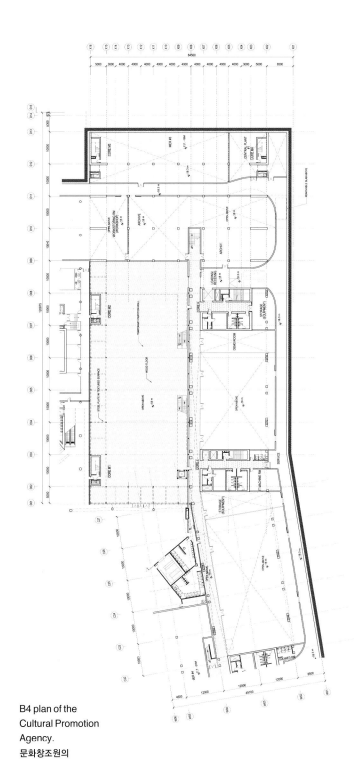

B4 plan of the
Cultural Promotion
Agency.
문화창조원의
지하 4층 평면도.

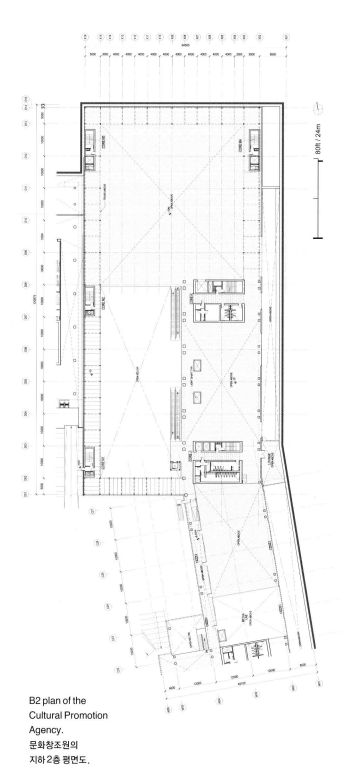

B2 plan of the
Cultural Promotion
Agency.
문화창조원의
지하 2층 평면도.

Perspective of temporary exhibition example 1.
가능한 기획 전시 투시도 1.

Model of scaffolding in the Multi-functional Exhibition Hall.
복합전시관의 스캐폴딩 모형.

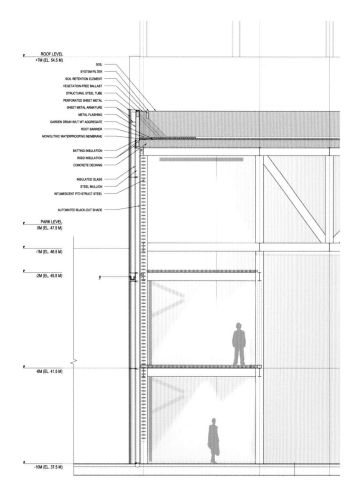

ROOF LEVEL
+7M (EL. 54.5 M)

SOIL
SYSTEM FILTER
SOIL RETENTION ELEMENT
VEGETATION-FREE BALLAST
STRUCTURAL STEEL TUBE
PERFORATED SHEET METAL
SHEET METAL ARMATURE
METAL FLASHING
GARDEN DRAIN W/LT WT AGGREGATE
ROOT BARRIER
MONOLITHIC WATERPROOFING MEMBRANE

BATTING INSULATION
RIGID INSULATION
CONCRETE DECKING

INSULATED GLASS
STEEL MULLION
INTUMESCENT PTD STRUCT STEEL

AUTOMATED BLACK-OUT SHADE

PARK LEVEL
0M (EL. 47.5 M)

-1M (EL. 46.5 M)

-2M (EL. 45.5 M)

-6M (EL. 41.5 M)

-10M (EL. 37.5 M)

Section of scaffolding in the
Multi-functional Exhibition Hall.
복합전시관의 스캐폴딩 단면도.

Perspective of temporary exhibition example 2.
가능한 기획 전시 투시도 2.

Perspective of temporary exhibition example 3.
가능한 기획 전시 투시도 3.

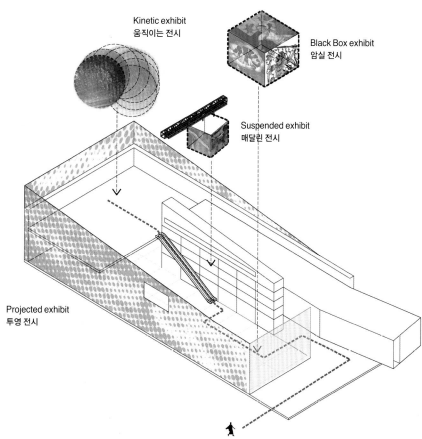

Kinetic exhibit
움직이는 전시

Black Box exhibit
암실 전시

Suspended exhibit
매달린 전시

Projected exhibit
투영 전시

Possible exhibitions.
가능한 전시방식.

Asian Arts Theatre

Area 12,880m²
Program Component Grand Performance Hall, Multi-functional Auditorium, Front of House, Back of House

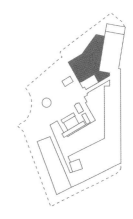

아시아예술극장

면적 12,880m²
프로그램 구성요소 대극장, 중극장, 프론트 오브 하우스, 백 오브 하우스

The Asian Arts Theatre will incubate experimental approaches and be a creative hub for experimenting with the original aesthetic values of Asia for wider promotion and appreciation.

As a creative hub for the dissemination of aesthetic Asian values, the Asian Arts Theatre provides a venue for new and experimental types of performances. Consisting of two distinct performance spaces, the Asian Arts Theatre provides a variety of scale and configuration that will accommodate productions, small and large, experimental, contemporary or traditional. The 12,880m² Asian Arts Theatre consists of a large, flexible Grand Performance Hall and a smaller, more intimate, Multi-functional Auditorium .

State-of-the-art Back of House facilities include rehearsal halls, meeting rooms, and workshops that are accessible to the public to encourage citizen participation. At 4th basement, a loading dock serviced by a truck elevator shared with the Multi-functional Exhibition Hall, provides direct access to the workshops, storage and even to the stages themselves. A separate staff entry is provided for staff members and performers arriving at the northern boundary of the site. The two halls share back and Front of House facilities and the sky lit lobbies are shared with the Multi-functional Exhibition Hall, continuing the complex's themes of connectivity, flexibility, and light.

With a separate entrance and passenger drop-off zone at the street, the Multi-functional Auditorium has the ability to stage a performance, simultaneous to events in the larger Hall and the Multi-functional Exhibition Hall.

The Grand Performance Hall seats up to 1,500 people, but can be subdivided into smaller spaces for more intimate productions or for staging multiple performances simultaneously. The floor of the hall

아시아예술극장은 인큐베이팅과 실험성을 표방하며 아시아의 미적 가치를 실험, 생산하는 창작의 전방위 거점이자 유통의 거점 확대 역할을 목표로 한다. 아시아의 미적 가치를 확산시키는 허브로서, 이곳에서는 새롭고 실험적인 유형의 공연이 열리게 된다. 실험적 현대적 전통적 공연을 수용할 수 있도록 설계된 아시아예술극장은 가변적으로 운영되는 대극장과, 그보다 작지만 좀 더 친밀하게 느껴지는 중극장으로 구성된다.

최첨단 시설을 갖춘 '백 오브 하우스' 에는 일반인의 참여를 증진시킬 수 있도록 일반인이 이용할 수 있는 리허설 룸, 회의실 및 작업장 등이 위치하고 있다. 지하 사층에서는 트럭 엘리베이터를 사용하여 트럭이 작업장, 창고, 심지어 무대까지 직접 접근할 수 있다. 대지 북쪽 경계에는 직원과 공연자를 위한 별도의 출입구가 설치된다. 두 공연장은 '백 오브 하우스' 와 '프론트 오브 하우스' 시설들을 공유하며, 자연광이 비치는 로비는 복합전시관과 공유하여 연결성, 우연성, 빛이라는 전당의 주제가 지속적으로 표현된다. 중극장은 거리 레벨로 별도의 입구와 승하차 구역을 갖추고 있기 때문에 대극장과 복합전시관에서 동시에 행사와 공연을 상연할 수 있다.

대극장은 최대 천오백 명까지 수용 가능하며, 다수의 공연을 동시에 상연할 수 있도록 여러 개의 작은 공간으로 분리할 수 있다. 공연장 바닥은 상하로 움직임이 가능한 유압식 플랫폼으로 구성되어 있어 무대 및 객석의 구성, 이 둘 사이의 관계를 유연하게 조절할 수 있다. 아시아예술극장의 구조는 복합전시관과 같이 삼차원 이중철골구조로, 측면 중층 공간(일반 동선, 관람 갤러리, 공연장의 연장 공간) 및 아래에서 상연되는 공연을 기술적으로 지원하기 위한 상부 구조물 역할을 한다. 대극장은 최첨단 지원시설 덕택에 다양한 종류의 공연을 수용할 수 있을 뿐 아니라, 향후 공연 및 기술의 진화에 적응할 수 있도록 되어 있다.

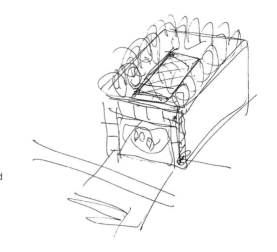

Sketch for the Grand
Performance Hall.
대극장의 스케치.

consists of a field of operable, hydraulic platforms, providing flexibility and control over the configuration of the stage, the audience and the relationship between the two. As in the Multi-functional Exhibition Hall, the structure of the Asian Arts Theatre is a three-dimensional scaffolding that provides side mezzanines—which act as public circulation, viewing galleries or an extension of the performance space—and an overhead grid for technical support of the performances below. The high-tech infrastructure enables the Grand Performance Hall to accommodate a wide range of performance types and is fully adaptable as performances and technology evolve in the future.
The large, glazed operable wall allows a physical connection between the Hall and the Asian Culture Plaza, creating an outdoor space for large events, film festivals, performances and political rallies. Both interior and exterior spaces can be used interchangeably for stage or seating in order to cultivate inventive usage of the space.
The Multi-functional Auditorium is a professional quality hall seating 518 people. With an intimate hall for the audience and a professional quality proscenium stage, the Performance Hall can accommodate various performance genres, ranging from dance, music concerts, theatrical plays, musicals, to small scale operas.

대극장 전면의 대형 유리문은 공연장과 아시아문화광장을 물리적으로 연결시켜 대규모 행사, 영화제, 공연, 정치 집회가 가능한 야외 공간을 제공한다. 실내외 공간 모두 무대 혹은 객석으로 사용 가능하며, 이에 따라 창의적인 공간 활용이 이루어진다.
중극장은 전문 시설을 갖춘 공연장으로, 수용 인원은 오일팔 광주 민주화 운동을 상징하는 숫자인 오백열여덟 명이다. 관객을 위한 편안한 홀과 프로시니엄 무대를 갖춘 이 공연장은 무용, 콘서트, 연극, 뮤지컬부터 소규모 오페라에 이르기까지 다양한 공연 장르를 수용할 수 있다.

Interiors of theatres.
공연장의 내부 공간들.

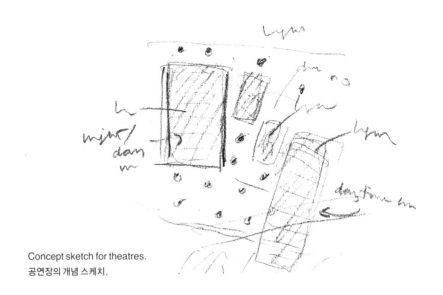

Concept sketch for theatres.
공연장의 개념 스케치.

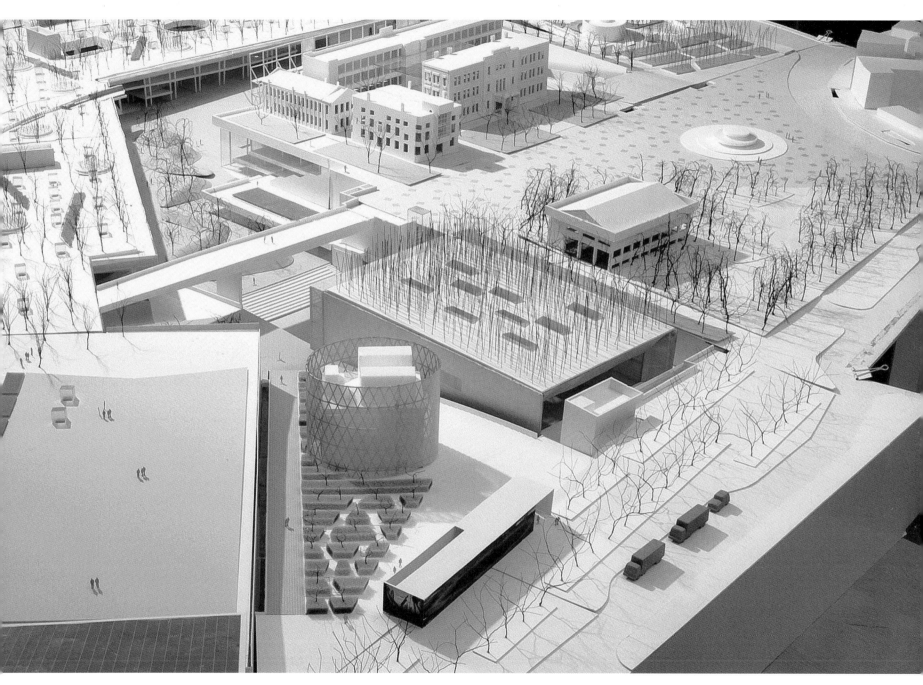

Outdoor space model of the Asian Arts Theatre.
아시아예술극장의 옥외 공간 모형.

p.173.
Perspective of the
Asian Arts Theatre lobby.
아시아예술극장 로비의 투시도.

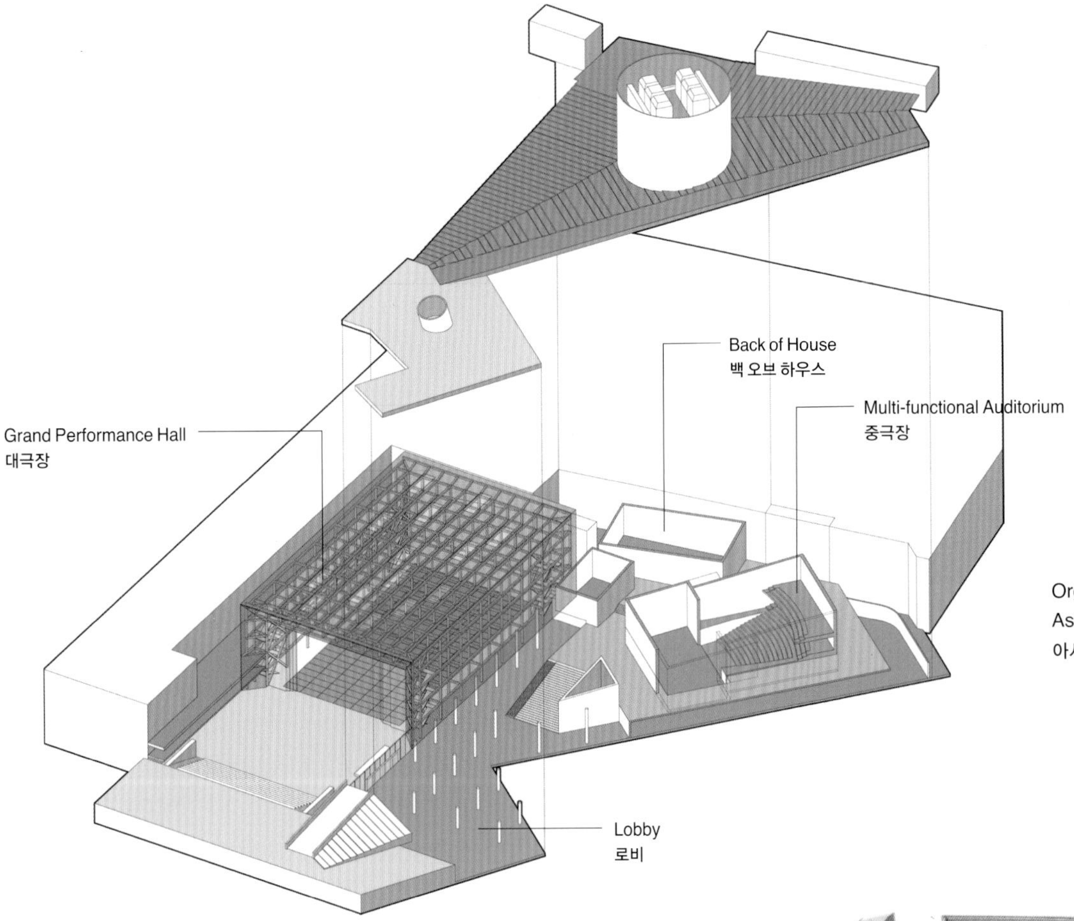

Back of House
백 오브 하우스

Multi-functional Auditorium
중극장

Grand Performance Hall
대극장

Organization of the
Asian Arts Theatre lobby.
아시아예술극장의 공간 조직.

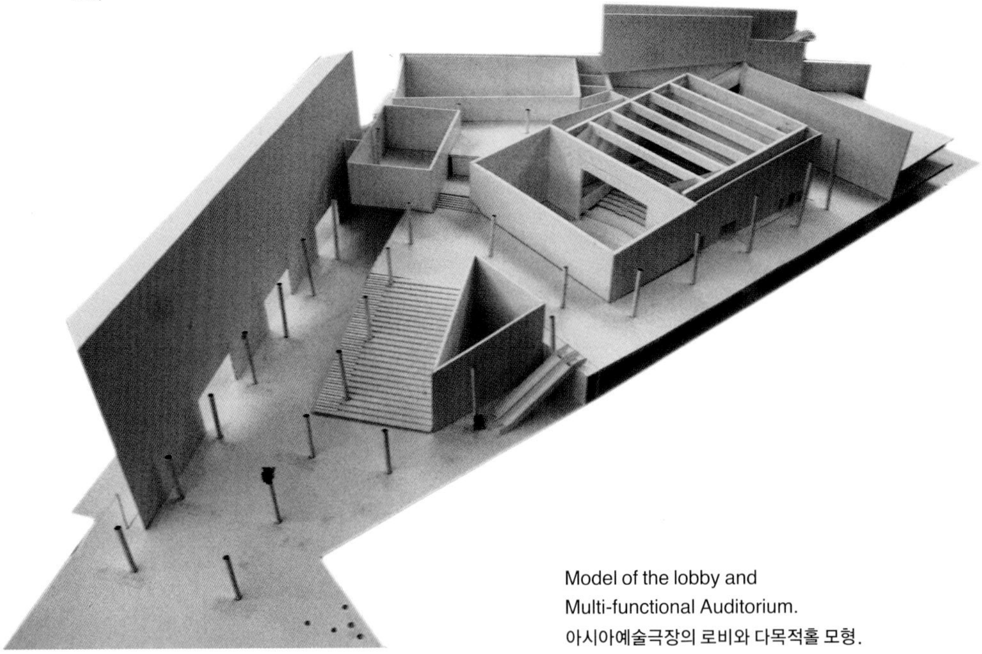

Lobby
로비

Model of the lobby and
Multi-functional Auditorium.
아시아예술극장의 로비와 다목적홀 모형.

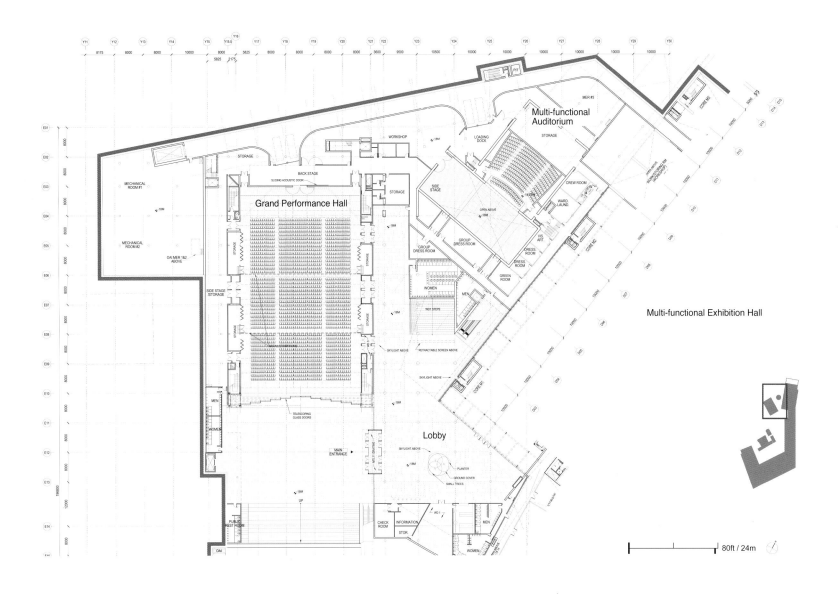

Grand Performance Hall

Multi-functional Auditorium

Multi-functional Exhibition Hall

Lobby

MAIN
ENTRANCE

80ft / 24m

B4 plan of the Asian Arts Theatre.
아시아예술극장의 지하 4층 평면도.

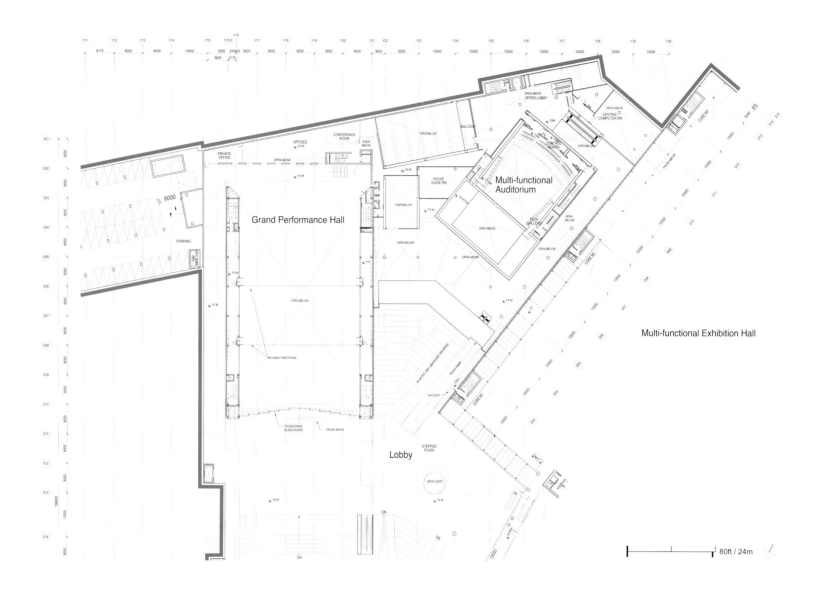

Grand Performance Hall

Multi-functional
Auditorium

Multi-functional Exhibition Hall

Lobby

PARKING

PRIVATE
OFFICE

OFFICES

CONFERENCE
ROOM

80ft / 24m

B2 plan of the Asian Arts Theatre.
아시아예술극장의 지하 2층 평면도.

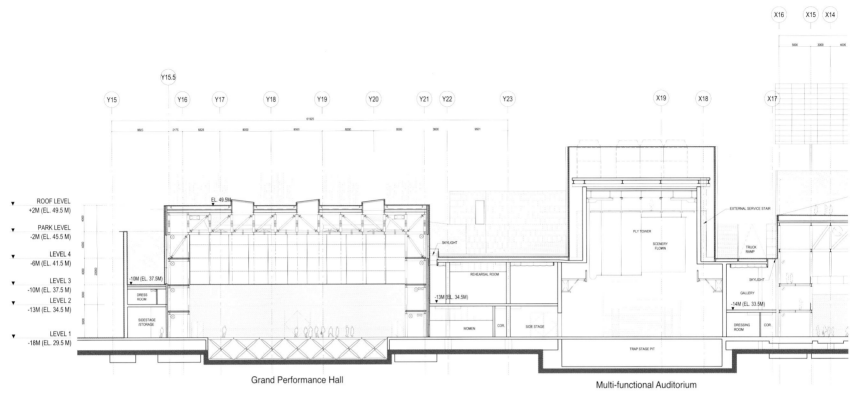

Section of the Grand Performance Hall and
Multi-functional Auditorium.
대극장과 중극장의 단면도.

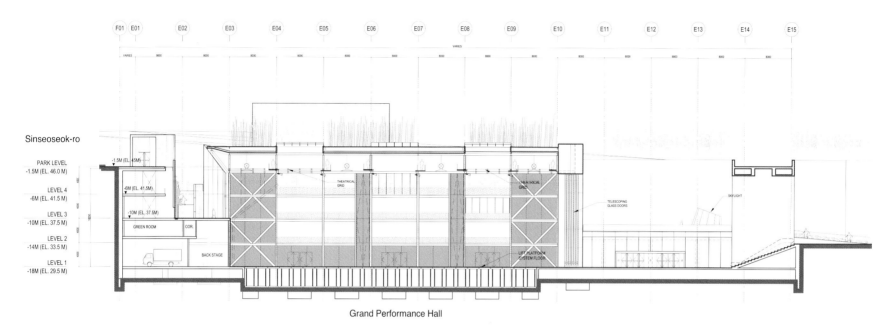

Sinseoseok-ro

PARK LEVEL
-1.5M (EL. 46.0 M)

LEVEL 4
-6M (EL. 41.5 M)

LEVEL 3
-10M (EL. 37.5 M)

LEVEL 2
-14M (EL. 33.5 M)

LEVEL 1
-18M (EL. 29.5 M)

-1.5M (EL. 45M)

-6M (EL. 41.5M)

-10M (EL. 37.5M)

GREEN ROOM   COR.

BACK STAGE

THEATRICAL GRID

THEATRICAL GRID

TELESCOPING GLASS DOORS

SKYLIGHT

LIFT PLATFORM SYSTEM FLOOR

Grand Performance Hall

Section of the Grand
Performance Hall.
대극장의 단면도.

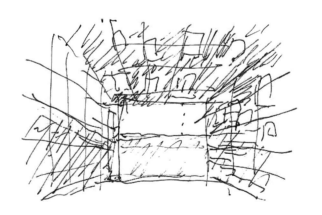

Sketch of the interior of the
Grand Performance Hall.
대극장 내부의 스케치.

Model of the Grand Performance Hall.
대극장의 모형.

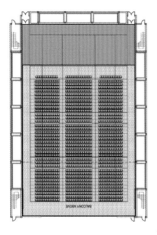

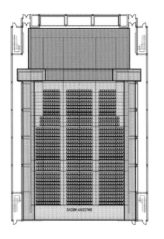

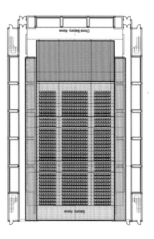

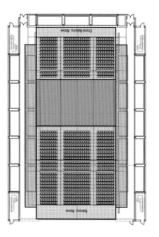

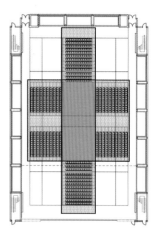

1920 seats theater end stage
drama, film, lecture, contemporary dance, rock concert, convention.
1920석 엔드 스테이지+발코니
연극 · 영화 · 강의 · 현대무용 · 록콘서트 · 컨벤션.

1725 seats theater proscenium stage
ballet, traditional dance, drama, contemporary opera, musical.
1725석 프로시니엄 스테이지+발코니
발레 · 전통무용 · 연극 · 현대오페라 · 창작뮤지컬.

1475 seats concert end stage
symphony, chamber music, chorus, vocal music.
1475석 슈박스형 콘서트홀
교향악 · 실내악 · 합창공연 · 성악공연.

1475 seats concert mid stage
symphony, chamber music, chorus.
1475석 중앙 스테이지형 콘서트홀
교향악 · 실내악 · 합창공연.

885 seats theater arena stage
chamber music, traditional Korean outdoor performance, drama.
885석 아레나형 스테이지
실내악 · 마당놀이 · 연극.

Possible stage configurations in the Grand Performance Hall.
대극장의 가능한 무대 구성.

Hydraulic platform in the Grand Performance Hall.
대극장의 유압구동식 플랫폼.

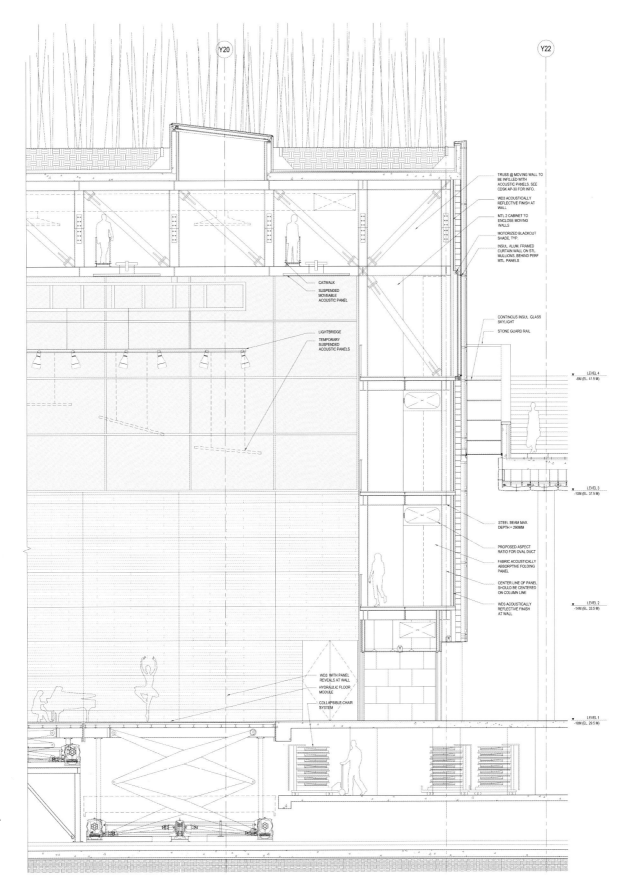

Y20　　Y22

TRUSS @ MOVING WALL TO
BE INFILLED WITH
ACOUSTIC PANELS. SEE
CDSK AP-30 FOR INFO.

WD3 ACOUSTICALLY
REFLECTIVE FINISH AT
WALL

MTL 2 CABINET TO
ENCLOSE MOVING
WALLS

MOTORIZED BLACKOUT
SHADE, TYP.

INSUL. ALUM. FRAMED
CURTAIN WALL ON STL
MULLIONS, BEHIND PERF
MTL PANELS

CONTINOUS INSUL GLASS
SKYLIGHT

STONE GUARD RAIL

CATWALK

SUSPENDED
MOVEABLE
ACOUSTIC PANEL

LIGHTBRIDGE

TEMPORARY
SUSPENDED
ACOUSTIC PANELS

LEVEL 4
-6M (EL. 41.5 M)

STEEL BEAM MAX.
DEPTH = 290MM

PROPOSED ASPECT
RATIO FOR OVAL DUCT

FABRIC ACOUSTICALLY
ABSORPTIVE FOLDING
PANEL

CENTER LINE OF PANEL
SHOULD BE CENTERED
ON COLUMN LINE

WD3 ACOUSTICALLY
REFLECTIVE FINISH
AT WALL

LEVEL 3
-10M (EL. 37.5 M)

LEVEL 2
-14M (EL. 33.5 M)

WD3 WITH PANEL
REVEALS AT WALL

HYDRAULIC FLOOR
MODULE

COLLAPSIBLE CHAIR
SYSTEM

LEVEL 1
-18M (EL. 29.5 M)

Wall section of the
Grand Performance Hall.
대극장의 확대 단면도.

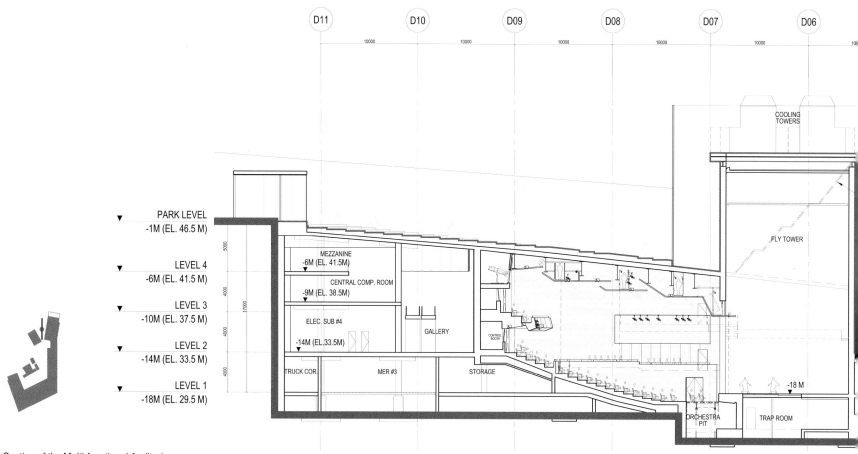

D11 D10 D09 D08 D07 D06

10000 10000 10000 10000 10000 10000 100

COOLING TOWERS

FLY TOWER

PARK LEVEL
-1M (EL. 46.5 M)

LEVEL 4
-6M (EL. 41.5 M)

LEVEL 3
-10M (EL. 37.5 M)

LEVEL 2
-14M (EL. 33.5 M)

LEVEL 1
-18M (EL. 29.5 M)

5000

4000

4000

4000

17000

MEZZANINE
-6M (EL. 41.5M)

CENTRAL COMP. ROOM
-9M (EL. 38.5M)

ELEC. SUB #4

-14M (EL.33.5M)

GALLERY

CONTROL BOOTH

TRUCK COR.

MER #3

STORAGE

-18 M

ORCHESTRA PIT

TRAP ROOM

Section of the Multi-functional Auditorium.
중극장의 단면도.

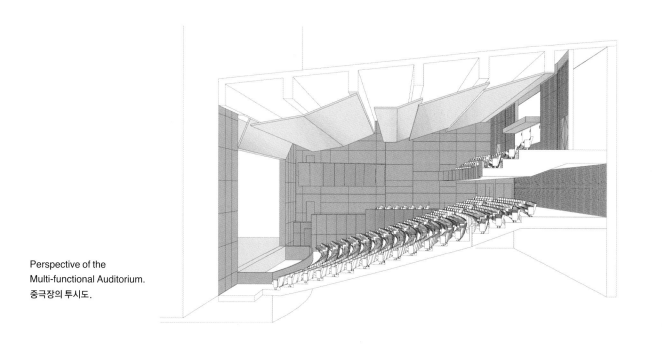

Perspective of the
Multi-functional Auditorium.
중극장의 투시도.

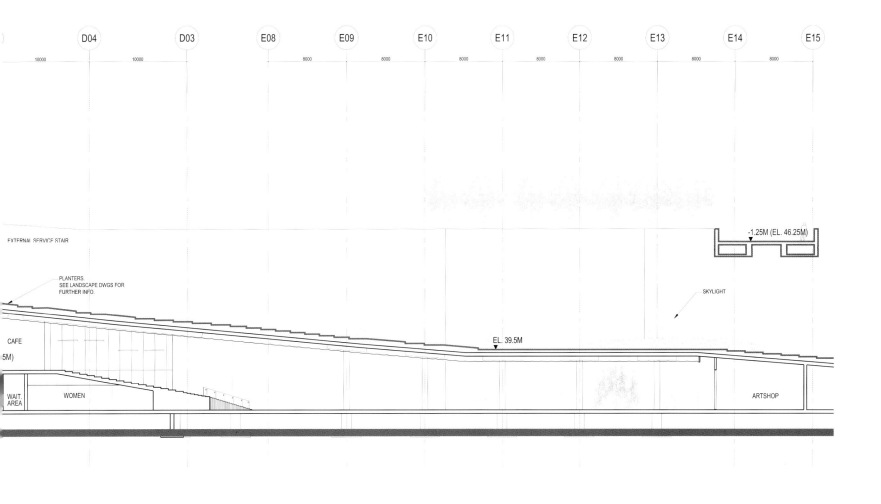

10000　　10000　　　8000　　8000　　8000　　8000　　8000　　8000　　8000

-1.25M (EL. 46.25M)

EXTERNAL SERVICE STAIR

PLANTERS.
SEE LANDSCAPE DWGS FOR
FURTHER INFO.

SKYLIGHT

CAFE

EL. 39.5M

5M)

WAIT.
AREA　WOMEN　　　　　　　　　　　　　　　ARTSHOP

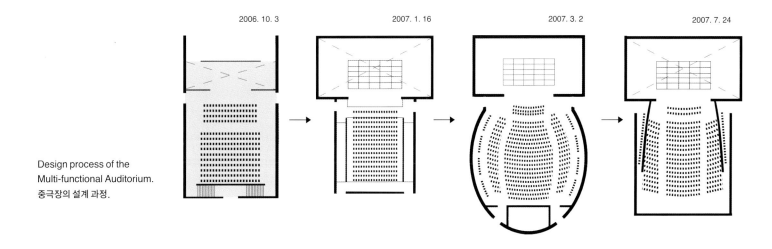

2006. 10. 3　　2007. 1. 16　　2007. 3. 2　　2007. 7. 24

Design process of the
Multi-functional Auditorium.
중극장의 설계 과정.

PUBLIC OPEN SPACE
외부 공간

Construction site of the Asian Culture Plaza, May 2013.
아시아문화광장의 건설 현장, 2013년 5월.

Landscape

Responding to the varied forms and uses of the ACC's buildings and structures, the park is comprised of diverse landscape types, including open plazas, shaded groves, play environments, lawns, and sunken interior courtyards.

Inspired by the spirit of traditional Korean gardens, the park celebrates the native landscape, using plants and materials indigenous to Korea or important to Korean culture. Direct views to Mount Mudeungsan visually and symbolically situate the park within the broader regional landscape.

May 18th Democracy Plaza and the associated buildings are the crucible of Korean democracy and create the heart of the ACC and its landscape. The plaza will become a simple, open pedestrian space, punctuated by the historic fountain. A simple, dignified pavement will unite the clusters of buildings, which with the existing trees in this area, are symbolic witnesses of the events of 1980. To the north a somber grove of Korean Pines, symbolic of strength and permanence, will create a place of memory and refuge.

Wrapping around the eastern and southern edges of the park, a grove of Zelkova trees forms the backbone of the park landscape. The trees are planted on a 6-meter grid that is arranged to allow plenty of sunlight into the skylights of the Cultural Promotion Agency below. At night, the skylights animate the grove, glowing like lanterns beneath the canopy. Distributed through the grove are densely planted groups of flowering trees, which will create splashes of seasonal color.

Under the trees, the ground surface is a soft, decomposed granite of the type traditionally found in Korean cities. This surface allows free movement throughout the grove. Major pedestrian routes are further defined by wide stone paths that cut through the grid and connect key

조경

아시아문화전당 건축물들의 다양한 형태와 기능에 따라 공원 또한 열린 광장, 그늘진 숲, 놀이 공간, 잔디밭, 내부 중정 등의 다양한 조경 요소들로 구성되어 있다. 시민공원은 전통 한국 정원 양식에 영향을 받아 설계되었으며, 한국 고유의 수목 및 재료를 사용하여 지역성을 살린 조경을 추구하였다. 시민공원에서 무등산이 바로 바라보임으로써 시각적 상징적으로 주변 지역의 경관과 하나가 된다.

오일팔 민주광장과 관련 건물들은 오늘날의 민주주의가 있게 한 장소에서 아시아문화전당의 심장부를 이루게 된다. 이 광장은 단순하고 개방적인 보행 공간으로서, 중간에는 역사적인 분수가 우뚝 솟아 있다. 판석과 사고석으로 포장된 길을 따라 남아 있는 나무들과 함께 1980년 민주화 운동을 목격했던 건물들이 하나로 연결된다. 북으로는 영속성에 대한 상징으로 소나무 숲이 우거져 있어 과거 기억과 휴식을 위한 공간을 이루게 될 것이다.

대지의 동쪽과 남쪽 경계를 둘러싸고 있는 느티나무 수림대는 공원 조경의 중추적인 역할을 한다. 육 미터 간격으로 교목들을 식재하여 하부의 아시아문화창조센터에 천창을 통해 충분한 자연광을 제공할 수 있도록 설계되었다. 야간에는 천창에 설치된 조명을 통해 녹음수 하부에서 렌턴과 같이 빛을 발함에 따라 수림대를 활기차게 만든다. 곳곳에 화목류를 빽빽하게 식재하여 계절 변화를 잘 드러낼 수 있도록 했다.

녹음수 하부는 한국 도시에서 전통적으로 많이 사용되는 마사토 포장을 도입했다. 마사토 포장은 느티나무 수림대에서도 자유롭게 활동할 수 있도록 한다. 보행자의 주된 동선은 그리드를 가로지르는 넓은 석재 포장으로 형성되며, 하부의 건물들, 지하철 도심의 교차로로 바로 연결된다. 보도를 따라 경계식재용 관목림을 배치하고 석재 벤치를 놓아 앉아서 쉴 수 있는 공간을 만들었으며, 벤치는 보도 옆, 혹은 나무 아래 마사토 부분의 비교적 조용한 곳에 설치된다. 공원 조경 요소의

access points to belowground buildings, the subway, and city intersections at the perimeter of the park. Linear shrub beds line the paths in places, creating places to sit on stone benches, either next to the activity of the paths, or the relative quiet of the decomposed granite areas beneath the trees. A section of the historic city wall is preserved in a steel exhibit box and embedded in the plaza as a preserved memory of the past.

On the sloped roof of the Agency of Culture for Children is an open play environment, set within a frame of large canopy trees that provide cooling shade around the building. Many varieties of flowering azalea and semi-dwarf conifers structure a playful, interesting environment for children to explore. The lush plantings are interspersed with undulating lawns that provide ample space for informal games and activities. A series of small, flexible exhibit spaces are designed for changing Museum installations. Outdoor exhibition spaces strewn along the circulation routes will host special programs and educational facilities in the future. A picnic area near the entrance offers a place for larger groups of schoolchildren to gather for lunch, embedded in rows of densely planted Ginkgo trees. At the highest point, a large open play area affords spectacular views to the mountains that surround the city. Circulation within the entire Play Environment is universally accessible, with the major circulation path less than a 5% grade.

At the northeastern corner of the site, the sloped roof of the Multifunctional Exhibition Hall serves as a 7-hectare Events Field. The large, open lawn can seat 3,000-4,000 people on the grass for concerts, gatherings, and other events. At the base, a sizeable paved plaza serves as a flexible, temporary stage. The field is framed by paved paths that are graded for universal accessibility. A border of Miscanthus

하나인 광주읍성은 원위치에 복원되어 과거가 기억될 수 있도록 계획되었다. 어린이문화원의 경사 지붕은 열린 놀이 공간으로, 건물 주변에 시원한 그늘을 제공하는 커다란 녹음수들로 이루어진 프레임 내부에 위치한다. 다양한 종류의 철쭉류 및 상록 관목을 식재하여 어린이들이 재미있고 흥미롭게 공간을 경험할 수 있도록 했다. 풍부한 식재와 물결치는 잔디밭은 각종 놀이와 활동을 위한 넓은 공간을 형성한다. 동선을 따라 놓여진 옥외 전시공간들은 후일에 기획 및 교육시설을 설치하도록 계획되었다. 출입구 근처의 피크닉 장소는 학생들이 단체 방문 시 모여서 점심을 먹을 수 있도록 하며, 은행나무들이 빽빽하게 열지어 심어진 곳에 위치하고 있다. 놀이 공간의 가장 높은 지점에서는 광주시를 둘러싸고 있는 무등산을 향한 장대한 전망을 감상할 수 있다. 놀이 공간 전체 동선은 장애인도 불편함 없이 접근할 수 있도록 계획되었으며, 주 동선의 경사는 오 퍼센트 미만이다.

부지의 북쪽 끝에 위치하고 있는 복합전시관의 경사 지붕은 7,000제곱미터 규모의 이벤트 마당으로 사용된다. 광활하게 오픈된 잔디밭에는 콘서트, 집회 등의 행사 시 약 삼사천 명의 사람들이 앉을 수 있다. 경사의 끝지점에는 가변성 있게 임시 무대로 활용할 수 있는 포장 처리된 넓은 광장이 설치된다. 다목적 이벤트마당은 장애인의 접근에 불편함이 없도록 경사를 조절한 보도에 의해 틀이 짜여지고, 억새를 바깥 가장자리에 식재하여 공간의 경계를 설정한다. 행사가 없을 때는 전체 공원, 주변 도시, 하부의 조경시설 들을 바라보며 즐길 수 있는 열린 공간이 된다. 시민공원에서 유일하게 일반인의 접근이 통제되는 곳인 아시아예술극장 옥상은 자연 그대로의 모습을 보여 줄 수 있도록, 지역 고유의 대나무를 빽빽하게 식재하여 야생동물들이 도시 내에서 서식할 수 있는 고립된 공간이 되도록 했다. 복합전시관과 아시아예술극장 사이의 계단식 광장은 도시와 아시아문화광장을 연결시킨다. 넓은 계단이 연속됨으로써 단순한 동선의 역할을 넘어서는, 다양한

Construction site of the Event Lawn, May 2013.
이벤트 광장의 건설 현장, 2013년 5월.

grass further defines the outer edge of the space. When not used for events, the field is open for informal recreation and the enjoyment of sweeping views across the entire park, the surrounding city, and the landscape beyond.

The only part of the Citizen's Park that is not physically accessible, the roof of the Asian Arts Theatre presents a mysterious representation of untouched nature. Planted densely with a grove of native timber bamboo, the Asian Arts Theatre roof provides an isolated island habitat for small urban wildlife.

Between the Multi-functional Exhibition Hall and the Asian Arts Theatre, the Grand Stair connects the street level to the Asian Culture Plaza. A series of wide steps creates a continuous, cascading plaza that negotiates the substantial grade change while accommodating a variety of uses beyond mere circulation. Rows of canopy trees enhance pedestrian comfort, encouraging visitors to stop, linger, and rest in the shade.

The Asian Culture Plaza is an expansive paved courtyard between 10 and 18 meters below street level. The rear façade of the Police Headquarters has a permanent scaffolding structure to respond to constantly changing programs for performance, exhibition, and installation staged in the plaza below, which will become a cultural hot spot for Gwangju. The western portion is an open sloped area, shaded by an architectural canopy above and animated by water flowing down the slope, attracting people to jump and play, or sit and relax. At the eastern side of the plaza a series of curving mounds planted with flowering shrubs and circular planted ponds provide comfortable, intimate places to sit. The Plaza offers a protected, well-defined place for a wide range of activities in the tradition of the Korean courtyard garden.

활동이 벌어지는 계단식 광장으로 이용 가능하다. 녹음수들이 열지어 식재되어 있어, 방문자들은 편안하게 걸어 다니거나 잠시 멈추어 그늘 아래서 휴식을 취할 수 있도록 했다.

아시아문화광장은 거리 레벨에서 십 내지 십팔 미터 아래에 위치하고 있는, 넓은 19,800제곱미터의 광장이다. 구 경찰청 후면이자 광장의 전면은 스캐폴딩으로 처리되어 공연, 전시, 설치 등 수시로 프로그램이 변화할 수 있게 처리되었고, 이 광장은 휴식, 집회, 공연 등 광주의 문화광장으로 형성된다. 개방되고 경사진 광장의 서쪽 부분은 차양 구조물이 그늘을 만들어 주며, 뛰어 놀거나 앉아서 쉴 수 있는 장소가 된다. 광장의 동쪽 부분에는 꽃나무들이 식재된 부드러운 곡선 형태의 작은 언덕들을 만들고 원형의 연못들을 설치하여 편안하게 휴식을 취할 수 있게 한다. 아시아문화광장은 한국의 전통적인 마당과 같은 개념으로 다양한 활농늘이 일어나는 아늑한 공간을 형성한다.

Citizens' Park
시민공원

Bamboo court
대나무 정원

Event Lawn
이벤트 광장

May 18th Democracy Plaza
오일팔 민주광장

Asian Culture Plaza
아시아문화광장

Garden
정원

Stepped Plaza
계단 광장

Children's Nature Play Environment
어린이 놀이공원

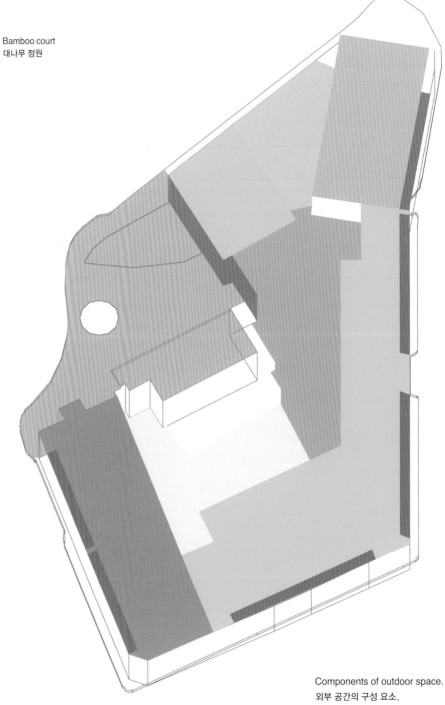

Components of outdoor space.
외부 공간의 구성 요소.

Landscape plan.
조경 평면도.

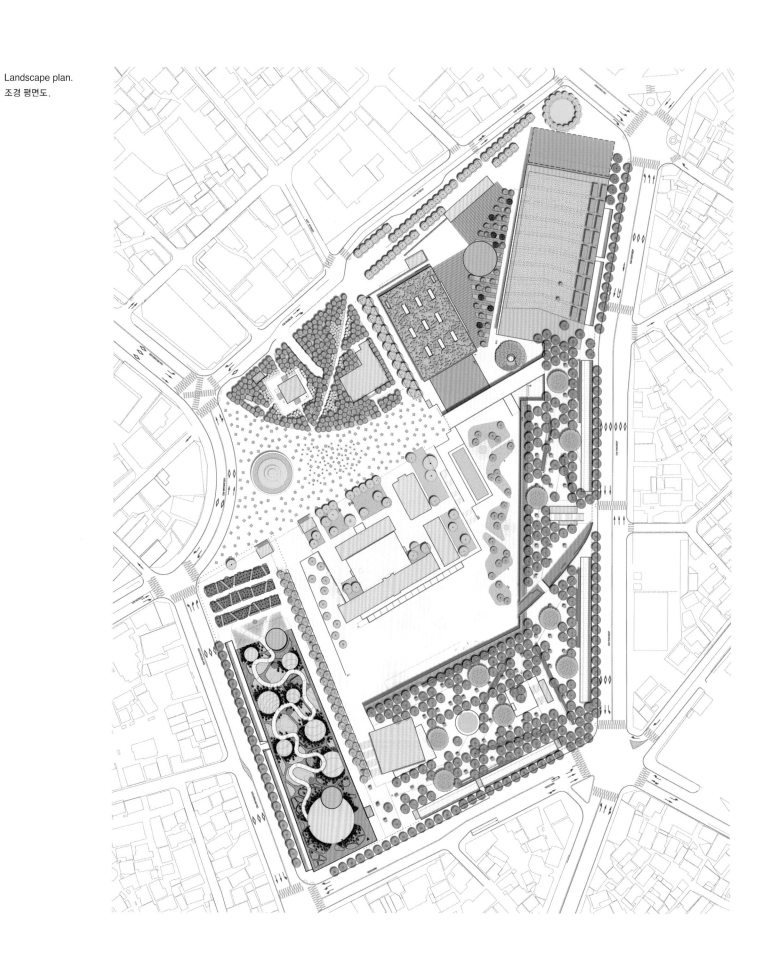

May 18th Democracy Plaza
오일팔 민주광장

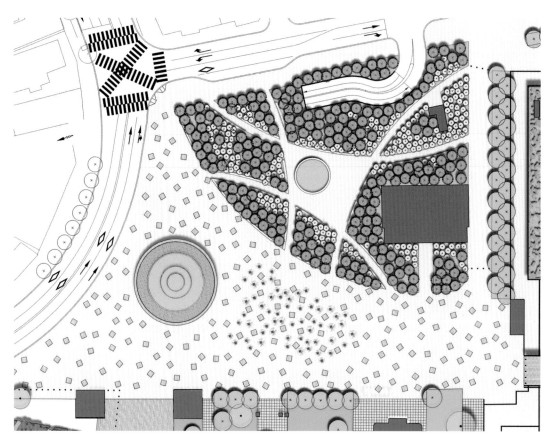

Landscape plan of the May 18th Democracy Plaza.
오일팔 민주광장의 조경 평면도.

Styrax japonica, *Pinus densiflora*, *Magnolia grandiflora*, *Gardenia jaminoides*,
Abies koreana, *Cryptomeria japonioca*, *Chamaecyparis obtusa*.
때죽 나무, 소나무, 태산목, 치자나무, 구상나무, 삼나무, 편백나무.

Model of the May 18th Democracy Plaza.
오일팔 민주광장의 모형.

Perspective of the May
18th Democracy Plaza.
오일팔 민주광장의 투시도.

Asian Culture Plaza
아시아문화광장

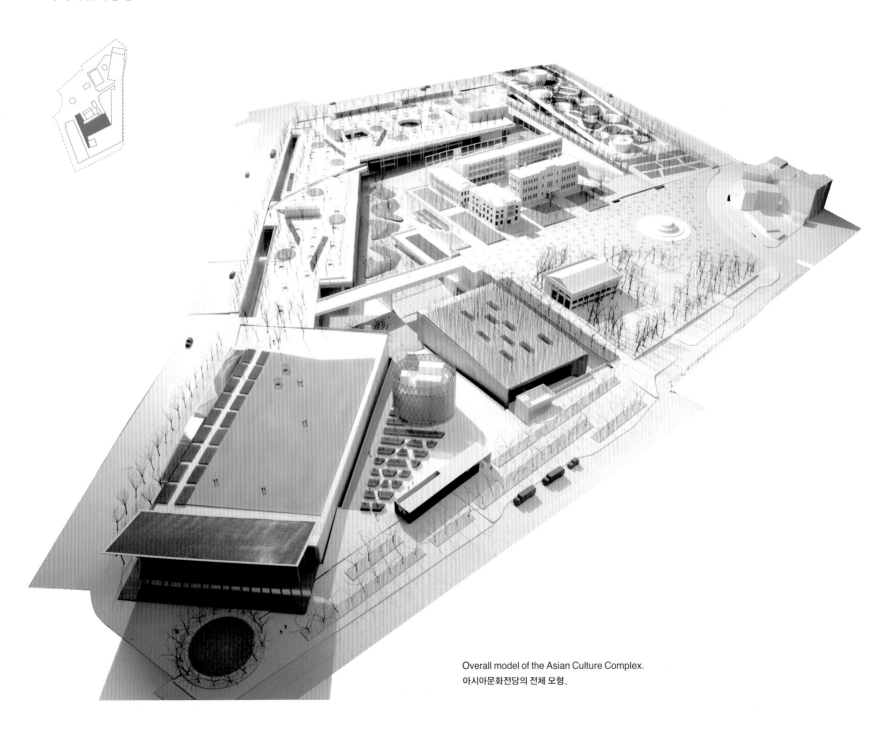

Overall model of the Asian Culture Complex.
아시아문화전당의 전체 모형.

Perspective views of the Asian Culture Plaza.
아시아문화광장에서의 다양한 조망 투시도.

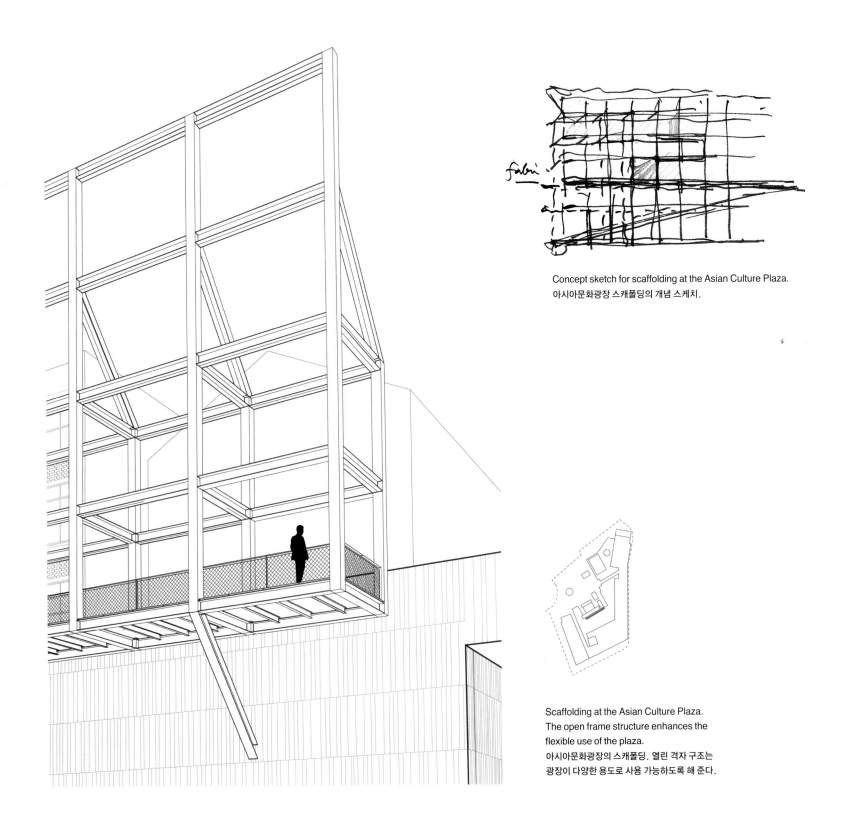

Concept sketch for scaffolding at the Asian Culture Plaza.
아시아문화광장 스캐폴딩의 개념 스케치.

Scaffolding at the Asian Culture Plaza.
The open frame structure enhances the
flexible use of the plaza.
아시아문화광장의 스캐폴딩. 열린 격자 구조는
광장이 다양한 용도로 사용 가능하도록 해 준다.

Perspective of the Asian
Culture Plaza. (top)
아시아문화광장 투시도. (위)

Various uses of the Asian Culture
Plaza scaffolding. (bottom)
아시아문화광장 스캐폴딩의 다양한
활용. (아래)

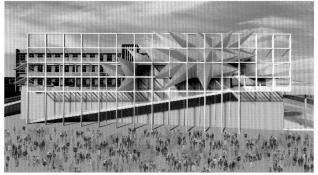

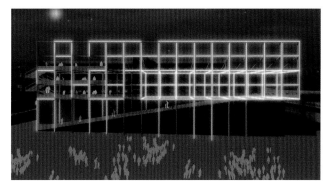

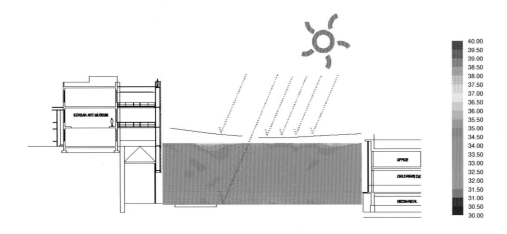

Environmental analysis of the Asian Culture Plaza.
아시아문화광장의 기후 분석.

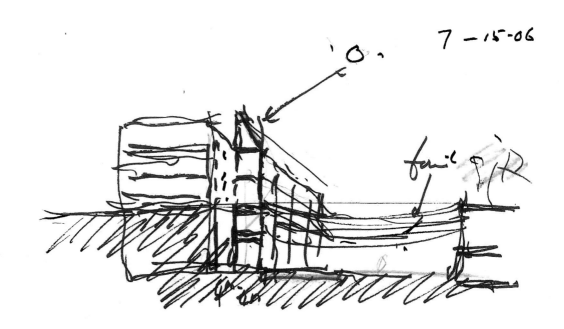

Sketch of flexible membrane for environmental control device
in the Asian Culture Plaza.
아시아문화광장의 기후 조절을 위한 막 구조 스케치.

Design alternatives for membrane of the Asian Culture Plaza.
아시아문화광장 막 구조 설계 대안들.

Concept sketch for membrane
of the Asian Culture Plaza.
아시아문화광장 막 구조의
개념 스케치.

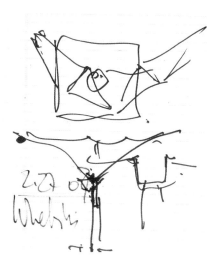

Garden
정원

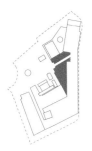

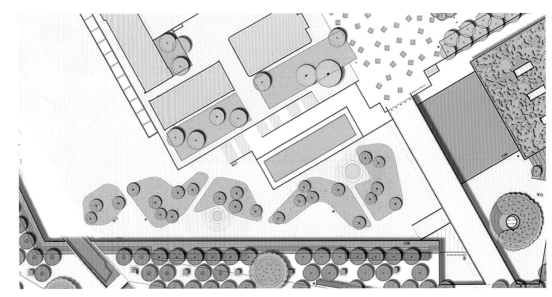

Landscape plan of the Garden.
정원의 조경 평면도.

Hamamelis japonica, *Corylopsis glabrescens*, *Cornus mas*,
Rhodotypos scandens, *Hydrangeamacrophylla*,
Chaenomelesspeciosa.
풍년화, 히어리, 층층나무, 병아리꽃나무, 수국, 산당화.

Model of the Garden in the Asian Culture Plaza.
아시아문화광장 내 정원의 모형.

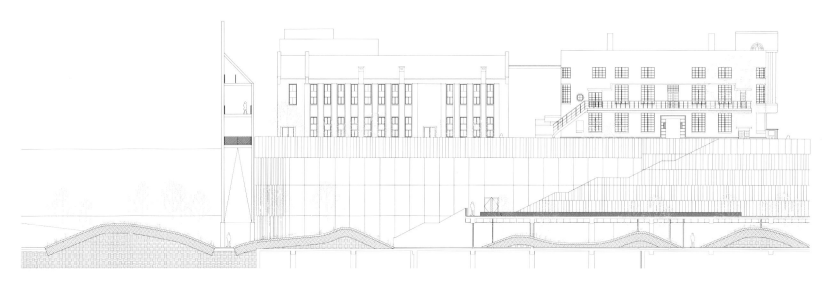

Section of the Garden in the Asian Culture Plaza.
아시아문화광장 내 정원의 단면도.

Stepped Plaza
계단 광장

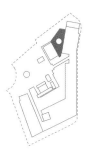

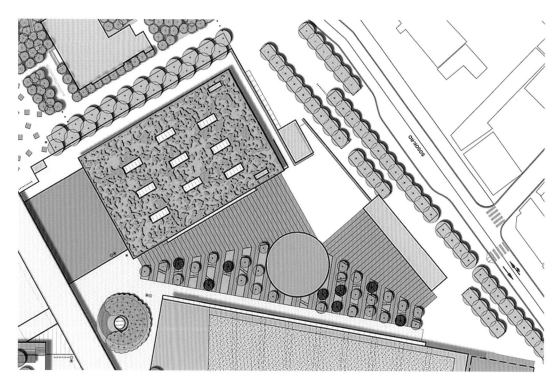

Landscape plan of the Stepped Plaza.
계단 광장의 조경 평면도.

Chamaecyparis obtusa, Rhodotypos scandens, Viburnum carlesii, Gardeniajasminoides, Koelreuteria paniculata, Hydrangea macrophylla.
편백나무, 병아리꽃나무, 분꽃나무, 치자나무, 모감주나무, 수국.

Construction site of the Stepped Plaza,
December 2011.
계단 광장의 건설 현장, 2011년 12월.

Model of the
Stepped Plaza.
계단 광장의 모형.

Citizens' Park
시민공원

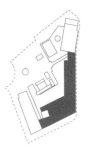

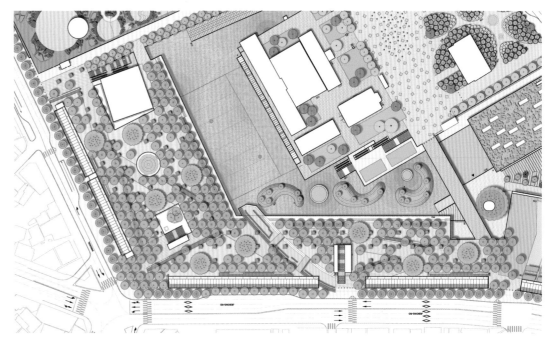

Landscape plan of the Citizens' Park.
시민공원의 조경 평면도.

Lagerstroemia indica var, Stewartia koreana, Zelkova serrata.
배롱나무, 노각나무, 느티나무.

Model of the Citizens' Park.
시민공원의 모형.

Perspective of the
Citizens' Park.
시민공원의 투시도.

Old Fortress Site
옛 광주읍성 터

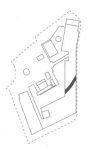

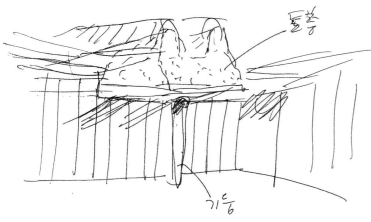

Concept sketch for the old fortress site.
옛 광주읍성 터 보존을 위한 초기 아이디어.

Remains of the old fortress site.
대지 내 옛 광주읍성 터의 흔적.

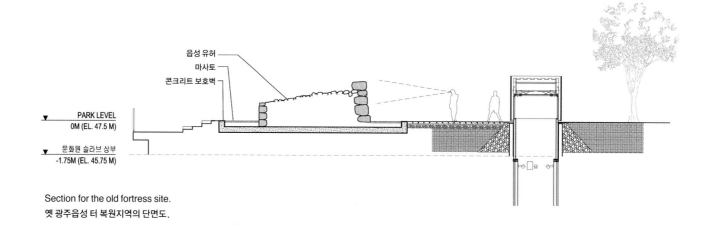

읍성 유허
마사토
콘크리트 보호벽

PARK LEVEL
0M (EL. 47.5 M)

문화원 슬라브 상부
-1.75M (EL. 45.75 M)

Section for the old fortress site.
옛 광주읍성 터 복원지역의 단면도.

Model of remains of the old fortress.
공원에 복원될 옛 광주읍성 성곽의 모형.

Event Lawn
이벤트 광장

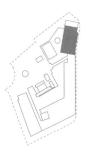

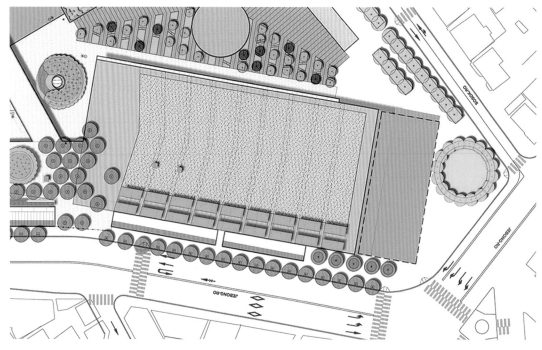

Landscape plan of the Event Lawn.
이벤트 광장의 조경 평면도.

*Koelreuteria paniculata, Vibumum carlesii, Rhodotypos
scandens, Timber bamboo, lawn.*
모감주나무, 분꽃나무, 병아리꽃나무, 참대, 잔디.

Model of the Event Lawn located on top of
the Multi-functional Exhibition Hall.
복합전시관 상부 이벤트 광장의 모형.

Construction site of the Event
Lawn, February 2013.
이벤트 광장의 건설 현장, 2013년 2월.

Children's Nature Play Environment
어린이 놀이공원

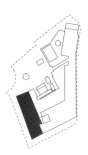

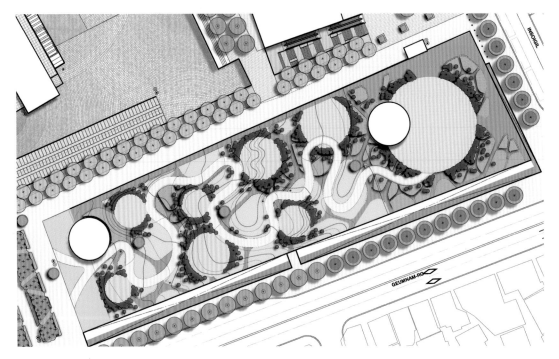

Landscape plan of the Children's Nature Play Environment.
어린이 놀이공원의 조경 평면도.

Aster koraiensis, Hemerocallis Stella Bella, Rhododendron mucronulatum, Rhododendron schlippenbachii, Veronica kiusiana, Rhododendron yedoense, Hosta longpipes, Lilium amabile, Rhododendron mucronulatum.
벌개미취, 원추리, 진달래, 철쭉, 여호꼬리풀, 겹산 철쭉, 비비추, 털중나리, 진달래.

Model of the Children's Nature
Play Environment.
어린이 놀이공원의 모형.

Perspective of the
Children's Nature
Play Environment.
어린이 놀이공원의 투시도.

BUILDING SYSTEMS
빌딩 시스템

Space and Light

공간과 빛

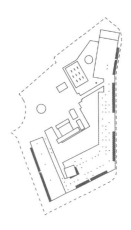

The design of the Asian Culture Complex utilizes natural light to create a literal connection with nature and a spiritual link to Gwangju, the "City of Light." Natural light also reinforces the center/edge spatial organization and provides connections from the park to the stepped plaza. Light is transmitted from the perimeter to the interior spaces through bamboo courts that line the edge of the site and through the façade facing the stepped plaza

Deeper in the interior of the building, a series of glass topped openings punctuate the park, creating glass cubed skylights that deliver daylight to the spaces below. The 4m² light tubes below the skylight are highly reflective, bouncing light deep into the interior. The placement is coordinated with the program and space requirements of the floors below and with the configuration of the landscaped park above.

At night these skylights act as large lanterns providing gentle illumination to the park and the city. Additional light tubes with an increasing cross sectional area are located at the central portion of floor plates to deliver light to the interior rooms. This light pipe also serves as a ventilation chimney creating a natural up draft that exhausts air from the surrounding floors. Natural light will be supplemented with a system of dimmable fixtures controlled with daylight and occupant sensors. Additionally, extensive daylight significantly reduces the need for artificial light thus reducing the mechanical cooling load and electrical demand.

Natural light will be supplemented with a system of dimmable fixture controlled with daylight and occupant sensors. Additionally, extensive daylight significantly reduces the need for artificial light thus reducing the mechanical cooling load and electrical demand.

아시아문화전당은 자연광을 최대한 이용해 자연친화적이면서 '빛의 도시' 광주의 정신을 잘 표현해낼 수 있도록 설계되었다. 자연광은 중심부와 경계지역의 공간 구성을 강화하고 공원이 계단식 광장으로 자연스럽게 연결되도록 해 준다. 빛은 경계지역을 따라 심어 놓은 대나무 숲과 계단광장을 마주한 정면을 통해 외부에서 내부로 유입된다. 자연광은 이러한 통로들을 통해 들어오며, 채광율이 1 대 2 정도가 되도록 고려했다. 이러한 기준 덕분에 대부분의 공간은 자연스럽게 환해진다.

건물 내부를 자세히 들여다보면, 일련의 유리지붕들이 금세 눈에 띈다. 이러한 유리 지붕들은 정육면체의 채광창이 되어 아래 공간에 빛을 전달하는 역할을 수행한다.

채광창 아래 있는 4제곱미터 넓이의 빛 터널들은 반사 기능이 매우 탁월하여 빛이 내부 깊숙이 침투할 수 있도록 도와준다. 이들의 위치는 하층부의 계획이나 요구사항, 상층부에 있는 공원의 지형이나 윤곽에 따라 조정될 것이다.

밤에는 채광창들이 커다란 랜턴과 같은 역할을 해서 공원과 도시를 부드럽게 비춘다. 횡단면을 늘리면서 추가되는 광정(光井)들은 내부 공간에 빛을 전달할 수 있도록 바닥 평면의 중간부분에 설치될 것이다. 이러한 광정들은 통풍구의 역할도 수행하여 주변 공기의 자연스런 환기를 유도한다. 자연광은 조도 조절 장치를 통해 일광의 정도나 센서를 통제하는 식으로 보충된다. 이러한 자연광의 극대화는 인공조명의 필요성을 감소시키고, 이에 따라 기계적인 냉각장치나 전기의 수요도 줄어들게 된다.

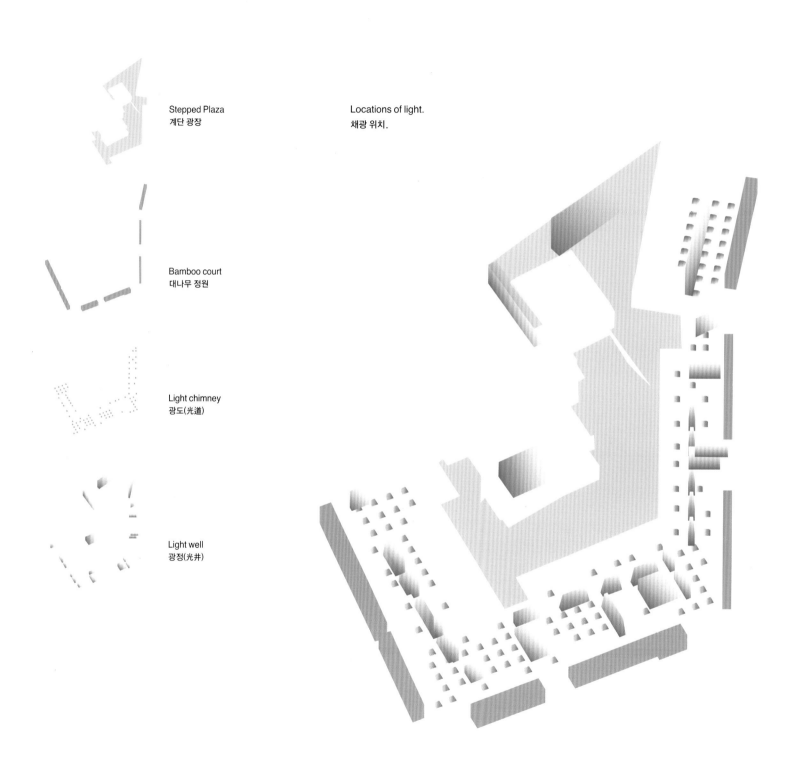

Stepped Plaza
계단 광장

Bamboo court
대나무 정원

Light chimney
광도(光道)

Light well
광정(光井)

Locations of light.
채광 위치.

Perspective of the Citizens' Park in daytime. (top)
주간의 시민공원 투시도.(위)

Perspective of the Citizens' Park at night. (bottom)
야간의 시민공원 투시도.(아래)

Concept sketch for light and trees.
지붕 채광과 식재들의 개념 스케치.

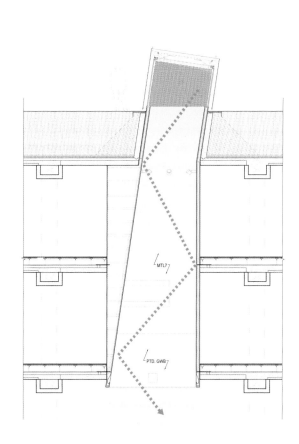

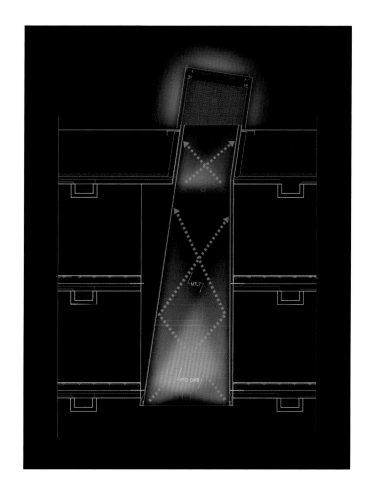

Light shaft in day and night.
주야간의 광정(光井) 시스템.

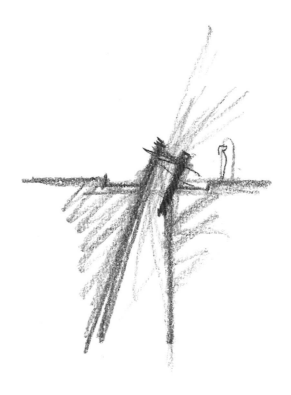

Concept sketch for light shaft.
광정(光井)의 개념 스케치.

p.217
Detail of skylight.
천창의 상세도.

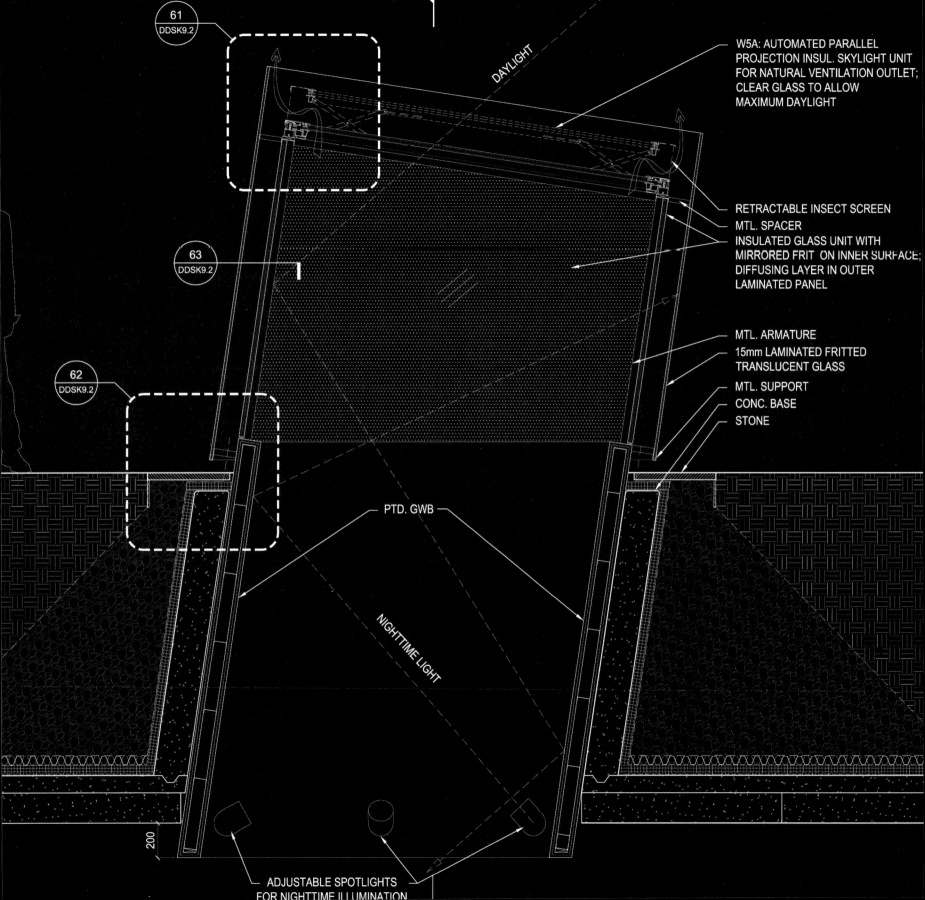

61
DDSK9.2

63
DDSK9.2

62
DDSK9.2

DAYLIGHT

W5A: AUTOMATED PARALLEL
PROJECTION INSUL. SKYLIGHT UNIT
FOR NATURAL VENTILATION OUTLET;
CLEAR GLASS TO ALLOW
MAXIMUM DAYLIGHT

RETRACTABLE INSECT SCREEN

MTL. SPACER

INSULATED GLASS UNIT WITH
MIRRORED FRIT ON INNER SURFACE;
DIFFUSING LAYER IN OUTER
LAMINATED PANEL

MTL. ARMATURE

15mm LAMINATED FRITTED
TRANSLUCENT GLASS

MTL. SUPPORT

CONC. BASE

STONE

PTD. GWB

NIGHTTIME LIGHT

200

ADJUSTABLE SPOTLIGHTS
FOR NIGHTTIME ILLUMINATION

Envelope

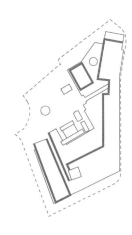

The internal edge of the Citizen's Park is marked by a glass façade. This façade changes in height to match the stepping of the central terrace. The façade provides significant daylight to the surrounding program spaces and is a transparent screen offering views to the interior of the building. This dialogue between space and light provides orientation, daylight and a physical connection between inside and out. The façade is made of large glass panels and responds to the site orientation with shading and double skin construction. The glass becomes a transparent lantern, illuminating the terrace at night.

The exterior façades of the Asian Culture Complex are equipped with various environmental control systems, in response to orientation, location, and internal programs. Maximum transparency was the objective of the design of the skin for the Agency of Culture for Children. A Cable-Net-Wall is the most transparent structural glass façade system available today. It is supported by vertical and/or horizontal stainless steel rods or cables that are tensioned at anchor points, with glass panels functioning as structural diaphragms. The entire system moves with the wind, without a rigid support structure. The west façade of the Agency of Culture for Children is the largest continuous glazed surface within the project, and provides a highly visible presence within the streetscape. The use of the cable net wall system emphasizes the overall transparency of the new cultural complex.

Façades facing north toward the plaza do not require extensive shading, due to their orientation, and maintain a maximum degree of transparency and openness at all times. Large transparent low-iron glass panels with aluminum frames will clad the middle portion of the façade, and change in height in response to the level of the Asian Culture Plaza as it steps and ramps down to the Asian Arts Theatre

외피

시민공원 내부의 경계는 유리면으로 되어 있다. 이 유리면의 높이는 중앙 테라스의 높이에 따라 달라진다. 이러한 외관은 주변 공간에 충분한 빛을 공급해 줄 뿐만 아니라 그 자체가 건물 내부를 들여다볼 수 있는 투명 스크린이 되기도 한다. 공간과 빛의 소통을 통해 방향과 빛, 그리고 내부와 외부의 물리적인 연결이 드러나게 되는 것이다. 외관은 거대한 유리판으로 되어 있으며 차광 장치와 이중면(double façade)을 통해 부지의 특성에 부합하도록 되어 있다. 유리면은 투명한 랜턴이 되어 밤이 되면 테라스를 밝게 비춘다.

아시아문화전당의 외관은 각 위치의 방향과 프로그램에 따른 특성에 적절히 대응하도록 다양한 시스템이 적용되었다. 어린이문화원의 설계 목표는 투명성의 극대화이다. 케이블 네트 월은 가장 투명한 유리 구조 파사드 시스템이다. 이 시스템은 앵커 포인트에 고정된 수직/수평 스테인리스 스틸 프레임 또는 케이블에 의해 지지되며, 유리 패널은 구조적인 다이어프램 역할을 한다. 전체 시스템은 바람에 따라 움직이며 고정 지지 구조는 없다. 어린이문화원의 서측 파사드는 이 프로젝트의 가장 큰 연속 유리 표면으로서 거리에서 잘 보이며, 케이블 네트 월 시스템의 이용은 새 문화 시설의 전체의 투명성을 강조한다.

아시아문화광장과 면해 있는 북측 파사드는 북향이므로 대형 차양이 필요하지 않으며, 항상 최고의 투명성과 개방성을 유지한다. 파사드의 중간 부분을 덮는 알루미늄 프레임으로 지지되는 대형 투명 저철분 유리 패널은 아시아문화광장 램프의 레벨이 아시아예술극장 입구로 나아가면서 낮아짐에 따라 높이에 변화가 발생하게 될 것이다. 아시아문화광장 레벨에서 작동 가능한 창문은 환기 기능과 외부 조명을 제공한다.

아시아문화광장과 면해 있는 서측 파사드는 여름철 오후 낮은 직사광선에 노출되므로 미세 조절이 가능한 차양 시스템이 필요하다. 외부 블라인드 안에 위치한 저철분 유리 성분의 개폐 가능한 창은 실내 이용자의 깨끗한 조망권을 위해

Construction photo of
perforated stainless-steel
panel, May 2013.
현장에 설치된 스테인리스 스틸
타공판, 2013년 5월.

entry. At the Plaza Level, operable windows provide ventilation and a visual connection to the outside.

Façades facing west toward the plaza are exposed to direct and low sun light past noon on summer days, and require a highly adjustable shading system. Behind the layer of external perforated stainless steel shades, low-iron glass panels responding to the scale of a person standing inside, line the entire length of the façade below the top band of operable windows. Along the lower band, on the corridor level, a series of sliding glass windows open during pleasant weather to provide natural ventilation and a visible connection to the exterior.

The three dimensional steel frame of the Multi-functional Exhibition Hall and Asian Arts Theatre necessitated an exterior skin that reflects varying levels of openness and closure. This exterior skin delineates the boundary of the stepped plaza, providing a sense of formal enclosure to surrounding exterior spaces, while functioning as a backdrop for outdoor activities.

These walls are sheathed with a skin of perforated metal panels, providing glimpses of these unique structures to those on the outside. Several large openings are incorporated within the metal panel wall to provide unobstructed views and light.

Media walls, acting as show windows for displaying internal programs and functions, on walls next to main stairs connecting the park and the plaza, and the main lobby of the theater. Media walls, when simply lit up without animation, will supplement outdoor lighting, or become actively engaged for artistic performances for installations.

수평띠창의 격자 형태로 전체 파사드를 따라 계획하였다. 날씨가 좋은 경우, 복도 층의 하부 띠를 따라 슬라이딩 유리창이 열려 자연 환기 및 외부 조망이 가능하다. 복합전시관과 아시아예술극장 벽면은 계단 광장의 중요한 경계를 형성하는 벽면이 된다. 석재와 금속 타공판으로 각각 마감되어 외부 공간에 정형성을 부여하고, 광장에서 벌어지는 행위들의 배경으로 기능하게 된다. 전망과 조명이 방해받지 않도록 적절히 배치된 개구부들은 내부에서 외부로의 조망이 가능하게 한다. 대극장의 벽체들은 스테인리스 스틸 타공 패널로 덮여 있어 외부에 있는 사람들에게 독특한 구조라는 느낌을 갖게 한다. 대극장의 대형 유리문은 경우에 따라 실내외부가 연결되어 수압식 무대와 함께 특별한 행사를 수용하게 한다. 아시아문화광장의 스캐폴딩과 공원에서 문화광장으로 연결되는 주요 계단, 그리고 중극장의 주출입구 코어 벽에 설치될 미디어 월은 전당 내부의 프로그램과 활동을 직접적으로 도시에 보여 줄 수 있는 창의 역할을 하게 될 것이다. 미디어 월은 비어 있을 경우 그 자체로 조명의 역할도 하게 될 뿐 아니라 행사에 관련된 이차원적인 배너 또는 포스터 등을 설치할 수 있고, 문화광장의 스캐폴딩은 실제적인 퍼포먼스나 삼차원 구조물의 설치도 가능하게 배려되었다.

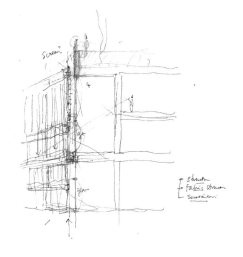

Sketch for façade system.
파사드 시스템의 스케치.

Agency of Culture for Children
어린이문화원

Elevation of the Agency of Culture for Children.
어린이문화원의 입면도.

Perspective of the Agency of Culture for Children.
어린이문화원 전경의 투시도.

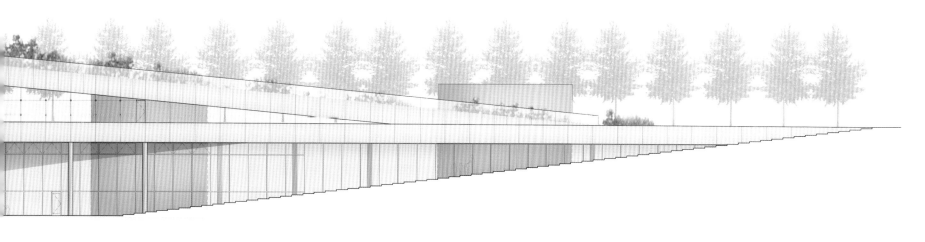

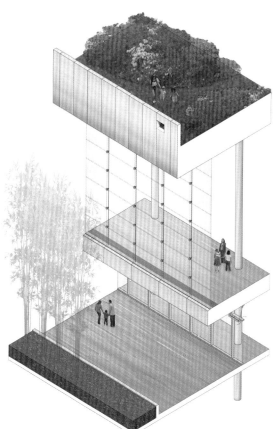

Axonometric view of façade
system of the Agency of
Culture for Children.
어린이문화원의 파사드 시스템
부등각투영도.

Model of parapet, perforated metal panel.
금속타공판 파라펫의 모형.

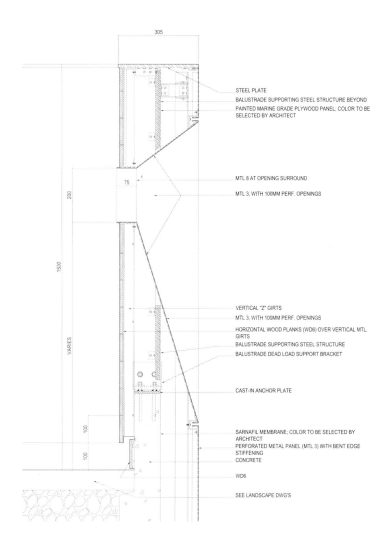

305

75

200

1500

VARIES

100

100

STEEL PLATE
BALUSTRADE SUPPORTING STEEL STRUCTURE BEYOND
PAINTED MARINE GRADE PLYWOOD PANEL; COLOR TO BE
SELECTED BY ARCHITECT

MTL 8 AT OPENING SURROUND
MTL 3, WITH 100MM PERF. OPENINGS

VERTICAL "Z" GIRTS
MTL 3, WITH 100MM PERF. OPENINGS
HORIZONTAL WOOD PLANKS (WD6) OVER VERTICAL MTL.
GIRTS
BALUSTRADE SUPPORTING STEEL STRUCTURE
BALUSTRADE DEAD LOAD SUPPORT BRACKET

CAST-IN ANCHOR PLATE

SARNAFIL MEMBRANE; COLOR TO BE SELECTED BY
ARCHITECT
PERFORATED METAL PANEL (MTL 3) WITH BENT EDGE
STIFFENING
CONCRETE

WD6

SEE LANDSCAPE DWG'S

Detail of parapet.
파라펫의 상세도.

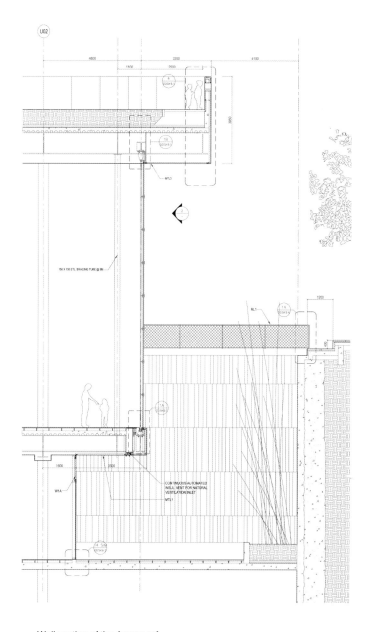

Wall section of the Agency of
Culture for Children.
어린이문화원 외벽의 확대 단면도.

Asian Culture Information Agency
아시아문화정보원

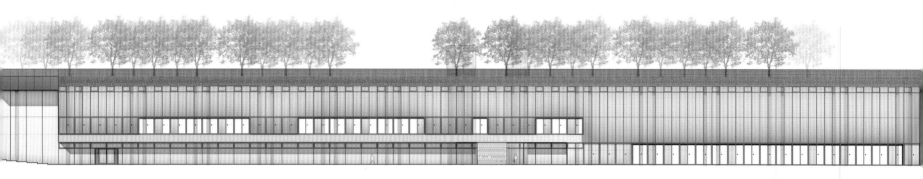

Elevation of the Asian Culture Information Agency.
아시아문화정보원의 입면도.

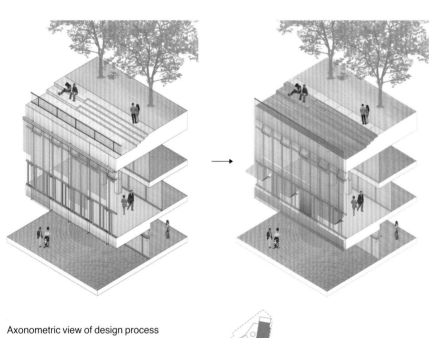

Axonometric view of design process
of north façade. The exterior shading
was developed from a roll screen to
perforated metal panel.
북측 파사드 시스템의 설계 과정
부등각투영도. 외부 차양은 초기
롤 스크린에서 금속타공판으로 발전하였다.

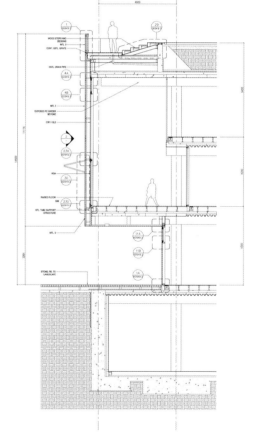

Wall section of north façade.
북측 파사드 시스템의 확대 단면도.

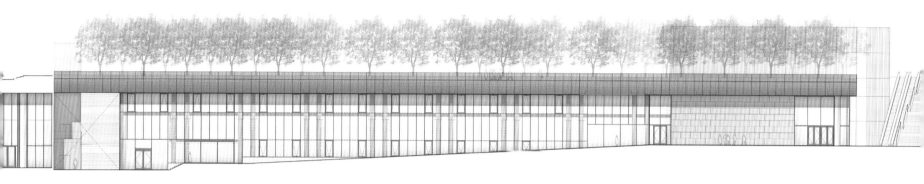

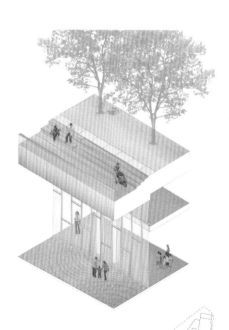

Axonometric view of façade
system of north elevation.
북측 파사드 시스템의
부등각투영도.

Model of north façade.
북측 파사드의 모형.

Construction site of façade along the Asian
Culture Plaza, February 2013.
아시아문화광장 주변 파사드의 건설 현장, 2013년 2월.

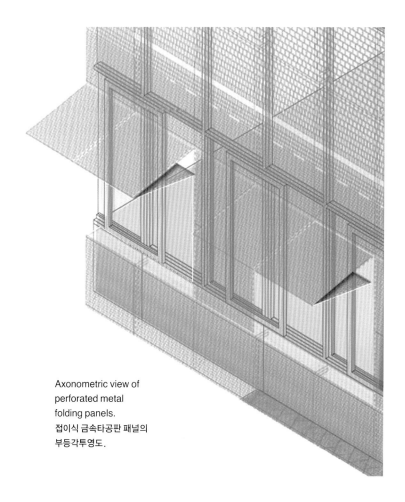

Axonometric view of
perforated metal
folding panels.
접이식 금속타공판 패널의
부등각투영도.

p.226.
Model of perforated metal panel.
금속타공판의 모형.

Model of the façade of the Cultural
Promotion Agency (early design).
문화창조원 파사드의 모형 초기안.

Partial model (top) &
perspective (bottom) of façade
system (final design).
파사드 시스템의 부분 모형(위)과
투시도(아래) 최종안.

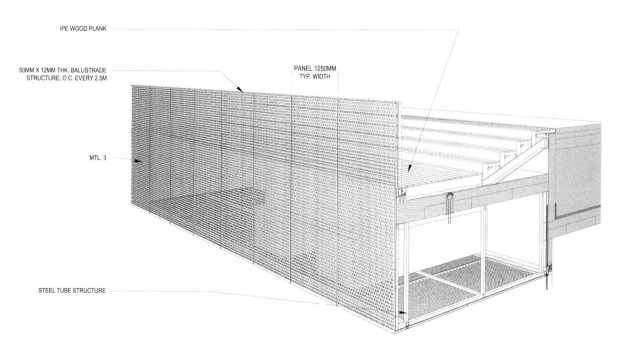

IPE WOOD PLANK

50MM X 12MM THK. BALUSTRADE
STRUCTURE; O.C. EVERY 2.5M

PANEL 1250MM
TYP. WIDTH

MTL. 3

STEEL TUBE STRUCTURE

Elevation of Grand Performance Hall
대극장의 입면

Model of the façade of the
Grand Performance Hall.
대극장 파사드의 모형.

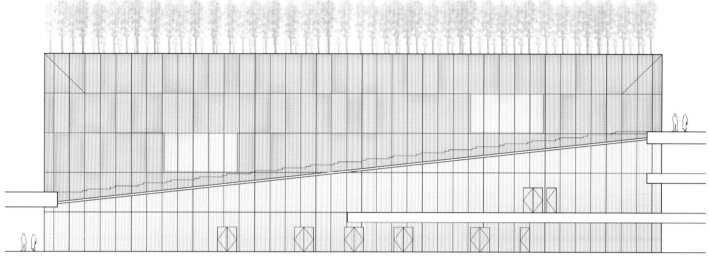

East elevation of the Grand Performance Hall.
대극장 동측의 입면도.

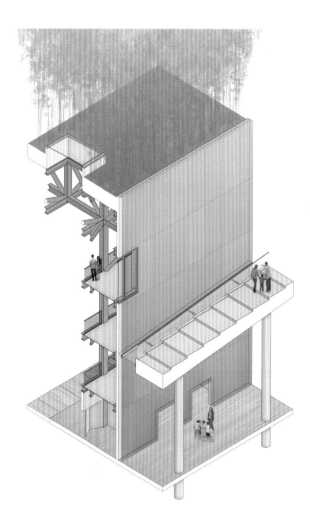

Axonometric view of
east façade of the Grand
Performance Hall.
대극장 파사드 시스템
부등각투영도.

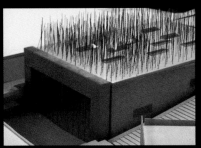

Model of the Grand Performance Hall. (top)
대극장의 모형.(위)

Design process of grand-size sliding glass door of the
Grand Performance Hall. (bottom)
대극장 대형 유리문의 설계 과정.(아래)

Construction site of the Grand
Performance Hall, February 2013.
대극장의 건설 현장, 2013년 2월.

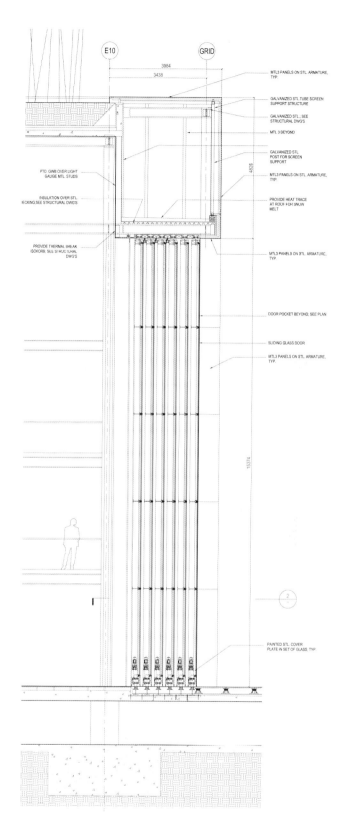

Wall section of grand-
size sliding glass door.
슬라이딩 방식의 대형
유리문 확대 단면도.

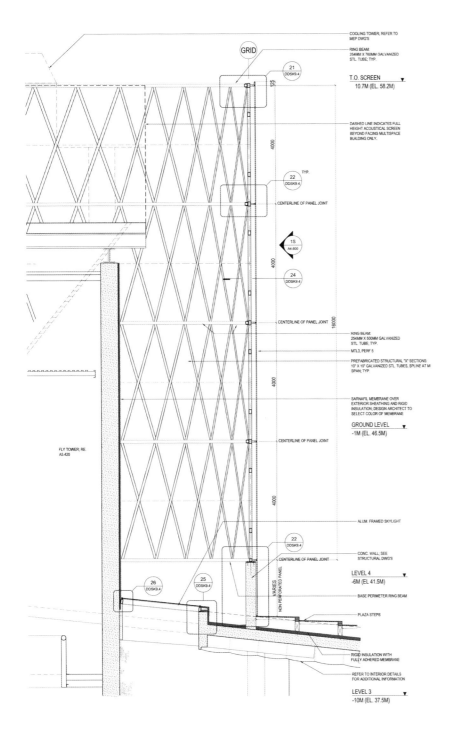

Fly tower wall section of the Multi-functional Auditorium.
중극장 플라이 타워의 확대 단면도.

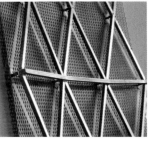

Construction site of fly tower of the Multi-functional
Auditorium, February 2013. (top)
중극장 플라이 타워의 건설 현장, 2013년 2월.(위)

Façade system model of the Multi-functional
Auditorium. (bottom)
중극장 파사드 시스템의 모형.(아래)

p.235
Model of theaters and the
Stepped Plaza.
극장들과 계단 광장의 모형.

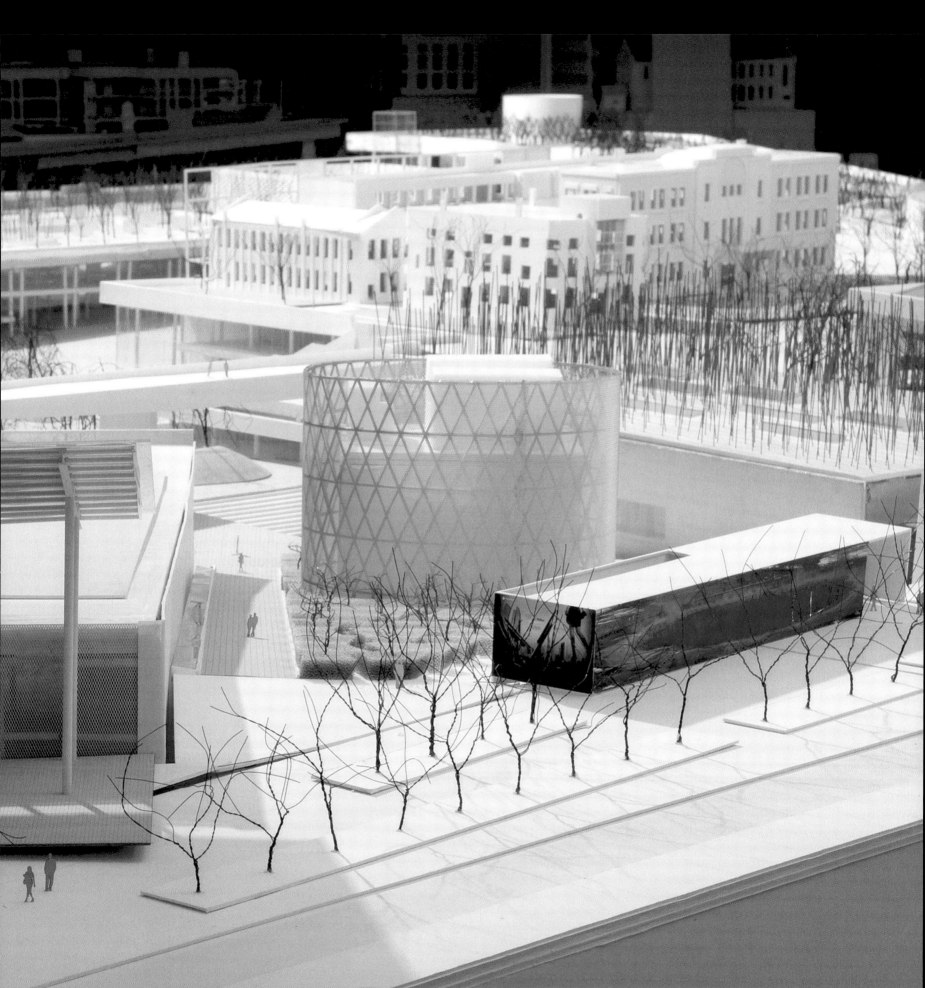

Media Wall
미디어 월

Perspective of media wall.
미디어 월의 투시도.

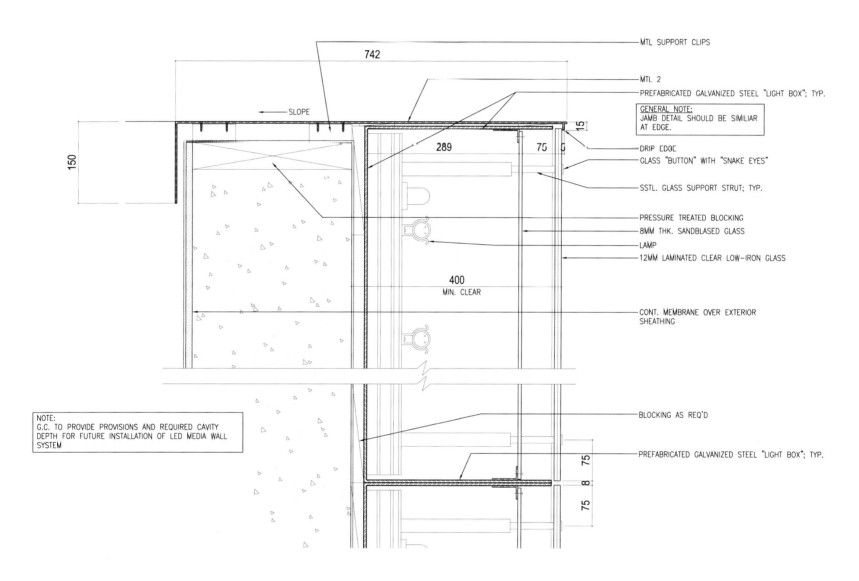

MTL SUPPORT CLIPS

742

MTL 2

PREFABRICATED GALVANIZED STEEL "LIGHT BOX"; TYP.

SLOPE

GENERAL NOTE:
JAMB DETAIL SHOULD BE SIMILIAR AT EDGE.

15

150

289

75

DRIP EDGE

GLASS "BUTTON" WITH "SNAKE EYES"

SSTL. GLASS SUPPORT STRUT; TYP.

PRESSURE TREATED BLOCKING

8MM THK. SANDBLASED GLASS

LAMP

12MM LAMINATED CLEAR LOW-IRON GLASS

400
MIN. CLEAR

CONT. MEMBRANE OVER EXTERIOR SHEATHING

NOTE:
G.C. TO PROVIDE PROVISIONS AND REQUIRED CAVITY DEPTH FOR FUTURE INSTALLATION OF LED MEDIA WALL SYSTEM

BLOCKING AS REQ'D

75

PREFABRICATED GALVANIZED STEEL "LIGHT BOX"; TYP.

8

75

Media wall section.
미디어 월의 확대 단면도.

Structure

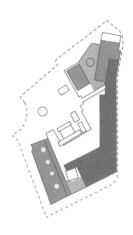

The structural system of the Asia Culture Complex was designed to meet the high level of flexibility as required by the indeterminate nature of the program briefs. The design takes advantage of the fact that most of the spaces are below ground level, by turning the structural system into an atmospheric device that creates, throughout the subterranean interiors, a sense of the sublime. The ACC is constructed within a concrete shell built into the earth creating a buffer for the ACC and providing a secure and environmentally stable building site. Within this stable construction a series of steel frame structures are erected, each with specific spans and characteristics to meet program needs and retain adaptability for the future.

About half of all structural components are prefabricated concrete units to offer programmatic flexibility and accelerated construction schedule. The project was initially scheduled for completion in 2010, and the prefabricated concrete was a sensible choice as it could collapse site work and structural fabrication into one combined phase, and the exposed concrete surfaces would require no additional interior finishes.

Spaces that are not supported by prefabricated concrete structure are formed by steel frames or on-site concrete. Most visible among them is a large three-dimensional steel structure over the grand theater and exhibition space. Four-meter deep steel scaffolding surrounds each space, functioning as linear exhibition spaces, or additional seating for audience during performances. The same steel scaffolding is exposed to the outside at the Asian Culture plaza, becoming an inverted façade for the outdoor plaza.

구조

아시아문화전당의 구조는 현재 시설의 프로그램과 불확정적인 미래의 프로그램 변화에 신축성있게 대응할 수 있는 시스템이 될 수 있도록 개념화되었다. 또한 지하 구조물이라는 조건을 고려함과 동시에 이 특수성을 공간적으로 전환하여 활용할 수 있도록 계획되었다.

아시아문화전당은 지하에 세워진 콘크리트 구조의 쉘(Shell) 내부에 자리한다. 이러한 콘크리트 외피는 아시아문화전당의 완충지대 역할을 하면서 동시에 안전하고 안정된 지하 건물의 부지를 제공한다. 슬러리 월(Slurry Wall)의 설치를 통해 외관의 수직적인 부분을 구성함으로써 부지가 마련된다. 이와 같이 안정된 구조의 내부에는 여러 가지 목적에 부합하면서도 나중에 공간의 변형이 용이한 철제 및 PC 구조물들이 들어서게 된다.

아시아문화전당 구조의 약 오십 퍼센트를 차지하는 PC 구조는 건물의 프로그램과 스케줄에 대한 적절한 해결책으로 제시되었다. 애초 2010년 완공을 목표로 하는 짧은 시공기간을 고려해 토목공사와 부재의 공장생산이 동시에 이루어지고, 구조체이자 별도의 건축 마감이 필요없는 PC 구조를 채택하였다.

PC 구조 부분 외의 공간은 철골 구조와 RC 구조의 혼합으로 이루어진다. 특히 큰 공간을 필요로 하는 대극장과 복합전시관은 삼차원의 철골 구조로 이루어지는데, 이는 구조가 만들어내는 스캐폴딩 형태의 공간을 내부 프로그램에 활용하기 위한 의도이다. 각 공간의 주변부를 형성하게 될 스캐폴딩은 사 미터 폭으로 선형의 전시공간뿐 아니라, 대극장의 경우 객석 또는 관람대로도 활용이 가능할 것이다. 이러한 다용도의 스캐폴딩은 아시아문화광장에도 설치되어 광장에서 일어나는 활동의 인프라스트럭처로서 기능하며, 광장의 주된 입면이 된다.

p.239.
Model of interior.
내부 모형.

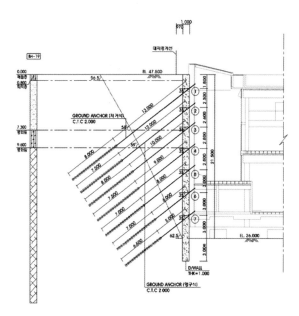

Structural detail of slurry wall.
흙막이 벽 구조의 상세도.

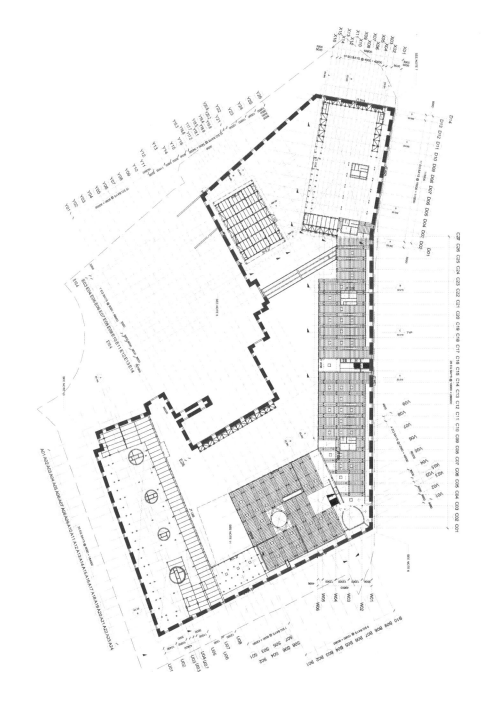

Location of slurry wall.
흙막이 벽의 위치.

p.240.
Construction site of slurry wall,
November 2011.
흙막이 벽의 건설 현장, 2011년 11월.

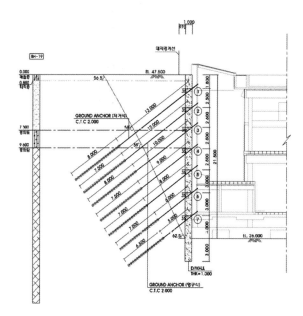

Structural detail of slurry wall.
흙막이 벽 구조의 상세도.

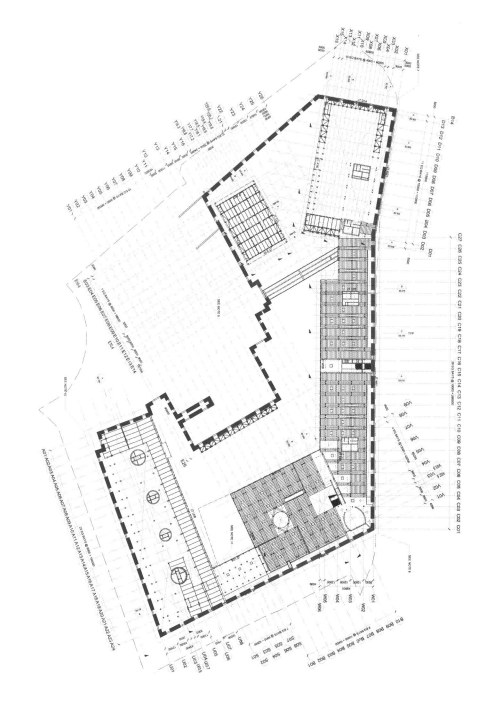

Location of slurry wall.
흙막이 벽의 위치.

p.240.
Construction site of slurry wall,
November 2011.
흙막이 벽의 건설 현장, 2011년 11월.

Precast Concrete
프리캐스트 콘크리트 구조

Model of building with precast
concrete. (top)
프리캐스트 콘크리트로 형성된
구조물의 모형.(위)

Construction site of studio space,
November 2011. (bottom)
스튜디오 공간의 건설 현장,
2011년 11월.(아래)

Perspective of studio space with precast concrete structure.
프리캐스트 콘크리트로 형성된 스튜디오 공간 투시도.

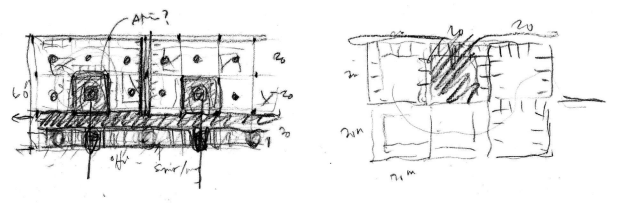

Sketch for spatial module.
공간 모듈의 스케치.

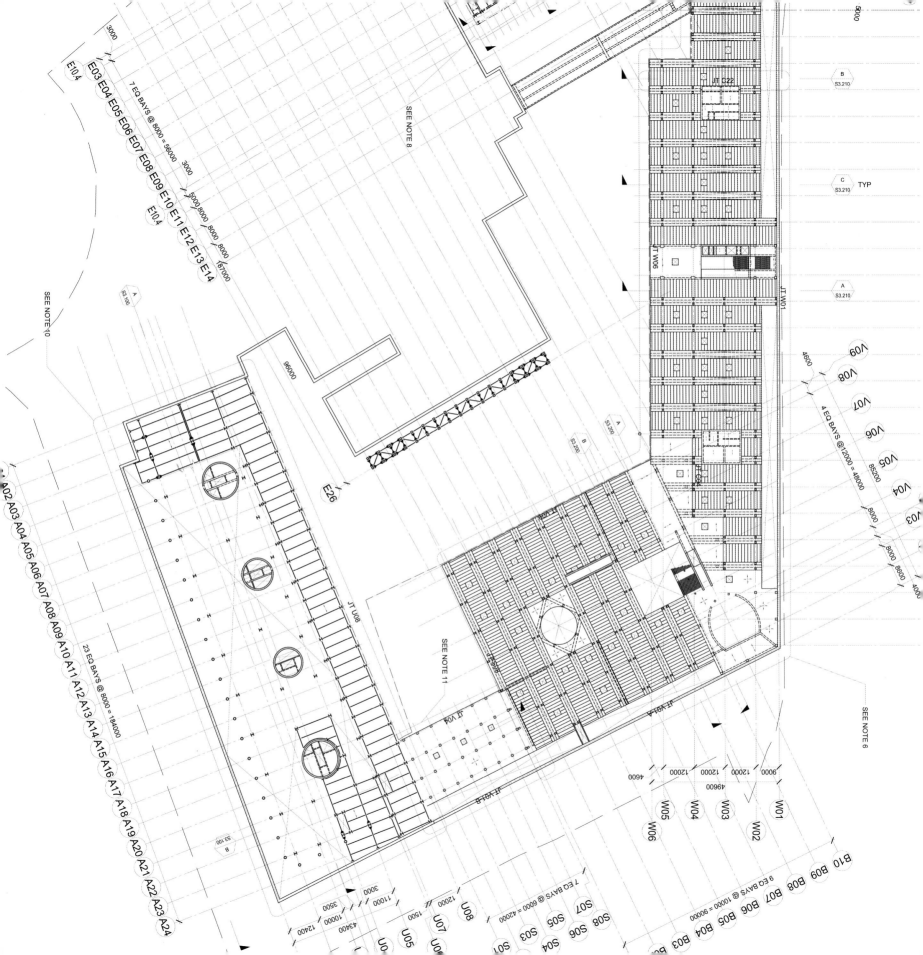

Construction photo of precast concrete girder, 2009
건설 현장의 PC 거더, 2009.

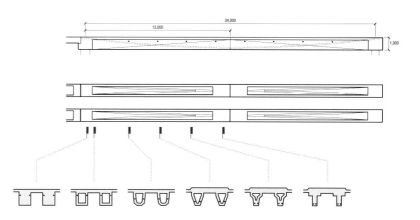

Sectional profiles of 24m span girder.
24미터 경간 거더의 단면 형상.

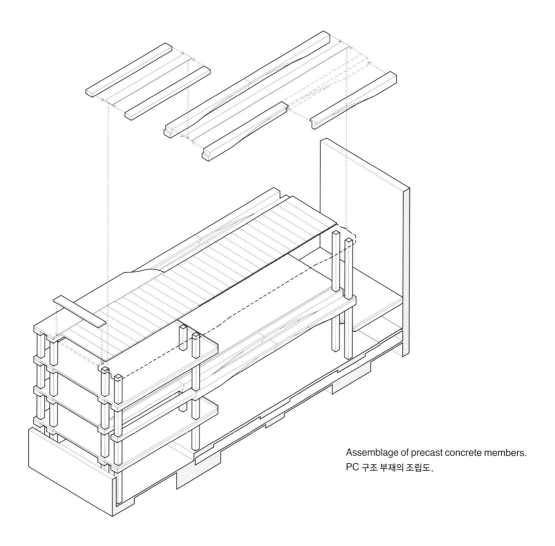

Assemblage of precast concrete members.
PC 구조 부재의 조립도.

p.244.
Structural framing plan.
구조도.

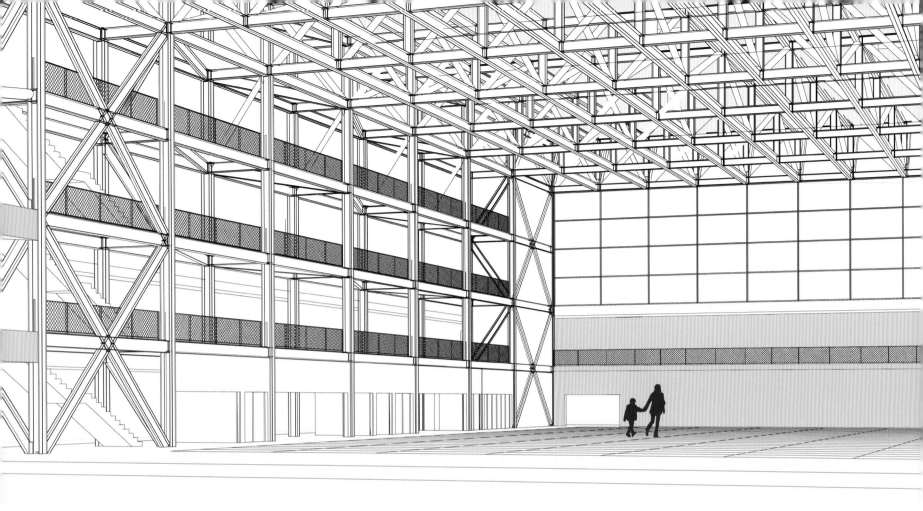

Perspective of the Grand Performance Hall.
대극장의 투시도.

Steel Structure
**Grand Performance Hall,
Multi-functional Exhibition Hall**

철골 구조
대극장, 복합전시관

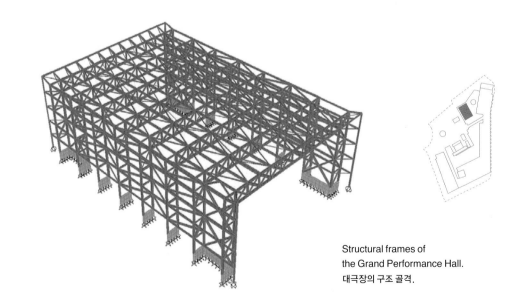

Structural frames of
the Grand Performance Hall.
대극장의 구조 골격.

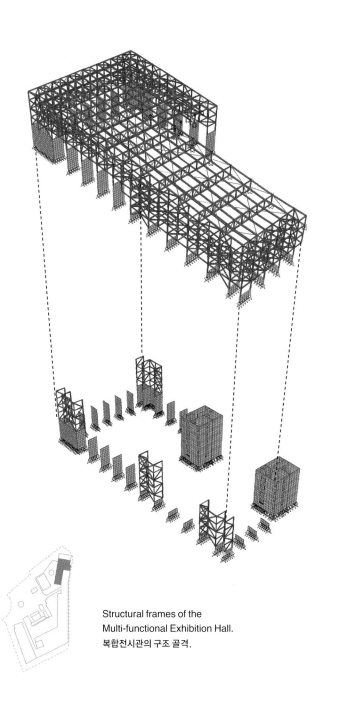

Structural frames of the
Multi-functional Exhibition Hall.
복합전시관의 구조 골격.

Perspective of the
Multi-functional
Exhibition Hall.
복합전시관의 투시도.

Steel Structure and C.I.P.
Agency of Culture for Children

철골 구조와 C.I.P.
어린이문화원

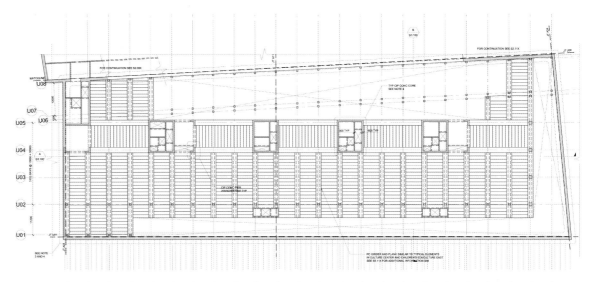

Precast Concrete structure framing plan of the Agency of Culture for Children (early scheme).
어린이문화원의 PC 구조도 초기안.

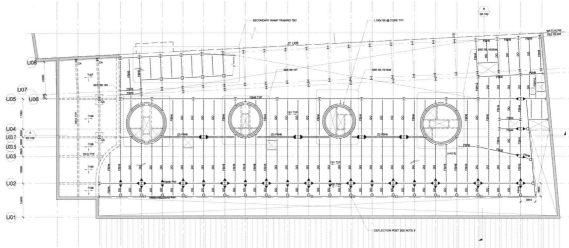

Steel structure framing plan of the Agency of Culture for Children (final scheme).
어린이문화원의 철골 구조도 최종안.

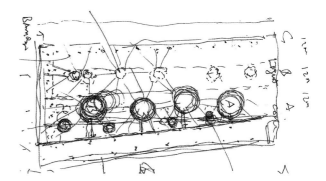

Concept sketch for structure of the Children's Art Culture Museum.
어린이체험전시관 구조의 개념 스케치.

Structural frames of the
Agency of Culture for Children
어린이문화원의 구조 골격.

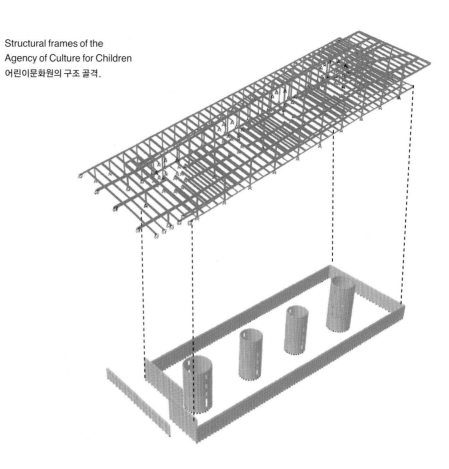

Model of exhibition space.
전시 공간의 모형.

Sustainability

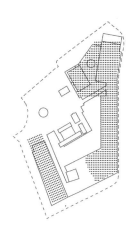

The design strategy, centered on creating a new park and building within the earth responds to the climatic conditions of Gwangju. The climate concept for the ACC emerges from a thorough consideration of the totality of the building from a thermodynamic perspective. Form, material, and mechanical systems combine as synergistic components of a unified concept, tailored to the local climate. This strategy will generate energy savings of up to 40% over a conventionally conceived building.

1. Compact massing for minimal envelope
2. Ground source heat exchanger for heating and cooling
3. Earth contact air preheating and precooling
4. Optimal daylighting design
5. Highly insulated envelope with operable windows, double skins and external shading
6. Slab-embedded hydronic radiant heating and cooling
7. Thermally driven mechanical heating and cooling systems
8. 100% outdoor air, low-pressure displacement ventilation system

The concept is based on acquiring shelter from the ground, both in terms of architectural form and mechanical systems. A low, compact massing offers protection from the elements, while frequent operable penetrations admit light and air. The balance of climatic strategies is organized to follow this primary design, and achieve an optimally conditioned environment with a minimum of energy use and associated impacts.

During the mild spring and fall seasons, the façades along the main plaza and the bamboo courts, together with air grilles at light pipes

지속가능성

지속가능한 건축물로서의 설계 전략은 광주의 기후 조건을 반영하여 지중에 건물을, 지상에 공원을 짓는다는 것을 중심으로 이루어졌다. 아시아문화전당을 위한 기후 콘셉트는 열역학적인 관점에서 건물의 전체적인 완전성(Totality)을 철저하게 고려한 데에서 출발한다. 형태, 재료, 그리고 설비 시스템 모두가 지역 기후에 따른 일관된 콘셉트를 통해 조합되어 시너지 효과를 가지게 된다. 이 전략은 일반 건물에 비해 최대 40퍼센트까지 에너지를 절감할 수 있는 효과를 가져올 것이다.

1. 외관의 최소화를 위한 밀도 있는 구조.
2. 냉난방을 위한 지열(地熱) 교환기.
3. 지면 접촉 부분의 예열, 예냉.
4. 최적의 일광을 위한 설계.
5. 창문, 이중면, 외부 차광장치를 통해 고도의 단열, 방음 외관.
6. 석판을 이용한 순환수(循環水) 식 냉난방.
7. 온도변화에 따른 자동 냉난방.
8. 100퍼센트 외부 공기, 저압 변위환기 시스템.

이와 같은 콘셉트는 건축 형태로나 설비 시스템적으로나 땅을 외관으로 이용한다는 전제를 바탕에 깔고 있다. 낮고 밀도 있는 구조물은 여러 외기 조건들로부터 보호해 주고, 곳곳에 마련된 오프닝들은 빛과 공기의 소통이 원활하게 되어 있다. 기후 전략은 이러한 기본적인 설계를 따르면서 최소의 에너지 사용과 관련 효과를 통해 최적의 환경을 창출해낸다.

봄과 가을 등의 온화한 날씨에는 광장에 면한 입면부와 대나무 정원의 환기 창, 그리고 공원 층에 설치되는 천창의 환기 창을 통해 자연환기가 이루어져 기계식

Concept sketch showing natural light. (left)
자연 채광의 개념 스케치. (왼쪽)

Model of perforated metal panel. (middle)
타공판의 모형. (가운데)

Embedded radiant pipes. (right)
매립 냉난방 파이프. (오른쪽)

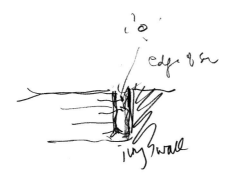

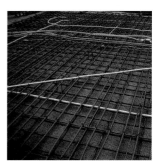

and skylights, will naturally ventilate the interior spaces throughout the complex, minimizing the need for mechanical ventilation.. Heating and cooling loads are first minimized. Winter heat losses are reduced with efficient massing and envelope design. Summer heat gains are reduced through shading of direct sun and extensive use of daylight and fixtures with electric dimming. Ventilation is reduced to hygienic requirements, in order to save fan energy. The building then provides the balance of necessary heating and cooling through a radiant system. A slab-embedded hydronic system will be highly efficient as heat is easily moved in water and the use of the entire slab as a heater or cooler allows less extreme supply temperatures.

The mass of the slab allows an undersized cooling system: during peak loads, the temperature of the slab rises slightly, and then settles back down as the system continues operating into the night. A buffer zone is a space that mitigates climatically between inside and outside. Its climatic conditions, allow it to serve architecturally as a semi-outdoor space while serving technically for energy-efficient climate control.

In general, buffer zone temperatures in the ACC are allowed to fluctuate between 12°C and 28°C, with humidity limited to no more than 14g/kg. These conditions are acceptable and/or desirable for semi-outdoor spaces occupied for short periods or for leisurely activities.

Buffer zones are employed in the area of the complex comprising the Agency of Culture for Children East and Asian Culture Information Agency South and North (typical section). All covered bamboo courts in the complex are buffer zones.

환기를 최소화하게 된다.

효율적인 구조와 외관 설계를 통해 겨울철 열 손실을 줄일 수 있으므로, 냉난방 장치는 최소화할 수 있다. 또한 직사광선의 차단과 자연광 조절 장치의 사용을 극대화하여 여름철 열의 흡수도 막을 수 있다. 에너지 절약을 위해 통풍 장치는 위생상 필요한 경우로 간소화한다. 이렇게 하면 빛의 조절을 통해 어느 정도 냉난방의 균형을 맞출 수 있다. 온돌의 원리를 이용한 순환수 식 시스템(Slab-Embeded Hydronic System)은 열이 물속에서 쉽게 이동하고 전체 슬라브가 열을 전달하게 되므로 극단적인 온도 변화를 막아 주어 매우 효과적일 것이다.

이 슬라브 복사 냉난방 시스템을 통해 냉방 시스템을 간소화할 수 있다. 최대전력 수요 시간대에 슬라브의 온도는 조금만 올라가며 적정 실내 온도를 유지하게 하고, 밤이 되면 느린 속도로 다시 원래의 온도로 돌아가기 때문이다.

완충 공간은 내부와 외부 사이에서 기온을 완화시키는 역할을 한다. 내부와 외부 사이에서 매개자 역할을 하는 완충 공간은 기후적 조건을 통해 기술적으로 에너지 효율적 기후 관리의 역할을 하면서 반외부 공간이 된다.

아시아문화전당에서 대체로 완충 공간의 기온은 12도에서 28도 사이이고 습도는 14g/kg을 넘지 않는다. 이 조건은 단기간 동안 사용하는 반외부 공간 또는 여가 활동의 목적에 적절하다.

완충 공간은 어린이문화원 서측과 아시아문화정보원(기준 단면)을 포함하는 지역에 적용된다. 대나무로 덮인 대지의 모든 정원은 완충지대로 기능하게 된다.

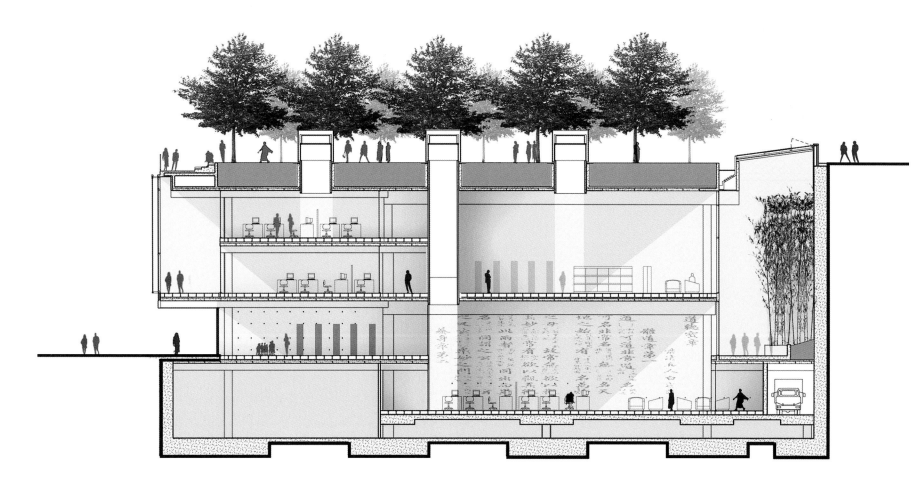

Typical section of the Asian Culture Complex.
아시아문화전당의 표준단면.

Annual energy saving ratio.
연간 에너지 절감 비율.

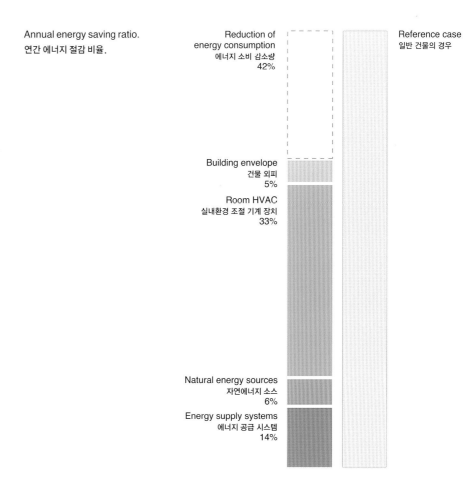

Reduction of
energy consumption
에너지 소비 감소량
42%

Reference case
일반 건물의 경우

Building envelope
건물 외피
5%

Room HVAC
실내환경 조절 기계 장치
33%

Natural energy sources
자연에너지 소스
6%

Energy supply systems
에너지 공급 시스템
14%

| Heat exchange 열교환 | Day light 주광(晝光) | Water conservation 우수(雨水) 재활용 | Pre-conditioned 미리 조절된 공기 | Reduced solar gain 흡수된 태양열의 감소 조절 |

SLAB EMBEDDED HYDRONIC HEATING & COOLING

PERFORATED LIGHT TUBES 2:1 DISTRIBUTED RATIO

STORAGE BLADDER & TANK

DISPLACEMENT VENTILATION

GREEN ROOF EXTERNAL SHADING

Main concepts of sustainability.
적용된 지속가능성의 주된 개념들.

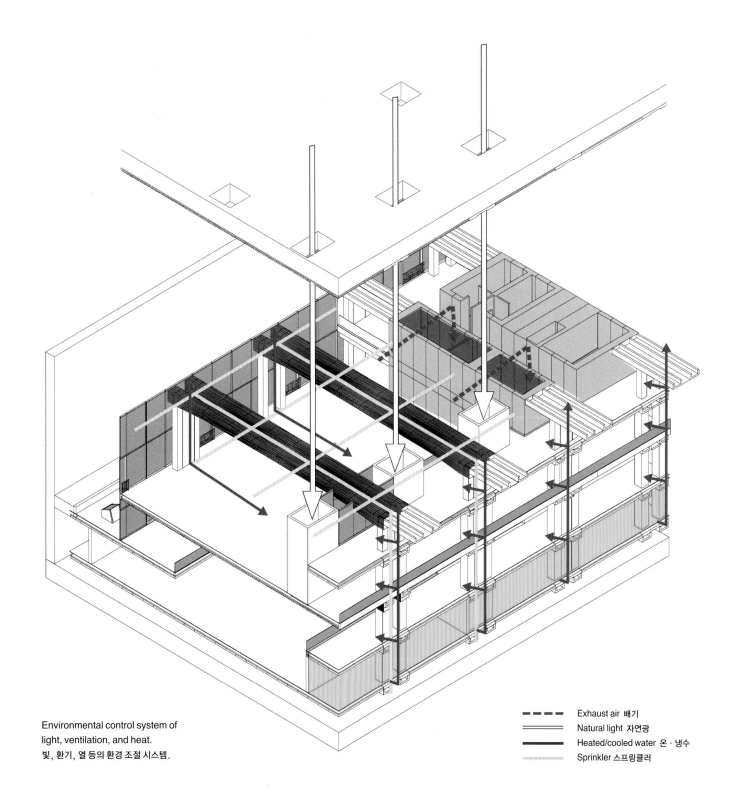

Environmental control system of
light, ventilation, and heat.
빛, 환기, 열 등의 환경 조절 시스템.

- - - - Exhaust air 배기
======= Natural light 자연광
———— Heated/cooled water 온 · 냉수
········· Sprinkler 스프링클러

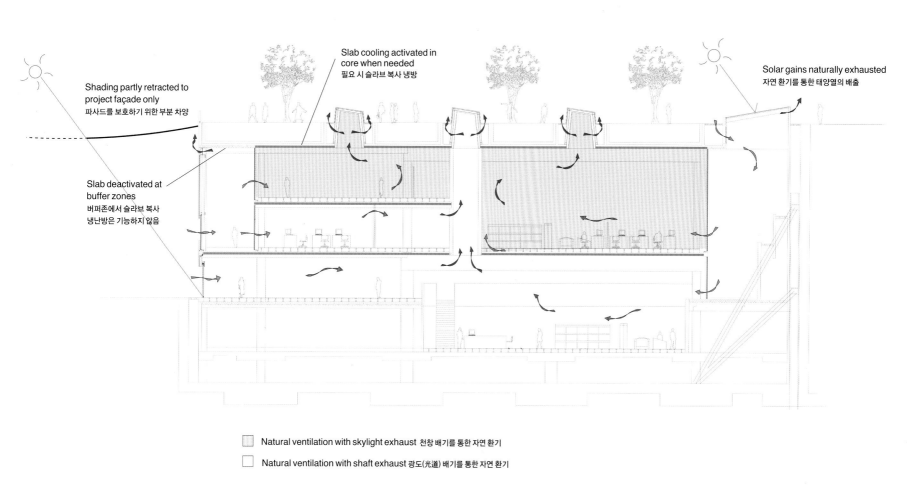

Shading partly retracted to
project façade only
파사드를 보호하기 위한 부분 차양

Slab cooling activated in
core when needed
필요 시 슬라브 복사 냉방

Solar gains naturally exhausted
자연 환기를 통한 태양열의 배출

Slab deactivated at
buffer zones
버퍼존에서 슬라브 복사
냉난방은 기능하지 않음

Natural ventilation with skylight exhaust 천창 배기를 통한 자연 환기

Natural ventilation with shaft exhaust 광도(光道) 배기를 통한 자연 환기

Natural ventilation.
자연 환기.

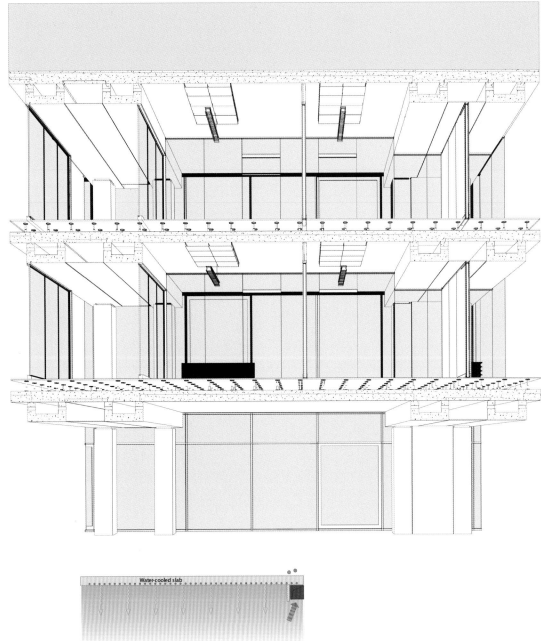

Sectional perspective of space
by precast concrete structure.
PC 구조 공간의 단면 투시도.

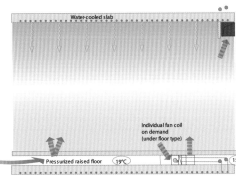

Conceptual diagram of
radiant slab system.
슬라브 복사 냉난방의
개념 다이어그램.

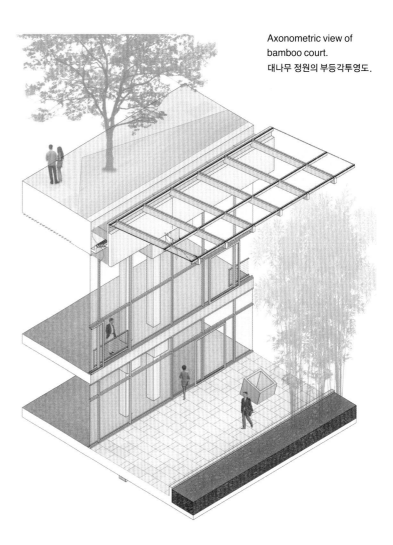

Axonometric view of
bamboo court.
대나무 정원의 부등각투영도.

Construction site of bamboo
court, January 2013.
대나무 정원의 건설 현장, 2013년 1월.

Simulation of
natural ventilation.
자연 환기 시뮬레이션.

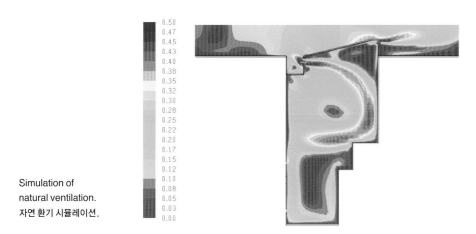

0.50
0.47
0.45
0.43
0.40
0.38
0.35
0.32
0.30
0.28
0.25
0.22
0.20
0.17
0.15
0.12
0.10
0.08
0.05
0.03
0.00

PROCESS
건립 과정

Construction site of the front yard of the
Grand Perforamce Hall, May 2013.
대극장 전정(前庭)의 건설 현장, 2013년 5월.

Competition

In May 2005, the Committee for the Hub City of Asian Culture (HCAC), under the auspices of the Korean Ministry of Culture, sponsored the international design competition for the Asian Culture Complex. The competition, organized by the International Union of Architects (UIA), received 123 submissions from 34 nations, and the jury announced in December 2005 the Forest of Light, by Korean-American architect, Kyu Sung Woo, as the winner.

Jury report

The complexity of the programmatic requirement coupled with the magnitude of the project size appears to have discouraged competitors who had registered initially, so that only about one quarter of the registered number have submitted designs in the end. As most of the architectural competitions in recent years have shown, the ACC competition entries encompass most of the current trends in architecture in an increasingly globalized architectural profession. The jury members have identified several typologies as follows:

· Mega-structure over the site with programmatic requirements freely dispersed.
· Topographical manipulation of the site to accommodate requirements.
· Green roof approach
· Icon-making
· Re-creation of the urban context

The jury examined the site by helicopter fly-over, walking through the surrounding area and the site itself, and climbing up the neighboring KT building. At the first meeting, the jury discussed and jointly adopted the following judging criteria:

· Memorial of the historicity of the site

현상설계

2005년 5월 문화관광부는 국제건축가협회의 승인하에 국립아시아문화전당의 설계안을 위한 국제 현상설계를 개최했다. 총 34개국에서 제출된 123개의 작품 중 국제건축가협회 심사위원들은 '우규승 건축' 의 '빛의 숲(Forest of Light)' 을 당선안으로 선정했다. 심사평 전문은 다음과 같다.

심사평

프로젝트의 규모와 함께 프로그램적인 요구가 복잡하여 초기 등록자들이 다소 어려움을 느꼈는지 등록한 팀 중 사분의 일 정도만이 최종 디자인을 제출하였다. 최근 몇 년간의 건축 경연대회에서와 마찬가지로, 아시아문화전당도 점차 세계화되어 가는 건축 경향에 발맞추어 최근의 경향을 가장 잘 반영한 작품을 수상작으로 뽑았다. 심사위원들은 참가작들을 다음과 같은 몇 가지 유형으로 분류했다.

· 부지 전체에 걸쳐 퍼져 있는 거대 구조물 형태
· 지역적 형태
· 옥상 조경
· 아이콘(Icon)화된 건물 형태
· 도시적 맥락의 재창조

심사위원은 헬기를 이용한 항공 답사와 인근 케이티(KT) 사옥 옥상에서 광주시 전체를 조망했고, 도보로 대상지 곳곳을 답사한 후 심사했다. 첫 회의에서 심사위원들은 다음의 항목들을 심사 기준으로 논의하고 공동으로 채택했다.

· 부지의 역사성에 대한 기념비적 의미를 나타내고 있는가
· 도시의 조직 및 도시 설계상에서 문제점을 해결하였는가
· 아시아적 가치를 표현하였는가
· 지속가능성이 있는가
· 프로그램 요구를 만족시키고 있는가
· 건축 디자인이 우수한가

· Urban fabric and urban design issues
· Expressing Asian value
· Sustainability
· Conformance of the program requirement
· Architectural Excellence

After examining all the entries and as some of the stronger schemes began to surface, the jury debated the merits of each scheme in great length. Some very strong concepts were found to have infringed on the requirements, and as a consequence, were relegated to lower prizes or mentions only. Heated discussions among the jury members on the nature of Asian value revealed a certain difference of perception between some jurors. As the selection moved to the top seven premiated schemes, it became apparent that a unanimous decision by the jury for the first prize winner would not be within the realm of possibility, and two jurors chose to abstain from casting their votes.

The first prize winner, entitled the Forest of Light, when completed, will truly be a genuine work of art in itself. A generous city park in the heart of Gwangju, an oasis in the hustle and bustle of the vibrant commercial district will merge seamlessly with a non-hierarchical, open, and light-filled structure for all types of art.

The members of the jury wish to express their appreciation to the promoter represented by Mr. Song Ki Sook, Chairman of the Presidential Committee for Culture Cities; Mr. Lee Young-Jin, CEO of the Executive Agency for Culture Cities; Professor Kim Yang Hyeon, General Director of Research Bureau of the Executive Agency; Mr. Lee Jang-Hyeop, Director of the Executive Agency and their staff for their hospitality during the jury session. The jury members wish to thank Professor Choi Jae Pil, the Professional Advisor of the international competition, his staff and the members of the Korea Architects Institute for their untiring support and professionalism.

모든 응모작들을 심사한 후 유력한 후보작이 드러나자 각 작품의 장점에 대해 논의했다. 강력한 발상을 보이는 작품이 몇 점 있었지만, 요구 사항을 충족하지 못한 것으로 판명되어 강등되거나 단지 가작으로만 남았다. 아시아적 가치에 대해서는 심사위원 간의 열띤 토론이 있었고, 몇몇 심사위원 간의 이견도 나타났다. 상위 일곱 개 작품으로 대상이 좁혀진 후 일등을 뽑았으나, 만장일치는 아니었고 두 명의 심사위원이 기권했다.

일등은 '빛의 숲' 으로, 이 안은 그 자체로 정말 훌륭한 작품이 될 것이다. 활력 넘치고 북적거리는 상가들 가운데 오아시스와 같은 광주 중심부의 공원은 평등하고 개방적이며 빛으로 가득 찬 모든 종류의 예술 공간이 될 것이다.

심사위원들은 송기숙 위원장이 대표로 있는 문화중심도시조성위원회에 감사를 표하는 바이다. 문화중심도시조성위원회 이영진 본부장, 심사위원 세션 기간 동안 영접을 담당한 연구실장 김양현 교수와 이장협 팀장, 국제 경연대회에 대한 전문적인 조언을 아끼지 않은 최재필 교수와 지칠 줄 모르는 지원과 프로정신을 보여 준 새건축사협회 운영진과 회원들에게도 감사의 뜻을 전한다.

Announcement of UIA international competition for ACC. 국립아시아문화전당을 위한 UIA 인증 국제 건축 설계 경기 공고문.

Note from architect's sketchbook.
건축가의 스케치북에 기록된 단상들.

Panels submitted by Kyu
Sung Woo Architects.
우규승 건축사무소에서
제출한 패널들.

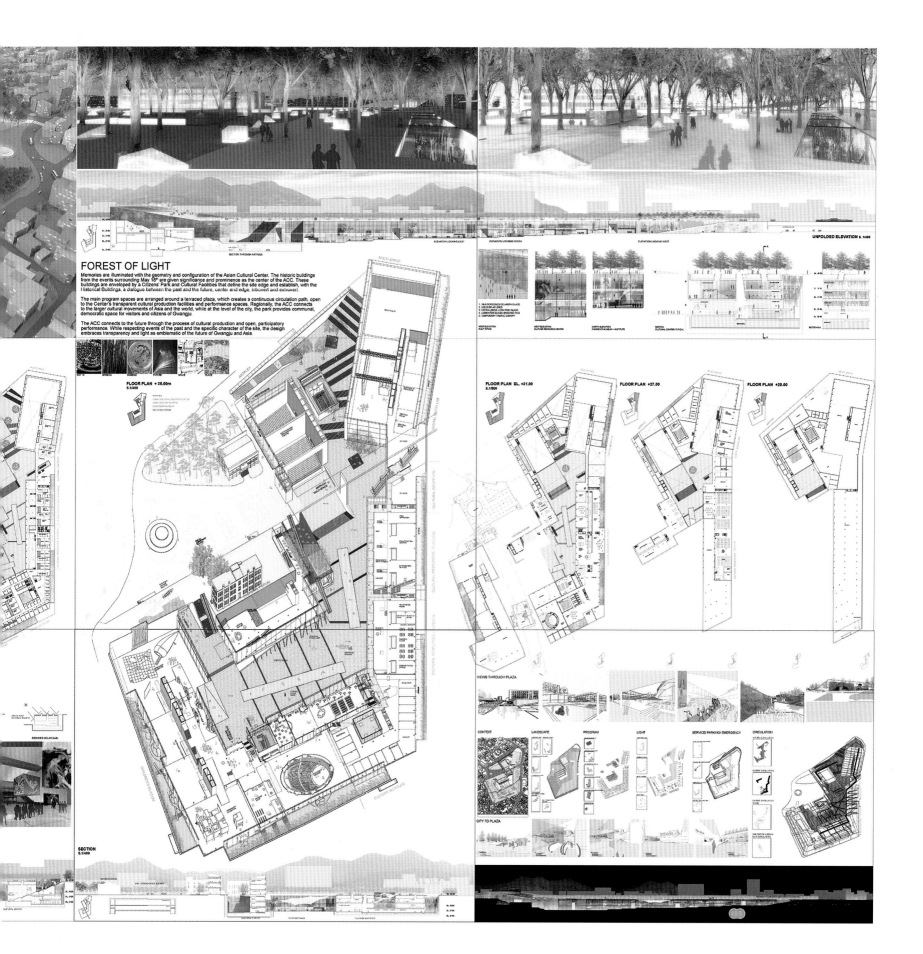

FOREST OF LIGHT

Memories are illuminated with the geometry and configuration of the Asian Cultural Center. The historic buildings from the events surrounding May 18th are given significance and prominence as the center of the ACC. These buildings are enveloped by a Citizens' Park and Cultural Facilities that define the site edge and establish, with the Historical Buildings, a dialogue between the past and the future, center and edge, introvert and extrovert.

The main program spaces are arranged around a terraced plaza, which creates a continuous circulation path, open to the Center's transparent cultural production facilities and performance spaces. Regionally, the ACC connects to the larger cultural movements of Asia and the world, while at the level of the city, the park provides communal, democratic space for visitors and citizens of Gwangju.

The ACC connects to the future through the process of cultural production and open, participatory performance. While respecting events of the past and the specific character of the site, the design embraces transparency and light as emblematic of the future of Gwangju and Asia.

FLOOR PLAN +35.00m
S.1/400

FLOOR PLAN EL. +31.00
S.1/800

FLOOR PLAN +27.00

FLOOR PLAN +20.00

UNFOLDED ELEVATION S.1/400

SECTION
S.1/400

VIEWS THROUGH PLAZA

CONTEXT · LANDSCAPE · PROGRAM · LIGHT · SERVICE/ PARKING/ EMERGENCY · CIRCULATION

CITY TO PLAZA

Landmark Issue

Right after the competition winner announcement, the client and the winning architect faced strong opposition from some of the local public. They understood Forest of Light as an underground building, which was against their expectation of the ACC being a signature building like the Guggenheim Museum in Bilbao. In order to convey the concept of Forest of Light and the full understanding of it, Kyu Sung Woo made a total 46 public presentations throughout a two and a half years design period. This long and persistent process made it possible to keep the original concept.

The ideology and technology of an era define a landmark. Public opposition to high-profile buildings that veer from the expected is nothing new. The Eiffel Tower for example, symbolized the new technology of the 19th century, but it faced strong public opposition when proposed. In the 1970's the Centre Pompidou went through the same public hostility in reaction to its progressive high-tech architecture. Apart from being of their time, landmarks also represent their location. In this regard, the Asian attitude toward architecture is different from the Western one as each has their own approach to nature.

It was an intentional effort to create a landmark specific to our time and place. The ACC will be a 21st century landmark for Gwangju and will provide a unique experience that reflects the region and its historical memory; as well as its future as a cultural hub. It is necessarily different from past landmarks, as those too were of their own time and culture.

The structures added as a result of the dialogues concerning the landmark issue were a partial protrusion above ground of the roof over the Agency of Culture for Children, and the Grand Canopy at the northeastern edge of the site. These additions complement the existence of light and forests and can be regarded as extensions of the original intention of the design.

랜드마크 이슈

당선안 발표 후 문화중심도시 추진단과 '우규승 건축'은 지역 단체로부터 '빛의 숲'에 대한 큰 반발에 직면하게 된다. 빌바오의 구겐하임 미술관과 같은 건축물을 기대하고 있던 일부 시민들은 새로운 시설물이 모두 지하에 묻힌다고 이해했으며, '빛의 숲'의 개념과 건축물의 온전한 이해를 전달하기 위해 총 마흔여섯 차례의 공공 프리젠테이션을 가졌다. 이러한 긴 이해와 설득 작업을 통해, 이 년 반여의 설계 기간 동안 원안의 개념을 유지하고 진행했다.

랜드마크는 각 시대의 이데올로기와 기술력을 반영하며 정의된다. 에펠탑은 당대 제국주의의 상징이자 새로운 기술력의 표현이기도 했지만, 당시의 거센 반대를 낳기도 했다. 퐁피두 센터 역시 당시의 새로운 기계주의를 표현하며 새로운 건축적 가능성을 보여 주었지만 완공 당시에는 많은 논란을 낳았다.

자연에 대한 태도가 다르듯이 건축에 대한 태도 역시 아시아는 서양과 다른 견지를 취하고 있다. 아시아의 장소에 대한 개념은 형태 이전에 경험으로써 형성되며 이는 자금성(紫禁城)이나 경복궁(景福宮)과 같은, 자연에 순응되어 있지만 도시 속에서 다른 경험을 낳음으로써 인지되는 랜드마크를 형성한다.

21세기의 아시아, 그리고 광주에 서게 될 아시아문화전당의 랜드마크로서의 기능은 시대성과 지역성을 담은 이곳만이 가지는 장소의 창조를 통해 가능할 것이다. 아시아문화전당은 대지가 가지는 유일의 가치들을 유무형의 경험으로 승화시킴으로써 현대의 광주만이 가질 수 있는 랜드마크가 될 것이다.

아시아문화전당은 소위 랜드마크가 될 수 있는 여건을 처음부터 가지고 있었다. 그것은 빛과 숲, 역사, 문화가 함께 얽힌 복합적인 모뉴먼트(monument)로서 광주만이 갖는 우리 시대의 장소성이다. 랜크마크 이슈에 따라 첨가된 구조물은 어린이문화원의 지붕층과 대지 동북측에 위치한 그랜드 캐노피로, 빛과 숲의 존재를 보완하는 역할을 하되 본래 설계 의도의 확장 개념이다.

Eiffel Tower, Paris. 1889.
에펠탑, 파리. 1889.

Centre Georges Pompidou,
Paris. 1977.
퐁피두센터, 파리. 1977.

Empire State Building,
New York. 1931.
엠파이어 스테이트빌딩,
뉴욕. 1931.

Forbidden City, Beijing. 1420.
자금성, 베이징. 1420.

Landmarks representing
various time and place.
다양한 시대와 장소를 대변하는
랜드마크들.

Forest of Light, Gwangju. 2015.
빛의 숲, 광주. 2015.

Presentations to convey the concept of "forest of light."
'빛의 숲' 개념 설명을 위한 각종 프리젠테이션들.

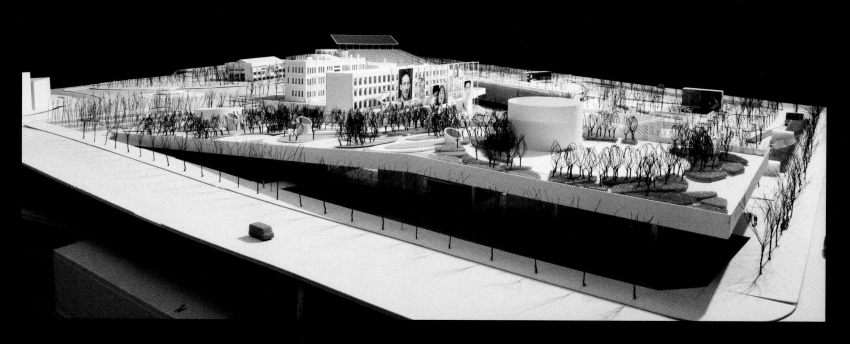

Structures added as a result of landmark
issues. Models of the roof of the Agency of
Culture for Children's roof (top) and Grand
Canopy (bottom).
랜드마크 이슈 이후 추가된 구조물인 어린이문화원
지붕층(위)과 그랜드 캐노피(아래)의 모형.

Jeollanam-do Provincial Office Annex Issue

구 전라남도청 별관 이슈

The Old Jeollanam-do Provincial Office and the Police Headquarters were selected as the anchors for the Asian Culture Complex for their historical significance as the nucleus of the May 18th Democratic Uprising. The original competition brief had called for "May 18th Democracy Plaza" encompassing five historical buildings (The Main Hall of the Provincial Office, Meeting Hall, Main Hall of the Police Headquarters, Visitors Pavilion, and the Sangmu Hall) and the water fountain.

Shortly after breaking ground in June 2008, citizen groups made a formal request to preserve the Annex to the Provincial Office, which was to be demolished to become a passage between the May 18th Democracy Plaza and the Asian Culture Plaza below. This passage was the vital main entry point, and any change to the plan would require extensive redesign and delay of the work.

This debate over demolition of the Annex Building lasted over 16 months, and construction was halted for 3 months. After on-site protests and repeated negotiations, the request by the citizens' groups was accepted, and design was revised, with as little modification to the original site concept as possible.

The final compromise on the revised scheme was reached in September 2009. To preserve both the connecting passage and the Annex, the building would be partially demolished, with a steel skeletal structure replacing a 24-meter section of the 54-meter long building.

아시아문화전당의 부지가 구 전남도청과 구 경찰청 등이 포함된 영역으로 결정된 것은 이곳이 오일팔 민주항쟁이라는 역사적 사건의 장소이기 때문이다. 애초 현상 설계에서부터 실시설계까지 총 다섯 개 건물(구 전남도청 본관, 회의실, 구 전남경찰청 본관, 민원실, 상무관)과 분수대를 포함하는 오일팔 민주광장을 보존하는 것으로 진행되었다. 그러나 2008년 6월 착공 이후 오일팔 관련 단체로부터 도청 별관을 추가 보존해 달라는 요청을 받게 된다.

구 전남도청의 위치는 '빛의 숲' 설계안에서 오일팔 민주광장에서 아시아문화광장으로 이어지는 통로에 위치하는 것으로, 도청 별관을 보존할 경우 설계안의 많은 변경과 공사 지연을 야기하게 된다.

현상설계에서부터 제시된 부지 여건은 별관 철거를 전제로 되어 있었고, 전당의 주입구인 오일팔 민주광장에서 문화광장으로의 공간적 연결은 전체 구도의 핵심이었다. 별관 존치는 결국 두 광장을 공간적으로 분리시키므로, 전당을 도시 전체로부터 단절시킬 수 있다.

2008년 6월 착공 이후 오일팔 관련 단체로부터 제기된 별관 추가 논의는 일 년 사 개월간 지속되었고 약 삼 개월간 공사는 중단되었다. 관련 단체의 천막 농성 등의 우여곡절과 수차례의 협의 과정을 거치며 오일팔 관련 단체의 바람을 수용하고 원설계의 개념을 최대한 유지하기까지 많은 대안 검토가 이루어졌다.

2009년 9월 최종 합의안의 가구 구조는 별관의 형태를 존치하고 문화광장의 개방 및 연계를 모두 유지하려는 노력으로, 구 전남도청의 54미터 중 30미터를 보존하고 나머지 24미터에 대해서는 강구조물을 덧붙여 별관의 전체 형태가 유지될 수 있도록 하는 방안이다. 이 철골구조는 문화광장 전면의 스캐폴딩과 같은 구조로, 별관 형태의 재현과 동시에 문화광장을 오일팔 민주광장에 연계시키는 역할을 한다.

Citizens requested that the
annex of Jeollanam-do
Provincial Office be preserved.
구 전남도청 별관 보존을 위한
시민들의 요구.

The existing Jeollanam-do Provincial office and its annex.
구 전남도청과 별관.

Models of option studies to preserve the annex.
구 전남도청 별관 보존 검토안들의 모형.

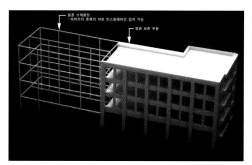

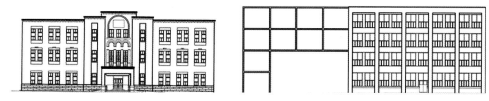

Final scheme for the preservation of the annex to the Jeollanam-do Provincial Office.
구 전남도청 별관 보존 관련 최종안.

Design Change

With the decision to preserve the Annex Building, the original design had to be revised in the area affected by the Annex, and the renovation of the preserved building also had to be included.
The historical buildings were refurbished to their original states as repositories of memories from the May 18th Democratic Uprising, and a park and May 18th Democracy Plaza provide a landscaped platform for these historical buildings.
The Meeting Hall and the Old Jeollanam-do Provincial Office are reborn as a memorial to democracy, human rights, and peace, to offer education and research platforms for broader Asian audience.
The Police Headquarters and the Visitors Hall are reprogrammed as the Cultural Exchange Agency to support exhibitions and conferences, while the Sangmu Hall has become a memorial hall for preservation and commemoration of historical memory.
Other design changes focused mainly on the areas immediately affected by preservation of additional buildings. Part of the Children's museum was eliminated or reduced, and the original ramp design for the permanent exhibition space was replaced by five platforms. The sloped passage into the Asian Culture Plaza and the subway connection were redesigned as stepped ramps with access tracks for emergency vehicles.
The Visitor Service Center, originally inside an atrium between the Provincial Office and the Police Headquarters, was redesigned as an independent structure, and the basement floors were eliminated.
The Childrens' Library was replaced by public amenities and support facilities for visitors.
The exterior façades were partially redesigned according to other changes in building use. The subway connection point became a separate space enclosed by a media wall and a green wall.

설계 변경

구 전남도청 별관의 일부 보존이 결정됨에 따라 별관이 자리잡고 있는 일대의 설계 변경과 보존 건물의 리노베이션이 함께 진행되었다.
오일팔 민주항쟁의 역사적 건물들은 과거의 기억을 최대한 보존하는 개념으로 리모델링되어 아시아문화전당으로 연계시키며, 새로운 공원과 오일팔 민주광장은 이 보존 건물들의 배경이 된다. 민주인권평화기념관인 구 전남도청과 회의실은 민주, 인권, 평화 정신을 아시아의 문화와 공유하기 위한 시설로, 전시, 컨퍼런스 기능 및 자료수집, 보존 그리고 교육체험의 장으로서 역할을 수행한다.
아시아문화교류지원센터인 구 경찰청 본관과 민원실은 전시와 컨퍼런스 기능을 지원하는 시설로 계획되었고, 상무관은 역사적인 기억의 보존 및 시민들의 행사공간인 메모리얼 홀로 계획했다. 설계 변경은 구 전남도청 별관의 일부 보존에 따른 간섭 부분의 해결을 중심으로 시설의 축소와 동선의 정리가 중점적으로 이루어졌다. 도청 별관 하부에 계획된 어린이문화원의 일부는 축소하고 5퍼센트의 경사로 설계되었던 상설 전시실은 총 다섯 개소의 플랫폼으로 변경되었다.
아시아문화광장으로의 진입 경사로 및 지하철 종점부는, 구 전남도청 별관의 보존에 따라 오일팔 민주광장에서 문화광장으로의 진입을 계단식 경사로로 재설계하고 비상용 차량 트랙을 설치하여 차량 접근이 가능하도록 했다.
방문자서비스센터는 원설계 시 구 전남도청 본관과 경찰청 사이의 외벽에 연결되어 설치되었던 아트리움을 이격하여 독립된 구조의 아트리움으로 형성하고, 원설계 시 계획된 지하 일층과 이층은 삭제하여 보존 건물의 안전성을 확보하도록 했다. 또한 문화광장에 면한 기존 어린이 도서관을 편의시설로 변경하여 공공 활동의 기회가 확대되도록 했다.
내외부의 공간 구성 변화에 따라 입면의 구성 및 재료 또한 일부 변경이 이루어졌다. 어린이문화원은 축소됨에 따라 건물의 높이도 조정되었고, 지하철 종점부가 공간적으로 독립되는 대신 외피는 미디어 월과 그린 월로 마감하여 주변 편의 공간에서의 시각적 부담감을 낮추고 아시아문화전당 전체에서의 활용도를 높였다.

Axonometric view of annex building location.
구 전남도청 별관의 위치를 보여 주는 부등각투영도.

Scope of design change.
설계 변경 범위.

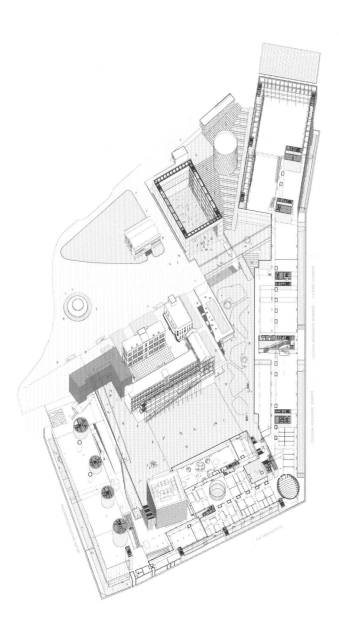

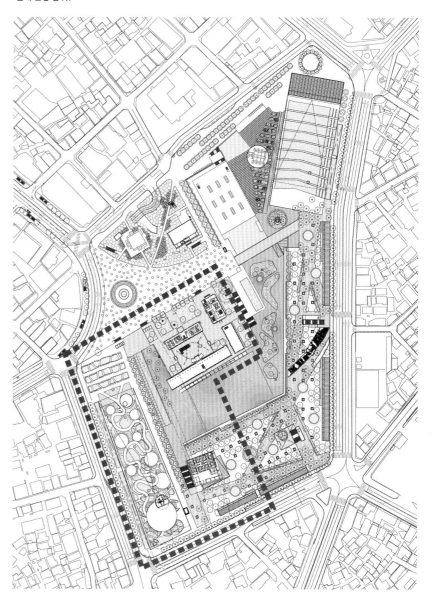

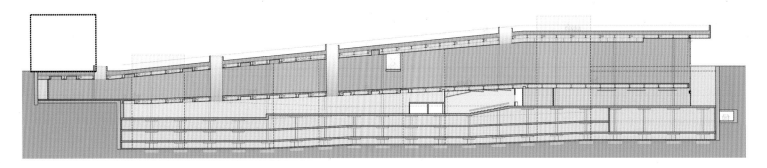

Section of the Agency of Culture for Children, before change.
설계 변경 전의 어린이문화원 단면도.

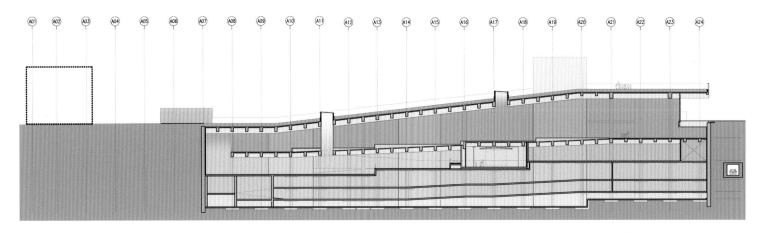

Section of the Agency of Culture for Children, after change.
설계 변경 후의 어린이문화원 단면도.

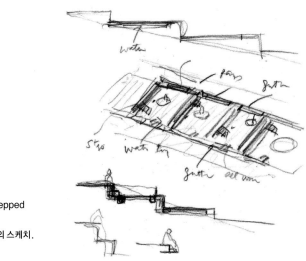

Sketch for stepped
platforms.
계단식 플랫폼의 스케치.

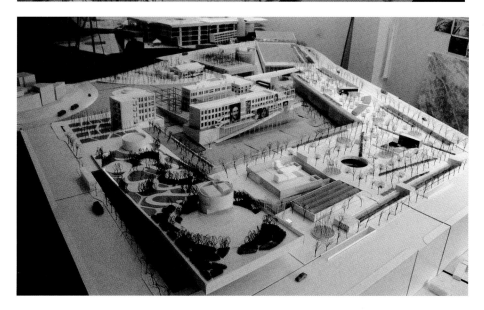

Model after design change.
설계 변경 후의 모형.

Shaping the "Forest of Light"

Kyoung Eun Kwon

Director, Kyu Sung Woo Architects

On May 2013, the ACC was shaping gradually its urban/architectural profile in the full scale. Seeing the actual built structures on the site, a mixture of emotions comes to my mind—excitement with expectation of completion, a feeling of relief—probably because several political issues could have subverted the whole scheme during the design phase. But most of all, it is because, as a staff in charge, I could see enormous effort and patience of 8 years after the competition are overlapped with the grand scene of the site. This was the evolutionary process developing a conceptual place to a cultural synthetic entity, through which this kind of project naturally goes.

From concept to space and system

One day in June 2005, the study model in the office already showed the character of a memorial, clearly answering the themes from the competition organizer. There was a strong conceptual statement corresponding to the clients' aspiration to have an open relationship with the citizens and pay respect to the holly memories of the site in a flat park above the underground building.

On the other hand, the concept of "Forest of Light" also contained some aspects to be architecturally resolved. Thus the 4-months work from conception to submission was to invent architectural devices that could improve unpleasant conditions of being underground. By insuring vistas, introducing light, making channels for air and providing civic circulation and a place of monumentality, the Forest of Light was developed to be a part of the urban fabric from an abstract and poetic

'빛의 숲' 의 실현 과정

권경은 權敬殷

우규승 건축 소장

2013년 12월, 아시아문화전당의 공사 현장은 이제 구체적인 도시 건축 형상을 갖춰 가고 있다. 도면 속의 공간들이 현실로 구축되어 가는 모습에 흥분과 설렘, 그리고 완공에 대한 기대감과 한편으로 안도감마저 느끼게 되는 건 그간 여러 이슈들과 개념을 전복할 만한 위기들이, 그리고 무엇보다도 설계팀의 실무자로서, 당선안으로 선정된 후 팔 년간 '빛의 숲' 구축 과정에서 쏟은 많은 노력과 인고의 시간이 지금 현장의 장대한 모습과 겹쳐지기 때문이다. 그 시간은 개념의 장소에서 실질적으로 기능하는 도시 문화적 복합체로 완성되어 가는 진화의 과정이자, 아시아문화전당의 생산 여건이 여러 가지 형식으로 건물의 모습에 녹아들어 가며, 140,000제곱미터의 복합문화시설이 실현되기 위해 응당 거쳐야 할 시간들이었을 것이다.

개념에서 공간, 시스템으로의 발전

현상 설계를 시작한 지 한 달여가 지난 2005년 6월 어느 날, 사무실의 스터디 모형은 그 자체로 메모리얼이자 현상 설계에서 제시된 많은 주제들에 명쾌한 답을 이미 보여 주고 있었다. 오일팔 관련 시설들만을 남겨 둔 채 지하 이십 미터의 거대한 공간에 모든 시설을 담고 그 위 공원을 할애한 민주적 형상은, 오일팔 광주 민주화 운동의 기억을 존중하며 시민과의 열린 관계를 꿈꾸던 기획자들의 의도에 부합하는 강한 개념적 서술성을 가지고 있었다.

아시아문화전당 기획자들의 적극적인 지지를 받고 당선된 '빛의 숲' 의 개념은 또 한편으로는 건축적으로 해결되어야 할 양상들을 내포하고 있었다. 개념 완성 후 설계안의 제출까지 약 사 개월간의 작업은, 디자인의 관점에서 보자면 지하화가

concept. A urbanly scaled sunken-garden and courtyard positioned throughout the site made the building inside perceptually not underground.

This problem-solving process was continued to the construction document phase. The design team, organized after the competition, was demanded to face several issues to solve in a somewhat difficult situations. The design period was short, and moreover, the actual program for about 140,000m² building needed to be developed further to function properly.

The invention of a systematic solution was necessary to contain indeterminate programs and satisfy the short construction period within the frame of the original concept and spatial organization. A strategic approach was initiated with "Flexibility." It was regarded as a proper response to the owner's requirement for absorptive spaces of ceaselessly-changing technology. Flexibility was embodied into a long-span space module, in which space compartments could be easily re-organized by users. This was also a realistic provision for the status of program development in progress at that time.

The long-span pre-cast concrete structure selected by this approach is the representative system of the ACC. Designed by Guy Nordenson Associates (GNA), the PC was expected to reduce the period of construction because PC members are manufactured in factories while the civil construction is on-going, and then only need to be assembled at the job site.

On the other hand, the characteristic green roof of the ACC is disadvantageous to the long span due to its heavy dead load. In the ordinary logic of structural system, 2m-high soil depth renders a deep girder and then, makes the use space inefficient. The double T was designed in section, becoming wide beams to reduce floor-to-floor height. In addition to that, the final scheme has a 3-dimensionally changing section in order to economically respond to vertical loads. As a result 60% of the building was designed with PC. The look of exposed PC satisfied the taste of the clients, who wanted somewhat industrial environment for cultural production in the building.

Being underground as a driving force behind the spatial organization of the ACC was not just disadvantageous, but also beneficial. The underground has a uniform temperature throughout a year. The design team thought the mechanical system could utilize this. The use of geothermal energy and buffer zone between slurry walls were the examples of it. Also, the exposed surface of the PC structure was efficiently integrated with the radiant slab. MEP pipes occupied the

안고 있는 문제점을 해결하는 건축적 장치들을 만들어 나가는 과정이었다. 전망을 확보하고, 빛을 끌어들이고, 바람을 들일 통로를 만들어 주고, 시민들의 자연스런 동선과 기념비적 장소성을 가질 외부 공간의 디자인을 통해, '빛의 숲' 은 추상적이고 시적인 개념에서 풍요로운 도시 공간의 조직으로 구체화되어 갔다. 지하 공간은 도시 규모의 선큰 광장과 다양한 스케일로 곳곳에 계획된 중정과 후정 등을 통해 풍부한 공간들의 집합체로 전환되어, 경험적으로 지하 건물로 인지되지 않는 장소로 극복되어 있었다.

이러한 문제−해결(problem-solving)의 과정을 통한 건축물의 발전은 당선 후 실시설계에서도 계속되었다. 실시설계를 위해 미국과 한국의 전문가들로 구성된 설계팀은 현상 설계안이 실현되도록 하기 위해 풀어야 할 많은 숙제들을 다소 어려운 여건 속에서 당면하고 있었다. 2006년 6월 계약 당시 설계와 시공을 위해 주어진 사 년여의 시간은 물리적으로 충분하지 않았으며, 더욱이 실시설계의 가이드라인의 역할을 하는 구체적인 프로그램은 완성되어 있지 않았다.

'빛의 숲' 개념과 공간 조직을 유지하면서 불확정적인 프로그램을 담음과 동시에, 단시간 내에 시공될 수 있는 공간적 구축적 시스템의 설계라는 당면 문제에 대한 설계팀의 전략적 접근은, 우선 프로그램에 대해 유연성 있는 공간의 설계부터 시작하는 것이었다. 이는 하루가 다르게 발전하는 기술을 담을 수 있는 공간을 원하는 건축주의 요구에 부합되는 접근이었다. 유연성(flexibility)은 필요에 따라 실(室)의 구획이 쉽게 재구성될 수 있는 여지를 주는 반복적인 장스팬(long-span)의 공간 모듈로 구체화되었다. 이것은 또한 완성되지 않은 프로그램이 차후 완성될 경우 진행되고 있는 설계와는 다른 공간 구획을 필요로 할 수도 있는, 프로그램의 불확정성 문제에 대한 현실적 해결책이기도 했다.

이러한 접근에서 선택된 장스팬의 프리캐스트 콘크리트(precast concrete)는 아시아문화전당 시스템의 특징이 집약된 것으로 볼 수 있다. 미국의 구조설계 회사인 가이 노든슨(Guy Nordenson Associates)사에 의해 제안, 설계된 피시(pc, precast concrete) 구조는, 콘크리트 부재를 공장에서 생산함과 동시에 토목 공사를 진행하고, 현장에서는 부재를 조립만 해서 사용할 수 있게 돼 있으므로, 차후 별도의 마감 공사가 불필요하기 때문에 공기(工期)를 단축할 수 있었다.

한편으로 '빛의 숲' 개념의 가장 특징적인 부분인 광활한 녹화 지붕은 그 상당한 하중으로 인해 장스팬의 공간 형성에 매우 불리한 조건을 가지고 있었다. 지붕 토심은 이 미터로 일반적인 구조 설계의 논리로 보자면 보의 춤이 깊어지게 되고, 이는 전체 건물의 층고가 높아지게 되면서 공간 활용의 효율이 떨어지게 된다. 아시아문화전당의 피시 구조는 더블 티(T)의 단면 형상을 통해 수직이 아닌 수평으로 긴 형태의 보로 설계하여, 이를 피하면서 각 스팬에서 하중에 대해

spaces between each T-shaped beams in section. The integration of different divisions is a special feature of the ACC. A good example is the skylights of the ACC which feature 2(w)×2(d)×2(h) m glass cubes that lead natural light into the inside, simultaneously functioning as the outlets of natural ventilation.

Profile of the design team

The process of problem-solving naturally generated the system of the ACC, merging site conditions, concept, space, structure, and mechanical systems into each other. In this process, characters of each team organization had affected not only the result of design but also the overall aspect of the building.

The principals of architects and its consultants research and teach at prominent universities in the USA alongside their practice. The mixture of academic and practical approaches of them actually helped the strong conceptual statement of the ACC remained throughout the design process. The ACC building absorbed the consultants' fundamental understandings, like GNA (structural)'s thinking of structure as a morphological essence of space and rational expression of constructive process, Transsolar (Sustainability)'s consideration of environmental quality and contribution to macro communities, Michael Van Valkenburgh Associates (Landscape)'s careful consideration of soil for each vegetation. Their philosophies were merged into the ACC, making it something more than just a functional building. Personally it was a valuable experience for me to learn a comprehensive approach to architecture above just realistic limitations.

There was a fundamental discrepancy about architecture within the team. Kyu Sung Woo Architects, which initiated the project, is a small atelier-style organization in New England, but the local architects are cooperate-style big firms in Seoul. It is true that attitudes on architecture cannot be the same between those two styles. Cooperate ones work efficiently but tend to produce easily anticipated designs. However, small ones apt to pursue crafted buildings mostly lead by the philosophy of their principal. The team was the union of two organization having discrete standards of building in Korea and the USA.

The design of the system was done in the American standard, but in construction document phase, the team was continuously facing a crisis that the design was losing connection to its concept, while adopting the design to the Korean standard. Architecture to be completed with a consistent concept from macro scales to micro scales, would not be easy from the point of economy of productivity. But, the shortage of time

Construction site of the Library Park, December 2011.
라이브러리 파크의 건설 현장, 2011년 12월.

경제적으로 대응하기 위해 단면 형상이 삼차원으로 변화하는 독특한 형태 또한 가지게 되었다. 전체 건축물의 약 육십 퍼센트가 이 구조로 설계되었는데, 노출된 피시 구조가 만들어내는 공간은 문화 생산을 위한 산업적 환경의 모습을 가지길 바랐던 프로젝트 기획자들의 기호에도 만족스러운 해결책이었다.

아시아문화전당의 공간적 얼개의 중추적 추진력인 지하화는 단점만 있는 것은 아니었다. 설계팀은 건축물을 지하화하여, 일정 온도를 유지하는 지중(地中)을 건축물의 설비 시스템과 연계해 이용할 수 있는 장점을 보고 있었다. 에너지원으로 지열을 이용하고 지하 절단면에 외기와의 완충 지대인 대나무 정원을 둔 것 등은 이러한 이점을 활용한 요소들이다. 또한 앞서 설명된 피시 구조는 친환경 건축물

Construction site of expert corridor, May 2013.
전문가 전용 복도의 건설 현장, 2013년 5월.

시스템과 연동될 수 있는데, 슬라브 복사 냉난방 시스템과 결합되어 노출된 콘크리트 면을 통해 열전달이 효과적으로 이루어지도록 설계되었다. 또한 더블 티 형상의 보 사이 공간은 설비를 위한 공간으로 활용되어 구조와 설비, 친환경 시스템이 종합적으로 기능하게끔 완성되었다. 이런 각 개별 시스템 간의 유기적 결합 과정은 아시아문화전당 시스템의 특징적 부분이기도 한데, 이는 피시뿐 아니라 '빛의 숲' 개념의 구현을 위한 핵심적 요소인 천창의 경우에도 해당된다. 가로, 세로, 높이가 모두 이 미터인 유리 큐브는 내부 공간으로의 자연광 유입이라는 기능과 외부 공원의 랜턴 기능, 동시에 자연 환기를 위한 시스템의 일부로 기능하게 설계되어 있다.

설계 조직의 성격

이렇듯 당면한 복합적인 문제들이 자연스럽게 대지의 여건, 개념, 공간, 구조, 설비, 조명 등과 함께 서로 영향을 주고 통합되며 아시아문화전당의 시스템이 완성되어 갔다. 이 과정에서, 참여한 조직의 성격이 시스템의 결과물뿐 아니라 건축물 전체의 성격에도 일정 정도 영향력을 미쳐 왔다고 생각된다.

'우규승 건축(KSWA)' 과 협력 작업을 한 미국 회사의 대표들은 대부분 미 동부 유수 대학에서 교육과 연구를 병행하는 전문가들이다. 이러한 컨설턴트들의 아카데믹한 성격과 실무적 접근의 혼합은 설계의 과정에서 아시아문화전당이 강한 개념적 서술을 유지하는 힘이 되었다. GNA(구조)의 공간의 형태적 본질과 합리적 시공 과정의 표현으로서 구조를 보는 관점, Transsolar(친환경 건축 설계)의 에너지 사용뿐 아니라 사용 환경의 질과 거대 커뮤니티에 대한 고려를 통한 건축, MVVA(조경)의 수종에 따른 흙에 대한 세심한 배려 등 각 분야의 본질적인 접근법과 철학을 가진 전문가들이 조력한 아시아문화전당은 단순한 기능적 건물이 아닌, 그들의 안목이 자연스럽게 녹아들어 간 것으로 볼 수 있다. 이들의 조력에 힘입어 설계팀은 현실적 한계를 넘어 건축에 대한 포괄적 안목을 가지고 설계를 진행할 수 있었다.

설계 조직 내에는 건축에 대한 원론적인 접근 태도의 상이함 역시 존재하고 있었다. 이 프로젝트의 원설계 조직인 '우규승 건축' 은 미 동부에 소규모 아틀리에의 성격을 가지고 있었으나, 당선 이후 협업한 한국의 로컬 아키텍트는 기업적 성격의 대규모 설계 회사이다. 소규모의 설계 조직과 대규모의 설계 조직이 추구하는 건축에 대한 철학은 다를 수밖에 없는데, 큰 조직의 설계 회사는 효율적이지만 균일하고 예측 가능한 건물의 설계로 흐르기 쉽고, 작은 조직은 아틀리에 수장의 건축적 철학이 드러나며 수공예적인 최종 건축물의 추구로 흐르는 성향을 가지게 된다. 또한 아시아문화전당의 설계팀은 이러한 조직의 크기에 따른 속성뿐 아니라 미국과 한국이라는 상이한 건축 문화와 기준을 가지는 조직들의 결합이기도 했다.

forced the team to focus on the production of drawings rather than to stick to the consistency and conformity to the concept. Adopting something designed in a certain standard to another standard sometimes distances its parts or the whole from the original intents. A standard in a culture means a specific standpoint.

Process of construction

Since June 2008, overcoming architectural standards and aesthetic differences at the actual job site is like fulfilling another design process. Often unexpected situations happen during construction, requiring solutions in a different manner than the ways finalized during the design phase. Those are moments the design team has to respond professionally in order to make the enormous effort of the team realized. In Korea, building structures are designed to allow higher strength than the standard, and that affects the profiles of building in the construction document phase. During the construction, anxiety on the PC structure came up merely because the hollow section of it with post-tensioning was never built in Korea. This changed the hollow section of girders to be filled with concrete for an economic act to load, which diminished the original intents. Fortunately, the 3-dimenional shape of the girders was able to be preserved.

The sustainability features of the ACC had to go through some changes, too. Originally the system was expected to reduce the use of energy up to 40%. The radiant slab, was thought to increase the efficiency of heating/cooling and comfort of residents inside, due to radiation rather than forced air. However, the construction and maintenance of this system was thought difficult, and then changed into the forced air system in the middle of construction. It could have been a good precedent for the comprehensive use of it in a single building. But by this change, the project lost an inherent benefit of being underground. For realizing a sustainable building, the public agencies should have a comprehensive understanding and support. I think one comment from Matthias Schüler (consultant of sustainable design, a professor of Harvard university) in a presentation gives a good standard of sustainability. He emphasized the comfort of residents, the increase of work efficiency by this, and the contribution to the global community rather than just cost of energy.

Process in progress and the role of the architect

Since the ground breaking, a political complication demanding for preservation of the annex building of the provincial office interrupted the

미국에서 설계된 시스템은 실시설계 과정을 거치며 실제 지어질 한국의 건축/건설 문화에 적용되는 과정에서 원설계 개념과의 일관성 문제에 줄곧 맞닥뜨리게 되었다. 건축은 거시적 스케일에서 미시적 스케일에 이르는 일관성을 통해 개념의 완성이 이루어지는 것인데, 이는 생산성이라는 경제적 논리의 측면으로는 이루어내기 힘든 면이 있다. 그러나 물리적으로 부족한 설계 기간은, 개념적 완성보다는 도면의 생산에 집중할 수밖에 없는 상황에 처하게 하였다. 특히 미국의 건축 기준으로 설계된 많은 부분이 한국 건축 기준에 맞춰 변화되는 과정에서, 단순히 수치의 변화가 아닌 개념과의 일관성이나 부합성의 변화까지 초래하는 경우도 생기게 된다. 한 분야의 기준(standard)이란 이를 만들어낸 문화의 관점이 녹아들어 있기 때문이다.

구축의 과정

2008년 6월 기공식 이후 광주의 공사 현장에서 목도하게 되는 건축 기준과 관점의 차이를 극복하는 과정은, 힘겨운 설계와는 별도로 공사와 병행되는 설계 변경을 진행하는 것과 같다는 생각이었다. 설계 이후 시공의 과정에서 현장의 조건은 설계 당시 고려되었던 것들과 다른 문제가 생기기 마련이고, 원개념을 다른 방식으로 실현할 방도를 찾아야 하는 상황도 발생하게 된다. 이러한 프로세스는 많은 시간을 투자한 설계의 노력이 결실을 얻지 못한 채 원의도의 범위에서 벗어나지 않도록, 원설계자의 노력과 전문적 대응이 필요한 부분일 것이다.

실시설계의 과정에서 미국의 구조 기준에 비해 상대적으로 높은 구조 허용기준치로 설계하는 한국의 구조 설계 경향은 원설계의 단면 형상에 상당 부분 영향을 주었다. 피시의 경우는 시공 과정에서 다시 한국에서 시도되지 않은 구조적 단면과 시공법에 대한 불안감이 제기되었고, 결국 경제적 단면 형상을 가지도록 속을 비워 설계된 보의 단면이 콘크리트로 채워지면서 원의도는 일부 포기해야 했다. 다만 외형에 있어 하중에 대한 효율적 대응을 위해 설계된 삼차원적 단면 형상을 유지할 수 있었던 점을 다행스럽게 여기고 있다.

일반 건물에 비해 약 사십 퍼센트의 에너지 절약 효과가 기대되었던 친환경 설비 시스템은 시공의 과정에서 한국 현실을 고려해 다소 변화를 겪고 있다. 슬라브 복사 냉난방 시스템은 피시의 장점을 최대한 활용한 것으로, 공조 시스템에 비해 효율과 거주자의 쾌적감을 높이는 친환경 시스템의 큰 축으로 계획되어 있었다. 그러나 공사상의 난이도와 완공 후 유지 관리에 대한 우려로 삭제되면서 공조 시스템으로 변경되고 말았다. 국내에서 친환경 시스템과 결합된 슬라브 복사 냉난방 시스템 구축의 좋은 선례가 될 기회와, 프로젝트가 가지는 원천적 장점을 상당 부분 놓치게 되어 아쉬운 부분이다. 친환경 건축물은 공공기관의 거시적 안목을 통한 폭넓은 이해와 지지가 필요하다. 2007년 기본 설계 프리젠테이션 중 친환경 건축을

progress of construction, holding 30% of the ground unexcavated. A partial preservation of the annex was conceded in 2010, and the year of 2011 was spent for the design change to accommodate it. The structural construction has been completed for the rest of the site, achieving 60% of completion. In order to be a complete reality from an idea, "Forest of Light" becomes a 10-year project originally from a 5-year one targeting to open in May 18th 2010. Perhaps it was already anticipated from the beginning because of its complexity.

"Forest of Light" is transitioning from an abstract place to a cultural entity, reflecting aspects of economy, culture, politics and technology over 8 years. This is a process in which a conceptual seed is developed into architecture as a physical substance. On the other hand, it also seems to be a survival of the fittest evolutionary process of an organism so that the original concept survives with a suitable form in hard realities. Within this process, the only question for architects is how to deal with lots of situations beyond their limited role. It probably is in being a professional that leads the evolution, reminding the related parties of the original vision of the project.

Much like the previous eight years the remaining two years will not be an easy process. However, being a part of this kind of project and observing its realization from the site will be a valuable experience that doesn't seem to happen often. In order not to make the original vision and effort of the design in vain, we will spend another 2 years with patience.

에너지 절약의 비용적 측면뿐 아니라 거주자의 쾌적성과 이를 통한 작업 효율 증대, 나아가 거대 커뮤니티에 대한 공헌으로 이야기하던, 친환경 설계 분야 컨설트인 마티아스 슐러(Matthias Schüler)는 좋은 기준을 제시해 준다고 생각한다.

여전히 진행 중인 프로세스, 그리고 건축가의 역할

2008년 기공식 이후 공사의 진행을 막고 있던 구 전남도청 별관의 문제는 일부 보존이라는 결론으로 합의되어 2011년 이 부분에 대한 설계 변경이 이루어졌고, 온전한 지면으로 남아 있던 삼십 퍼센트의 대지는 굴토되어 현재 골조 공사 중이다. 그 외 부분에 대한 공사는 골조와 외피 공사가 완성되어 내부 공사가 진행 중이고 약 육십 퍼센트의 공정률을 이루고 있다. 기획의도가 가지는 이상적 성향을 딛고 완전한 현실이 되는 과정에서 완공일은 애초 2010년 5월 18일에서 2012년, 그리고 다시 2015년으로 지연되어, 아시아문화전당은 설계에서 완공까지 애초 오 년에서 십 년짜리 프로젝트가 되고 있다. 어쩌면 그 탄생의 근원이랄까, 그 복잡성으로 인해 이러한 시간의 소요는 이미 프로젝트의 태동에서 예견되고 있었는지도 모를 일이다.

'빛의 숲'은 지난 팔 년간 사회의 경제, 문화, 정치, 기술적 담론들의 일면을 담으며 관념적 장소에서 문화적 복합체로 완성되어 가고 있다. 이는 개념적 씨앗이 건축적 시스템과 그 물리적 실체로 발전해 나가는 과정이기도 하고, 또 한편으로는 현실적 한계 속에서 원개념을 온전히 담는 건축물로 살아남기 위한, 마치 적자생존을 위한 생물의 진화와 같은 과정이라고도 볼 수 있을 것 같다. 이러한 규모와 성격의 프로젝트에서 건축가의 역할이란 다소 한정적인데, 건축가의 의지와 상관없이 발생하게 되는 문제와 만났을 때 설계자의 대처에 대해 계속 고민하게 되는 상황이 벌어진다. 결국은 프로젝트의 원비전을 관련 조직에게 상기시키며 조정과 통합의 조정자의 역할을 통해 프로젝트의 진화를 이끌어 가는 것이 현실적인, 그리고 전문인으로서의 건축가의 역할이 아닐까 생각해 본다.

남은 일 년여 역시 쉽지 않은 과정이 되겠지만, 차곡차곡 거대 규모의 도시 문화 건축물이 실현되어 가는 모습을 옆에서 지켜볼 수 있다는 건 건축가로서 평생에 몇 번 가져 보지 못할 귀중한 경험이 될 것이다. 이 프로젝트의 원기획 의도를 충실히 담기 위해 고심했던 설계자의 시간과 노력이 헛되지 않게 하기 위해 또다시 우린 앞으로의 시간을 인고의 시간으로 보낼 것이다.

Construction site of the Stepped Plaza and Grand Performance Hall, May 2013.
계단 광장과 대극장의 건설 현장, 2013년 5월.

Expectations for the Asian Culture Complex

Attendees Uchang Kim (Chair-Professor, Ewha Woman's University)
Jinki Sung (Professor emeritus, Jeonnam University) Hyup Choi (Profeesor, Chonnam National University, Presidential Committee for Hub City of Asian Culture) Youngtae Choi (Professor, Chonnam National Univeristy)
Jinbaek Jeong (Former Principal, "Social Criticism")
Date March 20, 2010
Place Youlhwadang Publishers' Office, Paju Bookcity

The Significance of a New "City of Culture" or "Culture Complex"

Jinki Sung The City of Gwangju has the aspiration to become the "Hub City of Asian Culture" and is building the Asian Culture Complex for this purpose. Every city, as an environment for man's living, has a culture and desires to build an idiosyncratic one. So what does it exactly mean to establish Gwangju as a "Hub City of Culture"? It requires us to reassess the meaning of culture, and of our cultural identity. If we wish to overcome our problem of regional inequality, and refuse to imitate culture city models of the West, in what concept should we build our new "Culture City" and "Culture Complex"?

Uchang Kim Roughly speaking, a city is a composite of spaces and regions of two characteristics: forms of natural, organic growth, and architecture and spaces resulting from planning. However, it was the element of planning that played a big part in modern urbanism. This was especially true in societies that sought modernism in terms of social, political, and economic ends. These plannings were in most cases unable to embrace the full spectrum of lives that preceded them, and this is why the cities of many developing countries and newly industrialized nations are combinations of oversimplified planning and disorder, stemming from the disruption of spaces for traditional life. In such approach, a simple fact had been forgotten, that city is a place where people lead their daily lives.

Life, occupying a certain space for a certain amount of time, tends to form its own shape and styles. This is the culture of a city. But when urban construction enters a certain phase, we begin to see spaces and

p.284.
Construction site of the Asian Culture Plaza, January 2013.
아시아문화광장의 건설 현장, 2013년 1월.

아시아문화전당에 대한 기대

참가자 김우창(이화여대 석좌교수) 성진기(전남대 명예교수)
최협(전남대 교수, 전 아시아문화중심도시조성위원회 위원장)
최영태(전남대 사학과 교수) 정진백(전 사회평론 대표)
일시 2010년 3월 20일 토요일
장소 파주출판도시 열화당 사옥

새로운 '문화도시' '문화전당' 의 의미

성진기 광주(光州)가 '아시아문화중심도시' 가 되고, 그 실현을 위한 장치의 하나로 문화전당을 건립한다고 한다. 어느 곳이든 인간의 삶의 공간에 문화가 있고 각기 문화를 지향할 터인데, 특히 광주를 국가가 추진하는 문화중심도시로 조성하겠다는 의미는 무엇일까.

문화를 이용해 또 다른 경제적 효율성만을 추구하거나, 지역개발론, 지역수혜론의 차원으로 축소하기보다는, 문화중심도시와 전당의 핵심이 되는 '문화' 의 의미, 우리의 '문화 정체성' 이 무엇인지 되묻고 찾아야 할 것이다. 그렇다면 지역 불균형 해소라는 정책적 고려나 서구의 문화도시 모델의 추종을 극복하고 넘어서는 우리의 새로운 '문화도시' 와 '문화전당' 의 개념은 무엇인가.

김우창 대체로 말하면, 도시는 자연스럽게 발생하고 성장한 유기체적인 형태와 계획된 공간과 건축이 합쳐서 이루는 조합의 지역이고 공간이다. 그러나 주로 계획의 요소가 강화되어 온 것이 도시의 근대사이다. 특히 의도적으로 근대화를 사회와 정치, 그리고 경제의 목표로 해 온 사회에서 그러하다. 이러한 계획된 발전은 대부분의 경우 이전의 삶을 총괄적으로 포용할 수 없다. 그리하여 근대화를 지향하는 개발도상국이나 신흥산업국의 도시들은, 한편으로 지나치게 단순화한 계획, 그리고 다른 한편으로는 교란된 전통적 삶의 공간의 혼란을 나타내는 무질서의 조합이기 십상이다. 이 혼란 속에서 잊혀지는 것은 도시가 '사람의 삶의 공간' 이라는 단순한 사실이다.

일정한 공간에서 일정 시간 지속되는 삶은 모양과 양식을 가지게 마련이다. 이것이 도시의 문화다. 이것은 외형과 삶을 영위하는 방식을 아우른다. 사람들은, 도시 건설이 일정한 단계를 지나면, 기능적인 의미에서 공간과 조형물 들을 보다

objects from an aesthetic point-of-view. We think of the external appearance of spaces and objects, and mistakenly separate them from life's realities, as if they were independent beings. We start to believe that the culturalization of a city can be achieved by erecting "cultural" things instead of things naturally developed from real life. We draw a line between culture and life, just as we separate urban spaces and structures from life. However, it is important to recognize that city, culture, and life are inseparable. Culture does not consist of objectified, external expressions such as buildings, heritage, performances, and all forms of revered art. Culture is an expression of life. The city is only significant within the milieu of culture understood as an integration of life.

This is not to neglect the external elements of the city or the theatricality of culture. In primitive societies, structures and performances did not exist only as external beings. Before they were visual objects, they were also spaces and methods for living. These also contribute to our lives by hoisting them to a different dimension. The purpose of emphasizing life over external expressions, is to remind us that the subject of culture and the city is life, while culture and city themselves are objects. In our society, we tend to place culture apart from other realms of life—an inclination that recognizes culture as an independent being. Perhaps this results from our obsession that culture should be uplifted, and now is the time for it. In a way it is understandable, but we should always remind ourselves of the context of the real world. Enrichment of the city through culture should be an extension of this basic fact.

What is the relationship between city and life, culture and city, and culture and life? How can such relations be expressed? Truly difficult it is to understand these issues. It concerns the understanding of boundaries, and how they are expressed in physical structures and behavior patterns. Plus, we need to understand the balance of life, and the wholeness of cultural style that, while ever-changing, maintains a certain typical pattern. Our search for such understanding calls for a new field of research, one that we may call economic aesthetics or aesthetic economy. What is otherwise possible is to observe and grasp external impressions of today's urban culture. This may not be an wholesome analysis on the complex body of life and beauty, but it will have its assets. While falling short of articulating the relationship among economy, politics, and aesthetics, it can flesh out this complex body by a perceptive observation that is conscious of these relationships. Culture refers to the background of wholeness that appears in fragmented experiences. Perceptual observation, from an aesthetic viewpoint, is only meaningful within the dialectics between the

심미적(審美的)인 관점에서 바라보기 시작한다. 그리하여 공간과 조형물 들의 외양을 생각한다. 이때 생기는 오해는, 다시 한번 그것을 삶의 현실로부터 분리되어 존재하는 것으로 생각하는 것이다. 현지의 삶으로부터 발전해 온 것이 아닌 '문화적인' 것들을 세움으로써 도시의 문화화(文化化)가 이루어질 수 있다고 생각하게 된다. 도시 공간과 도시의 조형물들이 삶에서 유리되어 존재할 수 있다고 생각하는 것과 같이, 문화도 삶과 별개의 것으로 존재한다고 간주하는 것이다. 절실한 것은 다시 한번 도시나 문화, 그리고 삶이 분리될 수 있는 것이 아니라는 사실을 상기하는 일이다. 어떤 대상화된 외적 표현, 말하자면 건물, 유적, 받들어 모셔지는 예술, 공연 등이 문화를 이루는 것은 아니다. 문화는 삶의 표현이다. 도시는 삶의 총체로서 문화의 테두리 속에서만 의미있는 것이 된다.

도시의 외형적 요소나 문화의 공연적 성격을 무시해야 한다는 것은 아니다. 아마 원초적 공동체에서는 조형물이나 공연물이 전적으로 외형으로만 접근되지는 않았을 것이다. 그러다가 삶을 사는 공간이자 방법이면서 동시에 외형적 볼거리가 되었을 것이다. 그것은 그 나름으로 영위되는 삶의 차원을 높이는 데에 기여한다. 그러나 일단 외적인 표현에 선행하여 삶을 강조하는 것은, 문화나 도시에서 주체는 삶이고 그 객체가 문화고 도시라는 사실을 상기하자는 것이다. 우리 사회에는, 특히 문화가 삶의 다른 영역과 독립하여 존재하는 것으로 생각하는 경향이 있다. 이는 아마 문화가 강화될 필요가 있다는 의식과 또 우선 순위를 생각할 때 지금이 문화에 주목해야 하는 시점이라는 의식에서 나오는 것이다. 물론 이해할 만한 일이라고도 할 수 있다. 그러나 그 생활 세계의 맥락을 상기하는 것은 늘 필요한 일이다. 도시를 문화로 고양하는 일도 이 근본에 이어지는 작업이라야 한다.

도시와 삶, 문화와 도시, 문화와 삶의 관계는 어떠한가. 이 관계를 어떻게 적절하게 표현할 수 있는가. 이를 바르게 이해하는 것은 참으로 지난한 일이다. 그것은 경제를 이해하고, 그것이 어떻게 물질적 구조와 행동의 양식에 표현되는가를 이해하는 것을 의미한다. 또 이 모든 것이 이루는 삶의 균형, 그리고 끊임없이 변화하면서도 일정한 유형을 나타내는 문화 양식의 총체를 파악해야 한다. 이러한 이해의 추구는 경제미학(economic aesthetics) 또는 미학경제학(aesthetic economics)이라 할 수 있는 새로운 학문을 요구할 것이다. 여기에서 할 수 있는 것은 오늘의 도시문화가 보여 주는 외형적 인상에 대한 몇 가지 관찰을 시도하는 일이다. 그것은 삶과 미(美)의 복합체 전체에 대한 분석이 될 수 없더라도, 그 나름의 의의가 있지 않을까 한다. 경제와 정치, 그리고 미학의 관계를 분명하게 드러내는 건 아니지만, 그것을 의식하면서 이루어지는 지각적 관찰만으로도 이 복합체를 부각시키는 일을 할 수 있을 것이다. 문화는 단편적 경험 속에서 드러나는 총체성의 배경을 지칭한다. 심미적 관점에서 지각적 관찰은 그 대상의 총체성과 단편성의 변증법 속에서만 의미있는 것이 된다. 그러한 관찰에서 외형적으로나마

wholeness and fragments of the observed object. This observation leads us to a sense of wholeness, one that, though externally damaged, makes us conscious of life, and the problems of life's culture. I am always hesitant in the use of the word "center," or "Hub," in "Hub City of Culture." It has been characteristic of our culture to honor the other than oneself, and to refer to oneself as a center may incite a misconstruction of our true intentions. It will be sufficient to call it "Culture City of Gwangju," and happy will be the day it earns the title of "Hub" from an external voice. When one asserts itself as a center, it is only natural for others to ask: "so you're the only one?" We no longer use expressions such as "the hub of Asia" or "the balancer of Asia," and this testifies to the maturity of our culture.

Hyup Choi You have raised some very important issues. In particular, I completely agree with your point about the artificiality of a proposal to "create" a cultural city, and the focus on external factors such as spatial and formal elements that are alienated from everyday life. Gwangju's Hub City of Asian Culture project should critically examine these issues. You have also addressed your concern over the expression "Hub of Culture." I am also opposed to any idea that classifies culture into center and borders. But the word used here is "hub" rather than "center," signifying that the city of Gwangju aims to become a "hub of cultural exchanges" instead of a "self-referential center." The Hub City of Culture does not subscribe to the conventional regional development model of the past that mainly focused on economic benefits, but it is a grand experiment for creating a new form of cultural city tailored to the rapid changes in the global information age of the 21st century. At the core of the Hub City of Culture is the provision of necessary infrastructure within the provincial town of Gwangju for sharing creative cultural assets through communication and exchange with the broad Asian community beyond the regional and national borders. This is a long-term project, one that will only reveal its fully realized form in ten to twenty years, provided that all things proceed as planned. Then, this type of cultural city will bring great positive changes to Korean society in diverse aspects. First there will be a big conceptual change in thinking about urban culture, and the attitude of provincial regions toward the center. Most of all, it will help establish Korea as a respected and beloved neighbor within the Asian community.

Youngtae Choi Many refer to the 20th century as the era of culture. Although its meaning will vary from person to person, one thing is clear—that culture is the quality of life, and our concern or hopes for culture reflects our desire to enhance life's qualities. The Hub City of Culture project was initiated by the campaign promise

손상된 것으로 느껴지는 총체성은 삶과 문화의 문제적 측면을 의식하게 한다. 중심이라는 말에 대해서는 늘 주저감을 느낀다. 자기를 내세우는 것보다도 남을 높이는 것이 우리 문화의 가장 중요한 부분인데, 이것을 내세우면 우리의 참된 모습이 잘못 전달되지 않을까 걱정이 된다. '광주문화도시' 라고 하면 충분하지 않을까 한다. 그러다가 다른 사람들이 과연 중심이 될 만하다고 하면 그보다 좋은 일이 없을 것이다. 이러나저러나 중심이라고 하면, '자기만 중심인가' 하는 생각을 하게 된다. '아시아의 허브' '아시아의 균형자' 와 같은 말도 이제 듣지 않게 되었는데, 우리나라가 그만큼 성숙해졌다는 의미일 것이다.

최협 매우 중요한 점들을 지적해 주셨다. 특히 문화도시 '조성' 이 갖는 인위적인 측면, 그리고 문화도시 조성에 대한 접근이 단지 공간과 조형물 같은 외형적 요소에 초점이 맞추어지고, 그래서 그러한 도시공간과 조형물 들이 삶으로부터 유리되어 존재할 가능성에 대한 우려를 말씀하셨는데, 그러한 지적에 전적으로 동의한다. 광주의 아시아문화중심도시 조성사업도 그러한 문제점에 대한 비판적인 검토가 필요할 것이다. 또한 문화중심이라는 표현에 대한 문제점도 지적하셨다. 물론 나도 문화를 중심과 변방으로 나누어 보는 방식에 반대한다. 그런데 여기서 말하는 '중심' 은 영어의 'Center' 가 아니라 'Hub' 라는 점에서, '우리가 중심' 이라는 것이 아니고 '문화교류의 중심' 으로서 광주라는 도시를 가꾸어 가겠다는 의미가 강하다. 이러한 기본적인 인식을 바탕으로 문제를 현실적으로 살펴보는 것이 필요할 것이다. 광주 아시아문화중심도시 조성사업은 과거의 상투적인 지역개발의 일환이거나 경제적 효율만을 추구하는 도시의 조성이 아니라, 세계화와 정보화가 급속히 진행되는, 21세기의 (새로운) 시대적 상황(환경)에 맞는, 새로운 형태의 문화도시를 만드는 거대한 실험이다. 서울을 제외하면 세계인이 알아보는 국제적인 문화도시가 전무한 대한민국에, 지역과 국가의 경계를 넘어서 아시아와 교류하고 소통하며 창조적 문화자원을 나누는 인프라를 광주라는 지방도시에 구축하는 작업이 아시아문화중심도시 조성사업의 핵심이다. 장기 프로젝트인 이 조성사업이 순조롭게 진행되어 향후 십 년 또는 이십 년 후 광주에서 그 모습을 드러낼 것인바, 이 새로운 형태의 문화도시는 한국사회에 여러 가지 측면에서 커다란 긍정적인 변화를 가져다 줄 것이다. 우선 문화도시의 개념에 큰 변화가 올 것이고, 지방이 중앙에 대해 가졌던 변방의식도 사라질 것이다. 그리고 무엇보다도 한국이 아시아, 그리고 국제사회에서 존경과 사랑을 받는 이웃으로 자리매김하는 데 크게 이바지할 것이다.

최영태 21세기는 문화의 시대라고 말하는 사람이 많다. 말하는 사람, 듣는 사람마다 그 말의 해석에 조금씩 차이가 있겠지만, 한 가지 분명한 것은 문화는 삶의 질에 관한 것이고, 따라서 우리가 문화를 중시하고자 하는 마음 혹은 기대감은 곧 삶의 질을 중시하고자 하는 염원의 반영이 아닐까 생각한다.

made by the Democratic presidential candidate Roh Moo hyun at the end of 2002. Then, it was more an impulsive pledge than a finely tuned campaign. Nevertheless, Roh's campaign promise was made mainly for two reasons. First is the fact that Gwangju and the Jeollanam-do region were traditionally regarded as cultural homelands. Every pledge is made on a certain base, and Roh and his staffs placed great value on the tradition and heritage of Gwangju and the Jeollanam-do Province, the homelands of art and culture. Their cultural heritage was significantly lost during industrialization, but intervention on a national level could hopefully restore that tradition. The second reason behind the campaign promise, I think, was related to the history of May 18th Democratic Uprising. Gwangju's citizens made a great contribution to democratization of Korea, but also had to bear considerable hardships. Apart from direct material losses, they suffered great emotional losses. These damages were long-term. Fortunately, the government made material compensations for those who participated in the movement, those who were either killed, hurt, or imprisoned in the process. They received recognition for their heroic deeds. But the main agents of the movement, and its victims, were not a few individuals but the citizens of Gwangju as a whole. President Roh's promise to turn Gwangju into a cultural hub reflected his intent to offer a collective compensation.

The May 18th Uprising gave the citizens of Gwangju a vision to turn their city into a symbol of democracy, human rights, and peace. The Asian Culture Complex is a grand project at the center of the Hub City of Culture, and its location at the center of the historical grounds of May 18th Uprising gives it an important added meaning. As a materialization of the spirit and value of the May 18th Movement, the Asian Culture Complex has full potential to become a world-class cultural facility. If the Hub City of Culture project can be successfully combined with plans for City of Democracy, Human Rights, and Peace, Gwangju can become a global cultural capital with a highly respectable heritage.

The Meaning of "Asian Culture"

Jinki Sung The designation of Gwangju as the Hub City of Asian Culture, along with the construction of Asian Culture Complex, aims to create a nucleus for the exchange of Asian culture, where cultural variety and essence can be found. What then does "Asian Culture" mean in this context? And what meaning does it have, and how appropriate is it, for us to form an "Asian Culture" in the present and catalyze cooperation and association among the many Asian nations?
Uchang Kim The world comprises many important cultures—Western, Islamic, Indian, and East Asian, shared by Korea, China, and

광주 문화도시 조성사업은, 일단은 2002년 말 대통령 선거 당시 민주당 소속 노무현(盧武鉉) 후보의 선거 공약에서 비롯되었다. 당시만 하더라도 정교하게 다듬어진 공약이었다기보다는 돌출적인 성격이 더 강했다. 그럼에도 불구하고 노무현 후보가 그런 공약을 내건 데에는 크게 두 가지 근거에서였다고 볼 수 있다. 하나는 광주 · 전남이 갖는 예향(藝鄉)의 전통이다. "소도 비빌 언덕이 있어야 비빈다"는 말이 있듯이, 대부분의 공약은 뭔가 배경이 있고 할 만한 환경이 갖추어져야 추진할 수 있다. 노무현 후보와 그 주변 사람들은 예향으로서의 광주 · 전남의 전통과 자산을 중시한 것이다. 산업화 시대에 접어들면서 예향의 전통이 많이 쇠퇴한 것은 사실이지만, 그런 전통을 국가가 개입하여 다시 복원시켜 보겠다는 염원이 담겨 있는 것이다.

문화도시 공약이 나온 두번째 이유는 오일팔 민중항쟁의 역사와 관련이 있다고 생각한다. 광주시민들은 오일팔 민중항쟁을 통해 한국 민주주의 발달에 큰 기여를 하였지만, 다른 한편으로 피해도 많이 겪었다. 직접적 물질적 피해는 말할 것도 없고, 정신적 피해도 컸다. 피해는 매우 장기적으로 진행되었다. 다행히 국가는 항쟁에 참여했다 사망하고 부상당하고 구속당한 개인들에 대해서는 어느 정도 물질적 보상을 해 주었고 국가유공자 대우도 해 주었다. 그러나 광주시민 모두가 항쟁의 주체였고 또 피해자였다는 점에서 보상은 미흡한 것이었다. 노무현 대통령이 광주를 문화도시로 만들겠다고 한 것은 이런 미흡한 점을 보완하는 차원에서의 집단 배상의 의도가 반영되어 있지 않았을까 생각한다.

오일팔 민중항쟁 이후, 광주시민들은 광주를 민주 · 인권 · 평화 도시로 만들겠다는 비전을 가지고 있다. 문화도시 조성사업은 광주시민들의 이런 희망을 구체화해 줄 수 있는 매우 적절한 프로젝트다. 문화중심도시 사업의 핵심인 문화전당은 그 자체만으로도 거대한 프로젝트이지만, 위치한 장소가 오일팔 민중항쟁의 중심지라는 점에서 그 의미는 더욱 크다. 오일팔 민중항쟁이 갖고 있는 정신과 가치를 구현하고 있는 문화전당은 세계적 명성을 갖는 문화시설로 발전할 충분한 가능성을 가지고 있다. 문화중심도시 조성사업과 민주 · 인권 · 평화 도시 조성사업이 성공적으로 이루어진다면 광주는 높은 품격을 가진 세계적 수준의 문화 · 인권 도시로 발전할 수 있을 것이다.

'아시아 문화'의 의미

성진기 아시아문화중심도시와 아시아문화전당은, 다양성에 기초한 아시아 문화의 진수를 발굴하고 아시아 국가 간 문화협력과 연대를 평화적으로 선도해 나갈 수 있는 교류의 구심점으로서 건설되고 있다. 그렇다면 여기서 말하는 '아시아 문화'란 무엇인가. 또한 현 시점에서 우리가 '아시아 문화'를 형성하고 아시아 각국 간 협력과 연대를 이끌어 나간다는 것은 어떤 당위성과 의미를

Japan. It would be futile to summarize the characteristics of the latter, but it is clear that we placed a relatively high value on ethics. But at the same time we did not neglect real life, so our reverence for ethics did not fade to fanaticism.

For the last 250 years, at least in the field of science and modernization, Western civilization played a crucial part. Now, I believe, is when we can contribute by adding humanitarianism and ethics to the achievements of the past. Gwangju is a historic ground where important events of our period took place, in terms of politics and others. It would be appropriate to commemorate this past, to invite fellow Asians to look back and study the incidents, and to connect them to the realm of culture.

Hyup Choi Our interest in Asia is perhaps related to a turning point in the history of human civilization. Industrial civilization, a product of Western modernity, brought material prosperity but with a price—the process also brought about disintegration of communities, the rise of social conflicts and alienation, exhaustion of resources, and destruction of the environment. In this context, our search for an alternative course for human civilization cannot overlook the enormous latent potential of Asia. If the present paradox of humanity is essentially rooted in the Western modernity, on humanism in particular, it can only be resolved through restoration of communities, or through a new cultural paradigm. Perhaps it was in the same vein that professor Kim mentioned of how "Asian humanitarianism and ethics" can contribute to today's condition. We can also find many other practical reasons for taking interest in Asia and Asian culture. The dynamic energy of Asia, as shown in Asian developing nations in the 20th century, was unprecedented in other parts of the world. Its population, production, and trade increased and developed with unmatched speed. Asia has formed the largest economic region, and half of the world's population resides in Asia. The volume of trade in the Asia-Pacific region exceeds that of the Atlantic, and now Asia-Pacific Economic Cooperation is the largest economic block in the world.

Also, the transition to the 21st century society based on knowledge and information is taking place most rapidly in Asia. Many countries of Asia are forerunners in the development of digital industry and the diffusion of computers and the internet. East Asian nations, including Korea, are now no longer mere followers of Western developments as they created another global nucleus.

If the cultural diversity and abundance can be added to Asia's potential as shown in the economic sector, the value of Asia can become even more prominent. The endless possibility of Asian culture has been suggested through such expressions as Asian values, Asian views, or

지니는가.

김우창 세계의 주요 문화에는 서양 문화도 있고, 이슬람 문화도 있고, 인도 문화도 있고, 중국을 중심으로 한·중·일을 두루 포함하는 동아시아 문화도 있다. 한마디로 요약할 수는 없지만, 다른 문화에 비하여 윤리성이 강한 것이 특징이 아닌가 한다. 그러면서도 윤리를 중요시하면서도 현실 생활을 잊어버리지 않기에, 광신(狂信)으로는 흐르지 않을 수 있었다.

세계의 여러 문화, 여러 나라들은 역사의 그때그때의 시점에서 인류 전체의 문화에 기여하는 일들을 이룩해냈다. 지난 이백오십 년 동안, 적어도 과학과 근대화에는 서양의 문화가 중요한 역할을 했다. 이제 아시아가 인도주의와 윤리라는 것을 새삼스럽게 보낼 수 있는 때가 아닌가 한다. 그리고 광주는 현대사에서 정치적 문제를 비롯해 여러 가지 중요한 사건이 있었던 역사적인 곳이다. 그것을 기념하여 아시아 사람들이 찾아와 정치·사회·경제적인 의제를 함께 고민하고 방법을 연구해 문화와 연결시키는 것이 바람직하지 않을까 생각한다.

최협 우리가 아시아에 관심을 갖는 것은 문명사적 전환과 관련이 있는 것 같다. 서구 근대의 산물인 산업문명의 발달은 물질적 풍요를 이루어냈으나, 그 과정에서 공동체가 파괴되고 소외와 경쟁과 갈등을 증폭시켰으며, 동시에 자원고갈과 환경파괴를 가속화했다는 사실이 많이 지적되어 왔다. 만일 우리가 이러한 지적들을 받아들인다면, 21세기 문명사적 전환을 위한 대안의 모색은 아시아가 갖고 있는 무한한 잠재력에 주목하는 데에서 시작해야 할 것이다. 현재 인류가 빠져 있는 모순이 본질적으로 서구의 근대문화, 특히 인간 중심적인 개인주의의 만연에 기인하는 것이라면, 공동체의 복원 또는 새로운 문화적 대안의 모색에서 극복의 실마리를 찾을 수 있기 때문이다. 아마 김 교수님이 말씀하신 '아시아의 인도주의와 윤리'를 보탤 수 있을 것이라는 지적은 이러한 측면을 의미할 것이다. 그 외에도 우리가 이제 아시아와 아시아 문화에 관심을 가져야 할 현실적 이유는 많다. 20세기 후반에 들어 아시아 국가들이 보여 준 발전의 역동적 측면은 세계의 그 어느 곳에서도 유례를 찾아볼 수 없는 것이었다. 아시아는 그 기간 동안에 인구·생산·교역 등의 각 부문에서 빠르게 성장하여 세계에서 가장 큰 규모의 지역경제권을 형성했으며, 세계 인구의 절반이 아시아에 거주한다. 아시아-태평양 지역의 교역량은 이제 대서양 지역의 교역량을 초과함으로써 아시아 태평양 경제협력체(Asia-Pacific Economic Cooperation)는 세계에서 가장 큰 경제 블록이 되었다.

또한 아시아는 세계에서 가장 빠르게 21세기형 지식·정보사회로 전환되고 있는 지역이기도 하다. 컴퓨터와 인터넷의 보급, 디지털 산업의 발달 등에서 아시아의 많은 국가들이 선두 다툼을 하고 있고, 그런 점에서 한국을 비롯한 동아시아는 서구를 무작정 쫓아가는 후발 주자에서 벗어나 또 하나의 세계 구심점을

Neo-Asianism. For instance, if the new paradigm requested by the globalization of the 21st century is a human-centered development, breaking away from the Western market-centered model, Asia, with its tradition of prioritizing the community, is the best place to search for alternative methods.

Asia also possesses surprising cultural diversity and abundance. Important religions originated in Asia, and except for Christianity, the largest Confucius (China, Korea, Japan, Singapore, Taiwan, Vietnam), Buddhist (Thailand), Islamic (Indonesia, Malaysia), and Hindu (India) nations are all found in Asia. Politically and economically, socialist nations (China, North Korea, Vietnam) and capitalist nations co-exist, and a broad spectrum of capitalism, from centrally controlled to laissez-faire, are practiced in Asia, providing useful models for an alternate economic future.

Despite these differences, Asian countries have maintained cultural and institutional relationships with adjacent nations through endless exchange, trade, and disputes. If there is a unifying characteristic that sets Asia apart from other regions, it was generated through these cultural and institutional correlations. It must be also noted that ourself awareness was germinated in resistance to the Western imperialist expansion. This makes it possible to set up Asia as a valid alternative to Western modernity.

To conclude, it could be said that our gaze has thus far been excessively directed towards the West, and under the new circumstances of the 21st century, its direction should now be placed upon Asia, ourselves.

Youngtae Choi Asia is a vast region with diverse ethnicities and religions. Seen from the perspective of historical exchange or disputes, it can be divided into several large regions. Because Asian culture is more diverse than that of any other continent, its clear definition is difficult if not impossible. Further complicating the situation is the dissemination of Western culture to this area in modern times. Now each region has a unique cultural tradition, mixed with newly introduced Western culture, and each generation has a different position on traditional and Western cultures. It is not a hyperbole to say Asian culture is a condensed version of the world's culture.

Most of the ancient civilizations were located in Asia. But unfortunately many of the traditional cultures in Asia have not been properly evaluated. The tides of modernization swept away many of them, and even now they are being destroyed under the bombardment of Western culture. This is unfortunate for both Asia and the whole of mankind. It is now high time that we Asians take a deep breath and focus our attention

형성하려는 움직임을 보이고 있다.

경제적인 측면에서 드러난 아시아의 잠재력은, 아시아가 갖는 문화적 다양성과 풍요로움이 더해지면서 그 가치가 더욱 새롭게 부각된다. 사실 아시아의 문화적 잠재력이 갖는 무한한 가능성은 그동안 '아시아적 가치(Asian Values)' '아시아적 관점(Asian View)' 또는 '신아시아주의(Neo-Asianism)' 등의 표현으로 시사되어 온 바 있다. 한 가지 예로, 만일 21세기 세계화의 흐름이 요구하는 새로운 패러다임이 서구의 시장 중심을 넘어 인간중심의 발전체제라 한다면, 아시아는 공동체의 발전을 우선시하는 전통을 가지고 있다는 점에서 새로운 대안을 모색하는 최적의 장이 될 수 있는 것이다.

그리고 아시아에는 놀랄 만한 문화적 다양성과 풍요로움이 존재한다. 세계의 주요 종교의 발상지가 아시아이며, 현재에도 기독교를 제외한 가장 큰 유교 국가(중국, 한국, 일본, 싱가포르, 대만, 베트남), 불교 국가(태국), 이슬람교 국가(인도네시아, 말레이시아), 힌두교 국가(인도)가 모두 아시아에서 발견된다. 또한 정치·경제적으로도 사회주의 국가(중국, 북한, 베트남)에서 자본주의 국가가 있으며, 자본주의 사회도 국가 개입에서 자유방임에 이르기까지 다양한 형태가 공존함으로써 새로운 경제·사회·문화적 대안 모색에 유용한 모델을 제공해 주기도 한다.

이러한 다양성에도 불구하고 아시아 국가들은 인접국들과의 끊임없는 교류, 교역, 전쟁 등을 통하여 역사적으로 상당한 문화적 제도적 연관성을 유지해 왔다. 만일 아시아를 다른 지역과 구분시켜 주는 통합적인 특성이 있다면, 그것은 바로 이와 같은 문화적 제도적 연관성에 말미암아 가능했을 것이다. 또한 근대 이후 서구의 식민지적 팽창에 대응하여 '우리' 라는 자의식으로서의 아시아적 정체성이 배태되었음에 주목한다. 이러한 가능성은 탈근대에서의 대항 주체로서 아시아를 설정케 해 준다.

결론적으로 그동안 우리의 시선은 지나치게 서구를 향해 있었다. 이제 21세기 새로운 환경에서 우리는 아시아로 눈을 돌릴 때가 되었다.

최영태 아시아는 지역적으로 매우 넓고 인종이나 종교도 다양하다. 역사적 교류나 경쟁 관계에서 보더라도 동북아 지역과 중동, 서남아시아 등 비교적 쉽게 구분이 가능한 몇 개의 큰 영역이 존재한다. 따라서 아시아 문화는 그 어떤 대륙의 문화보다 다양하며, 그 의미를 간단하게 정의 내리기도 그만큼 쉽지 않다. 게다가 아시아 지역에는 현대에 와서 서구 문화가 많이 전파되었다. 지역마다 고유의 전통적인 문화와 새로 도입한 서구의 문화가 혼재한다. 또 세대에 따라 전통적 문화와 서구 문화를 바라보는 시각도 다르다. 현재를 기준으로 한다면 아시아 문화는 세계 문화의 압축판이라고 해도 과언이 아닐 것이다.

고대문명의 발상지 중 대부분은 아시아 지역에 위치했다. 역사와 문화적 전통에서

on our own culture.

But the unique tradition and language of each people form the core element of Asian culture. Traditional culture of this region was in many ways connected to religion. For instance, we cannot properly explain the culture of Northeast Asia without mentioning Buddhism, Confucianism, and many forms of shamanism. In addition, because Christianity was introduced to Asian society early on, this core element of Western civilization has already become a tradition in some regions of Asia.

The Asian Culture Complex is aiming to contain these diverse contents of Asian culture. Culture consists of the appearances of life itself, which shared the history and destiny of the nation. We can feel the breath of the nation in it. Similar to most other Asian nations, Korea was subjected to invasion and occupation by more powerful nations. Culturally, Chinese culture was imported, and recreated as our own, and transferred to other nations such as Japan. In the late 20th century, Western culture was imported, and some of it became our own. So-called "Korean Wave" reflects this dynamic cultural force. All of this shows that Korea is capable of undertaking the mediator's role for Asian culture. Moreover, Korea has become an economically strong nation. To serve as Asia's cultural messenger, considerable financial support is necessary, and Korea is capable of providing that. It is therefore quite timely and fortunate that Korea, with all of these advantages, is undertaking a grand project for the Hub City of Asian Culture. And as a citizen of Gwangju, I am very proud and happy that my city has been selected for the project. However, because there cannot be a hub or center in the idea of culture, I feel that the term "Hub City of Asian Culture" is inappropriate for the city. Perhaps "City of Asian Cultural Exchange" is more fitting.

Historical and Cultural Memories of Gwangju

Jinki Sung Gwangju is a city that saw citizen's active reformative movements, and is thus symbolic of peace and human rights. It stores the spirit of democracy that can shine away all the negative traits that Asia left during its modernization. What would it mean to build the Hub City of Asian Culture, and the Asian Culture Complex in this historic city with such memories? What distinct identity does Gwangju have as a homeland of culture and justice? What value will this characteristic cultural base place upon the city and the Complex?

Uchang Kim It would be better to run cultural operations that generously look back on Gwangju's past, than to singularly focus on the May 18th Democratic Movement. It will be a good idea to create a

아시아는 세계 어느 지역보다 뿌리가 깊은 곳이다. 그러나 불행히도 아시아의 전통적 문화 중에는 19세기 이후 서구 문명의 침략과 물질적 공세에 짓눌리고 억압받고 그래서 정당한 평가를 받지 못한 것들이 많다. 지금도 서구 문화의 공세 속에 유실되고 잊혀져 가는 것들이 많다. 이것은 아시아를 위해서도, 인류 전체를 위해서도 바람직하지 않다. 아시아인들이 호흡을 가다듬고 우리 고유의 문화들에 대해 새로운 관심을 보여야 한다.

각 민족마다의 고유한 전통, 다양한 언어 등은 아시아 문화의 핵심적 요소에 해당한다. 아시아 지역의 전통적 문화에는 다양한 종교와 연관된 것들이 가장 많을 것이다. 동북아 지역의 문화만 하더라도, 다양한 성격의 샤머니즘과 불교, 유교 등을 빼놓고는 설명할 수가 없다. 기독교가 아시아 사회에 소개된 지가 꽤 오래된 만큼, 지역에 따라서는 서구 문명의 핵심이라고 할 수 있는 기독교까지도 이미 전통적인 문화로 자리잡은 경우도 있을 수 있다.

'문화전당'이 담고자 하는 아시아 문화는 이런 다양한 내용들이다. 그 민족의 역사와 운명을 같이한, 그래서 그 민족의 숨결을 느끼게 하는 삶의 모습들 자체가 곧 문화라고 할 수 있다. 한국은 아시아 대부분의 국가들처럼 강대국의 침략과 지배를 받아 본 경험을 가졌다. 문화적으로는 중국의 문화를 수입하고, 그것을 우리 것으로 재창조했으며, 또 그것을 일본 등 다른 나라에 소개했다. 20세기 후반에는 서구 문화를 수입하였고, 그 중 일부는 다시 우리 것으로 만들었다. 소위 '한류(韓流)'는 이런 역동적인 문화 능력의 반영이라고 할 수 있다. 이런 점만 보더라도 한국은 아시아 문화의 소통 기능을 수행할 충분한 능력을 가지고 있다. 게다가 한국은 경제적으로 꽤 저력을 가진 국가가 되었다. 아시아 문화의 소통 역할을 담당하려면 물질적으로 상당한 부담이 필요한데, 다행히도 우리나라는 그런 부담을 감당할 능력을 가지고 있다. 이런 몇 가지 유리한 조건을 가진 한국이 아시아문화중심도시라는 거대한 프로젝트를 추진하게 된 것은 매우 시의적절한 일이자 자랑스러운 일이다. 그리고 그 일을 수행할 대표적인 도시로 광주가 선정된 것은 광주시민의 입장에서 영광이고 행복한 일이 아닐 수 없다. 다만 '아시아문화중심도시'라고 명명한 것은 바른 표현이라고 생각하지 않는다. 문화의 개념에서 중심이라는 단어는 적합하지 않기 때문이다. '아시아문화소통도시'라고 표현하면 더 좋지 않을까 생각한다.

광주의 역사적 기억, 문화적 기억

성진기 광주는 시민참여적 개혁의 경험을 가진 도시이자 평화와 인권을 상징하는 도시로, 아시아가 공통적으로 지닌 근대화 과정의 부정적인 면을 극복할 수 있는 민주정신을 품고 있다. 이러한 역사적 기억을 지닌 광주에 아시아문화중심도시, 아시아문화전당이 설립된다는 것은 어떤 의미를 지니는가. 또한 예향,

serene monument or exhibition space that effortlessly arouses in the visitors' deep sorrow and a sense of gratitude, which commemorate not just big events but also little incidents of people's lives. There is nothing more tedious than listening to someone who goes on and on with one's single contribution. It would be good for all of us to have an embracing memorial for both happiness and sorrows, achievements and failures, and the highs and lows of our lives.

One of the cultural contents would be the cultural remains. We should remember that preservation does not equal aestheticization or glamorization. The significance of heritage lies in its ability to let us sense time. Time is expressed in material, structure, and space. Careful attention should be paid in their recognition and preservation.

Natural objects such as wood or stone, or spatial layouts, are inclusive of time. We need to search for ways to refrain from erasing the traces of time inscribed on these objects. This is all the more true with spaces. The best way of preservation is to make us imagine the context of life which surrounded the object in its time.

In the preservation of cultural heritage, we witness unfortunate examples that over-aestheticize the object, or even relocate or rebuild it to make it look more historic-like. There may be cases where these alternations are inevitable, but such changes should always be accompanied by accurate recordings.

Cultural heritage results from a subjective recognition on life's various traces. This requires a certain understanding on history. However, there have been cases where such understanding is so simple and insubstantial that it narrows down to a nationalist viewpoint. Of course it is impossible to absolutely transcend these pitfalls, but a subject in a genuine sense will be able to achieve it. That is where we find the dignity of a subject. There are cases, especially those concerning historic remains, that emphasize only the major aesthetic or historic subject. But we should not forget that minor subjects of everyday life also build up history. Surely preservation is a matter of choice, having to make decisions on what to preserve. The principle of choice, however, should be embracing, and it is important to note that cultural artifacts consist of not only ancient remains but also recent objects.

Conserving heritage means preserving its memory, and when it comes to adding weight to one's life, personal memory is as important as collective ones. Memory persists in real time when it is contained in objects. It is a personal thing yet it plays an important part in maintaining social stability. Therefore, utmost care should be taken when we choose to change the form of existing buildings and nature.

A living culture lets us feel culture as part of our lives. An external

의향(義鄕)의 도시로 불리는 광주가 다른 지역과 구별되는 어떤 문화적 정체성을 지니는가. 그 독특한 문화적 기반이 아시아문화중심도시와 전당에 어떤 가치를 부여할 것인가.

김우창 광주의 과거를 널리 너그럽게 회상할 수 있는 문화 사업을 펼칠 수 있으면 좋을 것이다. 지나치게 오일팔 민중항쟁만을 강조하는 것은 다시 한번 자기를 내세우는 잘못을 저지르는 일이 될 것이다. 조용하게 깊은 슬픔과 감사의 염을 저절로 느낄 수 있게 하는 기념물을 세우거나 기념 전시 등도 좋을 것이다. 그것도 사람의 삶을 깊이 널리 생각하게 하는, 그리고 큰 일들뿐만 아니라 작은 일들을 생각하게 하는 것이면 더욱 좋겠다. 자기가 세운 공 하나를 끊임없이 내세우는 사람처럼 지겨운 사람이 없다. 삶의 아픔과 기쁨, 공적과 실패, 높은 것과 낮은 것을 두루 생각하게 하는 것이 모두를 위한 좋은 일이 될 것이다.

문화 콘텐츠의 하나로 생각될 수 있는 것이 문화 유적이다. 그런데 문화 유적의 보존과 관련하여 유념해야 할 것은, 그 보존이 반드시 그것을 미화한다는 뜻이 아니라는 것이다. 유적의 의미는 거기에서 시간을 느낄 수 있다는 데 있다. 시간은 재료와 구조, 그리고 위치해 있는 공간에 표현된다. 이것을 지각하고 보존하는 데는 섬세한 주의가 필요하다.

나무나 돌, 공간적 배치 등은 모두 시간을 내장(內藏)하고 있다. 이것들에 남은 시간의 흔적을 지우지 않으면서 시간 속에 더 이상 닳아 없어지지 않도록 하는 데는 여러 가지 연구가 필요하다. 특히 공간의 경우가 그러한데, 바람직한 것은 이 보존을 통해 그 유적이 존재하던 시대의 삶의 맥락을 상상할 수 있게 하는 것이다. 문화 유적의 보존에서, 우리는 어떤 경우에 그것을 지나치게 미화하고, 심지어는 장소를 이동하여 새로 짓고 그것을 유적처럼 꾸미는 것을 본다. 변경과 이동이 불가피했을 경우 거기에는 정확한 사실적 기록이 수반되어야 한다.

문화 유적이란 삶의 자취 가운데 어떤 것을 주체화하여 인지한 결과다. 이것은 역사에 대한 일정한 이해를 전제한다. 그런데 이 이해가 지나치게 편협해져 버리는 경우를 많이 보게 된다. 우리 주변에서 너무나 많은 것이 민족주의와 국가주의의 관점에서 단순화하는 것을 본다. 그것을 완전히 초월할 수는 없다. 그러면서도 진정한 의미에서의 주체는 그것을 포함하면서 그것을 넘어간다. 거기에 주체의 위엄이 성립한다. 어떤 경우에, 특히 유적에 있어 미학적으로나 역사적으로나 대주체(大主體)만을 강조하는 경우가 있다. 일상적 삶의 소주체(小主體)도 역사가 된다는 것을 잊지 않아야 한다. 물론 보존은 선택을 의미하기 때문에, 많은 것 가운데 일정한 것을 선택하는 것은 불가피하다. 그러나 선택의 원리는 포용적인 것이어야 한다. 그리고 이와 관련하여 주의할 것은, 오래된 것만이 아니라 근래의 것도 문화 유적이 될 수 있다는 점이다.

또한 주의할 것은, 유적을 보존한다 함은 기억 또는 기억을 돕는 것을 보존한다는

appearance of a street could be created rather easily, but the characteristic behavior of its people can only result from an accumulation of long-term culture, and the gathering of related consciousness. "Custom" is a formalized product of social interaction, and its artistic sublimation is what we call "rituals" and "rites." These are our intangible cultural heritage.

Something that permeates further into life is "manners," and most visible from a contemporary standpoint is the street manners. On the one hand it is about yielding to the other person, but in a deeper level it concerns hospitality to strangers. Kindness and generosity towards visitors and foreigners—all these manners are external expressions of ethics, social morality and behaviors, rooted in social life. What is most important in social ethics is generosity and honesty. These are not only reflected in our sense of humanity, in our attitude towards heritage that favor modest preservation over aestheticization, and in the righteousness of politics and society in general, but also in the honesty of our daily interactions.

Hyup Choi First, we need to elaborate further on the reasons for the selection of Gwangju as the Hub City of Asian Culture. The May 18th Uprising helped take down the dictatorship to achieve democratization. And many people began to visit Gwangju to share the experience of democratization. Gwangju naturally became an arena for exchange and communication with Asia. The May 18th Democratic Uprising turned Gwangju into a city that attracted the world's attention, and set it apart from other cities. It was Gwangju's sacrifice that gathered the dispersed streams of democratic movement across the nation. In our struggle for democracy, memories of Gwangju became at once a deep wound, a burden of Korean contemporary history, and a symbol of hope. At the same time, Gwangju's tragic events spread the city's name to the world. Because of the accomplishments of Korean democratic movement after the May 18th Uprising, other nations of Asia, then suffering under the rule of dictatorships, wanted to know more about Gwangju. In other words, Gwangju came to occupy a special place in the minds of Koreans and Asians. Gwangju was no longer an ordinary provincial town, but a city with a powerful image and identity. And this made it possible to select Gwangju as the Hub City of Asian Culture. The task for Gwangju is to define the values and contents for collaboration and exchange as the Hub City of Asian Culture. This is an utterly important question, and I would like to offer the following observations.

In the discussions concerning the establishment of the Hub City of Asian Culture, many voiced the opinion that the spirit and experience of

것인데, 집단적 기억만이 아니라 개인적 기억도 삶에 무게를 더하는 데 중요한 역할을 한다는 사실이다. 한 사람이 자라고 그 선조가 살았던 땅은 우리를, 삶의 순간을 넘어, 존재할 수 있도록 한다. 기억은 사물에 위탁됨으로써만 현실적 지속성을 얻는다. 이것은 개인적인 것이면서 사회적 안정에도 매우 중요한 기능을 한다. 기존 시설물이나 자연 형태의 변형에는 늘 섬세한 고려가 있어야 한다. 문화를 삶의 일부로 직접 느끼게 하는 것이 생활 문화이다. 외적 풍경으로서 길거리는 조금 더 쉽게 만들어지겠지만, 사람들의 몸가짐은 그야말로 오랜 문화의 집적으로, 그것을 위한 의식의 집적으로 가능하다. 풍습은 사회 상호작용의 정형화의 결과다. 그것을 예술적으로 승화한 것이 여러 의례(儀禮)와 의식(儀式)이다. 이것은 비물질적인 문화유산이 된다. 그보다도 더 생활에 깊숙이 배어들어 있는 것이 예절(禮節)이다. 그 중 현대적 관점에서 가장 눈에 띄는 것은 길거리 예절이다. 그것은 한편으로 타인을 앞세우는 양보에, 그리고 더 깊은 차원에서는 낯선 사람에 대한 친절에서 나타난다. 손님과 외래인에 대한 친절함과 관대함, 이러한 예절들은 물론 사회적 삶에 뿌리내리고 있는 도덕과 사회윤리, 몸가짐의 외적 표현이다. 이 도덕과 사회윤리에서 가장 중요한 것은 너그러움과 정직성일 것이다. 이것은 인간애와 함께, 문화유산을 미화하지 않고 그대로 보존하는 일, 그리고 정치와 사회의 청렴에서 크게 나타나지만, 일상적 거래에서의 정직성에도 그대로 드러나게 마련이다.

최협 우선, 왜 광주를 아시아 문화 교류의 중심도시로 구상하게 되었는가를 짚어 볼 필요가 있다. 오일팔 민중항쟁 이후 유월항쟁을 거쳐 한국사회는 독재체제를 무너뜨리고 민주화를 이룩하였다. 그래서 1990년대 아시아에서, 수많은 사람들이 민주화의 경험을 듣고 공유하기 위해 광주를 찾기 시작했다. 자연스럽게 아시아와 교류하고 소통하는 장이 광주라는 도시에 형성되기 시작한 것이다. 부연하면, 오일팔 민중항쟁으로 말미암아 광주는, 두 가지 측면에서 새롭게 부각됐다. 오일팔 민중항쟁을 계기로 한국의 민주화 운동에 질적 변화가 일어났다는 것, 그리고 광주가 세계의 주목을 받는 도시가 되었다는 점에서 여타의 도시와는 차별성을 갖게 된 것이다. 즉 오일팔 민중항쟁 가운데 치러진 광주의 희생은 전국의 민주화 세력을 새로운 방식으로 결집시키도록 만들었고, 한국의 민주화 세력에게 광주는, 잔혹한 상처이자 버거운 부담이면서 동시에 희망의 상징이 되었다. 또 광주의 비극적 사건은 세계인에게 광주를 알리는 계기로 작용하였고, 오일팔 민중항쟁 이후 더욱 치열하게 전개된 한국 민주화 운동의 성공적 결과는, 특히 독재에 시달리는 아시아 여러 나라에서 광주를 알려고 하는 노력이 싹트게 만들었다. 다시 말해 광주는 이제 한국인과 아시아인의 마음속에 특수한 성격을 갖는 도시로 자리잡게 됐다. 그러므로 광주는 이제 더 이상 하나의 평범한 지방도시가 아니라, 여타의 도시와는 다른 강렬한 이미지와 정체성을 갖는

the May 18th Uprising be placed central to cultural exchanges and communication. This is true, but we should not neglect that the spirit and experience of May 18th is multi-faceted and multi-dimensional. For instance, May 18th Movement was an event that experienced both a dynamic, revolutionary aspect and a still, integrating aspect—the former in the struggles and demonstrations, and the latter in the complete retention of urban order during the incident, when not a single burglary was reported. History across the world has seen many cases where brave citizens stood up against injustice, but few succeeded to maintain social order during the revolutionary times as was in Gwangju. This is what many cross-cultural researches find interesting, and hence this provides a meaningful starting point in our efforts to promote cultural exchanges among Asian nations and together imagine culture of the future. It is indeed the image of people voluntarily gathered at the plaza in front of the Provincial Office after May 18th, hundreds and thousands of people from all classes and backgrounds expressing a single voice in a city with a population of over one million, that is imprinted on the minds of the world's citizens. The incident was "unique" in its powerful integration of people who fought in their own ways, but is also "universal" in that it suggests a path for democracy that we can share with the many nations of Asia. How can we reengage in today's circumstances this experience of seeking unity while respecting variety, and share it with all Asians? I believe this is an important topic in the process of building the Hub City of Asian Culture.

The spirit of May 18th must now become creatively sublimated for the new century, with greater openness to Asia. The value that corresponds to the 21st century is not based on struggle but sharing and coexistence. The past century was one of revolutions and wars. In that era, Gwangju, through its history of resistance and struggles, earned its name as a hometown for justice. But justice and righteousness do not always appear in the form of courage and struggles in history.

Confucius once remarked that one may very well accumulate riches as long as one is righteous. Here righteousness refers to the spirit of honesty and sharing. Righteousness has many faces. In the 20th century—the age of revolutions and wars—righteousness meant opposition and struggle. But in the current century—the century of culture—post-colonialism, and post-structuralism, righteousness are linked with democracy, peace, human rights, collaboration, and communication. We cannot communicate and cooperate with Asians through a language of opposition. We need to discuss with other fellow Asians Asia's cultural value, and share a consensus on the issues in human rights, in order to discover and recreate our unique cultural

도시로 새롭게 태어난 것이다. 바로 이러한 점이 광주를 아시아 문화 교류의 허브로 만드는 구상을 가능케 했던 것이다.

이제, 앞으로의 과제는 '아시아 문화 교류의 중심도시로서 광주가 과연 어떠한 가치와 내용을 가지고 교류와 협력의 기조를 삼을 것인가' 이다. 이는 매우 중요한 문제로서 다음과 같은 생각을 가지고 있다.

아시아문화중심도시 조성에 관한 수많은 논의들 중에서, 많은 이들이 아시아 문화 교류와 소통의 중심에 특히 오일팔 민중항쟁의 경험과 정신을 두어야 한다고 지적한다. 맞는 말이다. 그러나 간과해서 안 될 점은, 오일팔 민중항쟁의 경험과 정신은 일면적인 것이 아니고 다면적이고 다차원적이라는 사실이다. 한 예로 우리는 오일팔 민중항쟁을 통하여 투쟁과 항쟁이라는 동적(動的)이고 혁명적인 측면과, 도시 전체에서 도둑이 사라지고 완벽하게 질서가 유지된 정적(靜的)이며 통합적인 측면을 동시에 경험하였다. 불의에 대항하여 용맹스러운 시민들이 물리력으로 항거한 사실은 역사적으로 세계 곳곳에 무수히 많으나, 혁명적 상황에서 오일팔 민중항쟁의 광주에서처럼 사회적 질서가 완벽하게 지켜진 사례는 거의 없다. 바로 이러한 사실이 비교문화적으로 주목을 받게 되고, 특히 우리가 아시아와 교류하고 소통하며 미래의 문화를 일구어 가는 데 중요한 단초를 제공해 준다. 다시 생각해 보아도, 인구 백만 명이 넘는 대도시에서 배경과 생각을 달리하는 각계각층의 사람들이, 5월 18일 이후 도청 앞 광장에 매일 수만에서 수십만 명이 자발적으로 모여 한마음을 표출하던 장면은 세계인이 오래 기억할 가장 인상적인 장면이 아닐 수 없다. 다양한 사람들이 서로의 몫을 해냄으로써 결과적으로 하나로 통합되어 큰 힘을 발하는 경험이, 곧 광주의 오일팔 민중항쟁이 보여 주는 '유일성' 임과 동시에, 아시아의 여러 나라들이 민주주의로 가는 길목을 제시해 주는 '보편성' 과 만나는 대목이 된다. 다양성이 존중되면서 통일성을 이루어 가는 이러한 경험을 오늘날 어떻게 되살려 아시아의 모든 사람과 나누어 가질 수 있을 것인가. 이러한 문제의식이 곧 아시아문화중심도시 조성사업의 추진 과정에서 잊지 말아야 할 중요한 화두라는 생각이 든다.

지금 건설되고 있는 핵심 시설인 아시아문화전당에, 광주는 오일팔 민중항쟁의 정신과 가치를 21세기에 맞게 창조적으로 승화시켜 아시아와 교류하고 소통하고자 하는 의지를 담아야 할 것이다. 새로운 세기에 부응하는 오일팔 민중항쟁의 가치는 투쟁이나 항쟁이 아니고 나눔과 상생의 정신이라고 본다. 20세기는 혁명과 전쟁의 세기였다. 그러한 시대에 광주는 투쟁과 항쟁을 통해 의향(義鄕)으로서의 정체성을 획득하였다. 그러나 의로움은 용기와 투쟁 이외에도 여러 모습으로 역사에 나타난다. 일찍이 공자(孔子)는 의로움이 있으면 재산을 많이 모아도 좋다고 말했다. 이때의 의로움은 정직과 나눔의 정신을 말한다. 이러한 예는 의로움에 여러 모습이 있음을 말해 준다. 20세기, 즉 혁명과 전쟁의

assets through communication and collaboration. We should be attentive to these issues.

Our Hopes and Expectations for a Facility Called "Asian Culture Complex"

Jinki Sung We are told that the Asian Culture Complex—the space designed for the specific purpose of operating the programs of Hub City of Asian Culture—is a cultural power house that engages in the creation of art and cultural contents, or a cultural mixed-use facility that encompasses activities of creation, exchange, research, education, and enjoyment. Also not to be neglected is its role in enhancing the civic and cultural consciousness by providing various cultural experiences for the citizens. What actual function and influence will the facility have for Gwangju's citizens, the Korean people, and furthermore, the Asian neighbors? What exactly are our hopes and expectations for it? Will it fulfill its ultimate role, to expand cultural exchange beyond the boundary of Gwangju to Korea and to Asia?

Uchang Kim The development of our cities has been characterized by its discontinuity. An abrupt construction of a cultural facility or the sudden designation of a cultural region cannot turn a town into a city of culture. To reiterate, such mistaken ideas result from understanding life not as an ever-changing process but a physical property, as an object distanced from the process of the subject. A foreign artist who participated in the Gwangju Biennale once remarked that Gwangju is a city "where there is no place to go beyond the boundary of the Biennale." This could well be applied to other rapidly developed cities of Korea. What foreign artists wish to see are not simply famous cultural spots and institutions—they are equally interested in tea houses, restaurants, shops, parks, and streets where they can casually take a walk. These are places of everyday pleasure but they're also objects of intellectual curiosity. People wish to feel the actual life of the town. If our knowledge is to burst out of the pages of map books and photograph collections, we need to walk the streets and take part in everyday interactions. Culturally designated spots should exist in connection to the actual living spaces.

Places and activities formed through time have a certain organic order, an order that responds in its own way to people's needs and wishes. The task of building or rebuilding cities is to find these organic orders. Urban planning is in essence an act of giving geometric order to spaces of habitation and activities. A good city maintains a balance between geometric and organic orders. Places inhabited by people for a long time already have an intrinsic order, and can be gifted with beauty

세기에 의로움은 투쟁과 항쟁일 수 있지만, 문화의 세기, 탈식민과 탈구조의 세기인 21세기의 의로움은 민주 · 평화 · 인권 · 협력 · 나눔 · 소통 등이 적합하다. 아시아인들에게 투쟁의 가치를 내세우며 교류와 협력을 실행할 수는 없다. 아시아인들과 아시아적 가치와 문화를 논하고, 고유한 문화적 자원을 교류와 협력으로 발굴하고 창조적으로 재해석해내는 작업을 추진하려면, 인권과 교류, 협력의 가치를 공유하는 일이 필요하다. 우리는 이러한 사실에 유념해야 한다.

'아시아문화전당' 이라는 시설에 거는 기대와 희망

성진기 아시아문화중심도시의 프로그램이 운영될 구체적 공간인 '아시아문화전당' 은, '교류 · 창조 · 연구 · 교육 · 향유 기능을 전반적으로 포괄하여 수행하는 복합문화기관' '예술창작 및 문화 콘텐츠 창조를 중심으로 하는 문화발전소' 등이 그 기능이라고 이야기된다. 최초의 본격적인 문화광장이라 할 수 있는 이 시설은 광주시민, 한국인, 아시아인에게 실질적으로 어떤 역할과 기능을 수행해야 할 것인가. 우리가 이 시설에 거는 기대와 희망은 무엇인가. 또한 궁극적으로 지향하는 바대로, 광주를 넘어 한국, 아시아로 확대 · 교류될 수 있을 것인가.

김우창 우리 도시의 발전 특징은 불연속성이다. 서둘러 세워지는 문화적 건물이나 갑자기 추진된 문화 구역의 설정이 어떤 도시를 문화적인 도시로 변화시키지 않는다. 이것은, 되풀이하건대, 삶을 살아 움직이는 과정으로 보지 않고 물적으로, 주체의 과정에서 떨어진 객체로 파악하는 데서 오는 오류이다. 광주 비엔날레에 참가한 외국의 한 예술가는 "비엔날레 지역을 벗어나면 갈 데가 없는 곳이 광주" 라고 했다. 이것은 엄청나게 발전한 한국의 많은 도시들에 두루 해당하는 말이다. 이들 외국의 예술가가 가고 싶은 곳은 단순히 문화 기념 건물이나 명승지가 아니다. 그런 것 외에 사람들은 찻집과 음식점과 상점과 공원과, 거닐 수 있는 거리를 원한다. 그것은 일상적 즐거움을 위한 것이면서도 지적인 의미를 갖는다. 사람들은 고장의 삶을 느껴 보기 원한다. 우리의 지식이 지도나 사진을 넘어서 뜻있는 것이 되려면, 거리를 걷고 일상적 거래에 참여하는 것이 중요하다. 문화를 기념하는 표적들은 이러한 생활의 공간에 연속하여 존재해야 한다.

사람이 오래 살아온 곳, 해 온 일에는 어떤 유기적 질서, 즉 사람의 필요와 소망에 그 나름으로 대응하는 질서가 깃들게 마련이다. 신축하거나 개축하는 도시에서 해야 할 일은 이 유기적 질서를 찾아내는 일이다. 도시 계획은 기본적으로 거주와 활동의 공간에 기하학적 질서를 부여하는 일이다. 다만 참으로 좋은 도시는 기하학적 질서와 유기적 질서의 조화를 나타낸다. 사람이 오래 살았던 곳에는, 거기에 조금만 수정을 가하면 기하학적인 아름다움이 더해질 수 있는 질서가 있다. 이것을 생각해 보아야 한다.

through slight modifications. This should be taken into consideration. The largest boundary of an organic order is nature. Natural forms are generated through the flow of time, and we cannot be too careful when interfering with this flow. A simple stone sits on a certain spot because hundreds of years of trial and error proved it to be the most stable spot. The belief that such spot can be found through the linear logic of our minds is a symptom of blind arrogance. Perhaps a form's aesthetic pleasures are related to this. Building in the hands of man should also be in tune with the building of nature, and its formal harmony. Old artifacts will survive by becoming part of nature. Old things should be respected for what they are.

No artificial being can be beautiful if it neglects the grand background of nature. But what people wish to have at the same time is geometric order. A humble cottage situated in nature has a beauty of its own, but a graceful stone building seen through trees is also something that people wish to see. We find beauty in organic but geometrically shaped roads, as well as in by-paths naturally formed along people's footsteps. We should acknowledge that geometry is also part of nature. Where would geometry derive from if not from nature? An element omnipresent in man's habitation, a geometrical presence permeating into the living environment and forming its foundation, is space. Without considering such aspects of space, a living space cannot be cultural. This is a matter of common sense. A grand building placed in an unharmonious surrounding is disconnected from life and cannot be beautiful because it is not founded on an appropriate order of space. A space that can harmonize with a grand building, simply put, might be its adjacent plaza and streets. Or it can be a space in nature. However, the most mesmerizing will be the case in which space forms a whole and complete environment with other buildings and nature. This is an issue that should be solved by urban planners and architects, but what is important here is the simple principle that the buildings and the streets should correspond with the order of the overall space. And this geometric principle results from abstraction. Nature always encompasses geometry. When we speak of grand nature, the things we envision—such as mountains, the sky, the ocean—are at once concrete and abstract. The sky is an object of direct perception but it is also recognized as the most abstract world. People wish for direct experience. In the same vein, people are fond of the realities of empty space that seem to illustrate the rules of perspective.

To form a harmony among nature, space, and architecture is to recognize that a building is but one part of the vast spaces of a city. We see many cases where famous architects are invited to build signature

거대한 유기적 질서의 가장 큰 테두리가 자연이다. 자연 형상은 한없이 긴 시간의 흐름 속에서 만들어진 것이다. 여기에 손을 대는 것은 여간 조심스러운 것이 아니다. 돌 하나도, 그 자리에 있는 이유는 수백 년의 시행착오를 통해서 가장 안정된 자리에 놓이게 된 것이다. 이것을 사람 머리의 선형논리로 개선할 수 있다는 것은, 일단은 매우 오만한 생각이라고 아니할 수 없다. 자연 형상이 미적인 쾌감을 주는 것은 이러한 사실에 관계되어 있는 것이 아닌가 싶다. 그러므로 사람이 무언가를 세우는 것도, 그것을 살리고 또 그 형상적 조화에 맞아들어 가는 것이라야 한다. 그리고 사람이 만든 것도, 오래된 것은 그 나름으로 자연의 일부가 됨으로써 살아남게 될 가능성이 크다. 오래된 것은 그 자체로 존중되어 마땅하다.

자연이든 인위든, 어떤 것도 자연의 커다란 배경을 무시하고는 아름다운 것이 될 수 없다. 그러나 사람들이 원하는 것은 동시에 기하학적 질서가 있는 것이다. 자연에 묻혀 있는 삼간모옥(三間茅屋)은 그 나름의 아름다움이 있지만, 나무들 사이로 보이는 우아한 석조전(石造殿)도 사람들이 보고자 하는 풍경이다. 거리의 구획에 있어서도 사람의 발자국이 낸 자연 속의 샛길 이외에, 유기성을 잃지 않으면서도 기하학적 형태를 갖춘, 또는 그것을 시사하는 길을 사람들은 아름다운 것으로 생각한다. 인정해야 할 것은 기하학도 자연의 일부라는 사실이다. 자연이 아니고 기하학이 어디에서 나오겠는가. 인간의 거주지에서 어디에나 스며 있고 바탕이 되어 있는 기하학적 요소가 공간이다. 이 공간을 배려하지 않는 삶의 공간은 문화적인 것이 될 수 없다. 이것은 도시의 유기적 질서 또는 기하학적 질서를 이야기할 때, 당연히 따라 나오는 상식일 것이다. 위에 언급한, 어울리지 않는 거리에 선 우뚝한 건물은, 그것이 적절한 공간의 질서에 의하여 뒷받침되지 않기 때문에 아름답지 않고 또 삶으로부터 유리된다. 우뚝한 건물에 어울리는 공간은 가장 간단하게 그 주변의 광장과 거리일 수 있다. 또 그것은 적절한 자연 공간 속에 서 있는 것일 수 있다. 그러나 가장 절묘한 것은 반드시 광장이나 자연 또는 공원의 공간이 아니라 그 주변의 다른 건축물과 자연이 하나의 전체성을 이루는 경우다. 이러한 문제는 도시 계획이나 건축 디자이너가 구체적으로 풀어 나가야 할 문제지만, 여기서 되풀이하는 것은 건물과 거리가 전체적인 공간 질서 속에 있어야 한다는 비교적 단순한 원리다. 그리고 이것은 유기적인 질서와 기하학적인 것을 함께 수용하는 것이라야 한다. 그리고 기하학적 원리는 추상의 결과다. 그러나 자연 그것은 언제나 기하학을 포함한다. 우리가 큰 자연을 말할 때 얼른 생각하는 산, 하늘, 바다 등은 구체적인 것이면서도 추상적인 것에 수렴한다. 하늘은 구체적인 지각의 경험 대상이면서도 가장 추상적인 세계의 모습이라 할 수 있다. 사람들은 이것을 직접적으로 느끼기 원한다. 이것의 연장선상에서 사람들은 원근법을 예시하는 듯한 빈 공간의 실태를 좋아한다.

자연과 공간, 그리고 건축물이 하나로 조화되어야 한다는 말은 건축물이 도시의

culture facilities. But such new buildings should be part of the spatial order of their surroundings. An architect chosen by the city should be one who has a broad understanding on the city, rather than one capable of spectacular creations.

It is too obvious that the city should provide spaces for living, and that such should be spaces of culture that enrich our living. What I wish to deliver by my somewhat incoherent rambles is a reflection on the problems of Korea's cities that have hitherto advanced with economic fervor for development. Our current focus on culture is a symptom of our recognition that our urban developments have been problematic. However, if we approach culture as an objectified, physicalized additive, we are once again making our cities retreat from the basics of life.

There is so much to do to better our urban spaces. But we should recognize that, whatever the idea and initiative may be, to destroy what exists to build a new environment can be a repetition of our past mistakes. There are expressions even in what we usually consider to be made without aesthetic or cultural intentions—they may be expressing their own necessities in life. Favelas of Rio de Janeiro may not stand for an ideally developed urban space, but they are nevertheless environments for real life. Despite their security concerns, they are becoming popular visiting spots for tourists. Age-old things develop their own organic order. The first thing to do in urban redevelopment is to find the inherent organic order. By making it a little bit more geometric, we are already laying the foundation of urban spaces, spaces for life. What should be reordered should be reordered, but it is important to precede it with these efforts to find what is already inherent. All efforts to build space are in essence to strengthen man's habitation in nature. This has now become an urgent and important matter, for today's ecological crises are in a way threatening the very survival of man. It is crucial that such construction be a truthful contribution to the lives of man. It concerns more political strategies than aesthetics.

It would be wonderful for Gwangju's Asian Culture Complex to engage in operations that have honest considerations on towns, villages, the nation, and ultimately mankind. Architect Kyu Sung Woo's design of ACC makes a favorable impression, because it respects nature and the environment, and doesn't impose itself upon us with a massive scale.

Hyup Choi It is correct that the Asian Culture Complex is at the core of the Hub City of Asian Culture. But it must be noted that the Hub City project is not limited to one big building, but includes long-term provision of cultural infrastructure over the entire city of Gwangju. Hence a much bigger responsibility rests on the city of Gwangju and its citizens.

넓은 공간의 일부라는 것을 확인하는 일이다. 유명한 건축가를 초빙하여 문화적 건물을 짓는 사례가 많다. 그 건축가가 짓는 건물은 주변 공간 질서의 일부가 될 수 있어야 한다. 도시에서 고용할 건축가는, 기발한 작품을 만드는 사람이 아니라 도시 계획에 대한 이해를 가지고 있는 사람이라야 한다.

도시가 삶을 위한 공간이 되어야 하고 또 그것을 보다 고양하는 문화의 공간이 되어야 한다는 것은 너무나 당연한 말이다. 위의 두서없는 이야기도 지금까지 지나치게 개발의 열기에 밀려 왔던 한국의 도시 문제를 반성해 보려 한 것이다. 문화가 중요한 주체가 되는 것은 지금까지의 도시 개발에 문제가 있다는 것을 의식한다는 징후다. 다만 그 문화가 너무나 대상적인 것, 물화(物化)된 첨가물로 생각된다면, 그것은 도시를 다시 한 번 삶의 비탕으로부터 멀어지게 하는 것이다. 그러니까 도시 공간의 개선을 위해서 할 일이 많을 수밖에 없다. 그러나 주의해야 할 것은, 그것이 어떤 발상에서 출발했든지 간에, 이미 있는 것을 부수고 다시 새로운 것을 만드는 일은 과거의 잘못을 되풀이하는 것이 될 수 있다는 사실이다. 심미적 고려 또는 문화적 고려 없이 만들어졌다고 생각되는 것도 그 나름의 삶의 필요를 표현하는 것일 수 있다. 브라질 리우데자네이루의 파벨라(Favela)는 좋은 도시 공간의 발달을 대표한다고 할 수는 없지만, 그 나름대로 삶의 터전이 되어 있다. 그리고 지금은 안전의 문제가 있음에도, 관광객이 찾아가는 곳이 되어 가고 있다. 오래된 것은 그 나름으로 유기적 질서를 발전시킨다. 도시 공간을 개수하고자 할 때 맨 먼저 생각해야 할 것은 이미 있는 것에서 그 나름의 유기적 질서를 발견하려는 노력이다. 그것을 조금 더 기하학적인 것이 되게 한다면, 그것은 이미 삶의 공간으로서 도시 공간의 기초를 만드는 일이 된다. 물론 정리되어야 할 것은 정리되는 것이 마땅하지만, 일단 이러한 노력을 선행하는 것이 중요하다는 말이다.

모든 공간 조성의 노력은 자연 안에서 인간의 거주를 튼튼히 하려는 노력이다. 그런데 이것은 오늘날 생태적 위기에 임하여, 인간의 생존 자체를 위해 가장 등한히 할 수 없는 일이 되었다. 이러한 관점에서 도시 공간, 공장, 주거 등 단편적으로나마 새로운 도시 공간과 주택 건설에 시사점을 주는 예들을 위에서 살펴보았다. 물론 중요한 것은 이러한 건설이 참으로 인간의 삶에 기여하는 것이라야 한다는 것이다. 거기에는 미학적 고려보다도 사회 정책적 고려가 보다 중요하다고 할 것이다. 광주의 아시아문화전당은 참으로 인간적인, 그러니까 겸손하고 마을을 생각하고 고장을 생각하고 나라를 생각하고 인류를 생각하는 그러한 사업들을 펼치면 좋을 것이다. 우규승(禹圭昇) 건축가의 디자인은 자연과 환경을 존중하고 또 지나치게 거대한 느낌을 주지 않는 것이어서 호감이 가는 디자인이다.

최협 광주 아시아문화중심도시 조성사업의 핵심 시설이 아시아문화전당인 것은 맞다. 그러나 우선 문화도시 조성사업은 거대한 건물 하나를 짓는 것이 아니라

Shortly after the architectural competition for the Asian Culture Complex, there was a so-called "landmark debate." Many people expected to see a prominent, beautiful building, but the selected scheme proposed to bury most of the facilities underground. But as pointed out by professor Uchang Kim, it is wise to harmonize nature, space, and architecture. Architect Kyu Sung Woo's proposal to suppress the building underground out of respect for the historical fabric of the city must be appreciated. This means that the Culture Complex is to become a natural part of the urban spatial order of Gwangju. ACC consists of "Cultural Exchange Agency" "Asian Culture Information Agency" "Cultural Promotion Agency" "Asian Arts Theatre" and "Agency of Culture for Children." The former three are basically spaces of exchange and creation, promoting the participation, communication, research, and other creative activities among Asian citizens, artists, and scholars. In these facilities, a huge collection of materials on Asian culture are gathered and classified, and then transferred to digital data to facilitate public access. Especially in the Cultural Promotion Agency, creative talents from Asia come together for cooperative creations, which can then be presented at the Asian Arts Theatre, further stimulating the development of culture industries. Agency of Culture for Children is a museum for the 21st century, nurturing the cultural sensibility and creativity of the next generation. Closely linking its functions for research, exchange, creation, enjoyment, and education of culture, the ACC will hopefully become an original cultural space, one that is unprecedented in world history.

Youngtae Choi The Asian Culture Complex is larger than any other cultural facility in Korea. Perhaps the National Museum of Korea is the only one comparable in size.

It was difficult to situate this large facility within the limited area surrounding the old provincial headquarters. Besides, most of the historical grounds of May 18th Uprising had to be preserved. The arduous debate over the preservation of the annex building reflected this difficulty.

The spatial encounter between historic spot of the May 18th Movement and the Asian Culture Complex took place at the site of the old Provincial Office. The merging of a historical incident with the complex is a fantastic idea, as it represents the convergence of past and present, and perpetuates the dialogue between history and culture with the masses. It presents a wonderful condition where a world-class cultural space can be formed through a synergy between the global brand of May 18th Uprising and the vast facilities of ACC. The debate and the following compromise over the preservation of Provincial Office's

광주시 전체에 유무형의 문화적 인프라를 구축하는 장기적인 사업이라는 점을 지적해야 할 것 같다. 그래서 사실은 광주시와 시민들이 담당해야 할 몫이 더 많다. 문화전당과 관련해서는 처음 설계 공모가 끝난 뒤 소위 '랜드마크 논쟁' 이 있었다. 많은 사람들이 우뚝 선 아름다운 건축물을 기대했는데 모든 시설을 지하에 넣는 안이 채택됨으로써 반발이 있었던 것이다. 그런데 김우창 선생께서 지적하신 바처럼, 자연과 공간 그리고 건축물이 하나로 조화를 이루는 것이 가장 바람직스럽다. 우규승 건축가의 작품은, 문화전당 건물을 웅장하게 치켜 내세우지 않고 지하에 배치함으로써 구 도청의 역사적 건물을 존중하는 방법을 택했다는 점에서 높이 평가할 만하다. 이는 아시아문화전당이라는 건물이 광주라는 도시공간의 일부로 자연스레 자리잡았음을 뜻한다.

아시아문화전당에는 '민주평화교류원' '아시아문화정보원' '문화창조원' '아시아예술극장', 그리고 '어린이문화원' 이 들어설 예정이다. 교류원, 정보원, 창조원은, 기본적으로 일반 시민, 예술가, 학자 등 여러 분야의 아시아인들이 참여하여 소통하고, 연구와 창의적인 작업을 통해 지속적으로 교류하고 창조하는 공간들이다. 이러한 기관들에서는 아시아 문화에 대한 방대한 자료들이 수집되고 분류된 다음, 디지털화 작업을 거쳐 필요한 사람들에 의해 공유되고 이용될 수 있도록, 제도적 장치들이 만들어질 예정이다. 특히 창조원에서는 아시아의 인재들이 모여 창작물을 만들고, 그것은 다시 예술극장을 통해 시민들에게 선을 보이고, 나아가 문화산업의 활성화로 연결될 것이다. 어린이문화원은 일종의 21세기형 박물관으로, 어린이들의 문화적 감수성과 창의성을 길러 주는 역할을 할 것이다. 아시아문화전당은 이렇게 연구·교류·창조·향유·교육의 기능들이 선순환적으로 연계되도록 배려함으로써, 아마도 세계에서 그 유례를 찾아볼 수 없는 매우 독창적인 문화공간으로 자리잡을 것으로 큰 기대를 모으고 있다.

최영태 문화전당은 우선 규모 면에서 한국에 존재하는 그 어떤 문화시설보다 크다. 국립중앙박물관 정도나 비교의 대상이 될 수 있을지 모르겠다.

이처럼 거대한 규모의 문화전당을 면적이 좁은 옛 도청 부지에 건설하는 것은 처음부터 무리였다. 그것도 오일팔 민중항쟁 사적지(史跡地)를 대부분 보존하면서 말이다. 도청 별관의 존치 문제를 놓고 지루한 논쟁이 전개된 것은 이런 고민의 반영이었다고 할 수 있다.

오일팔 민중항쟁 사적지와 문화전당이 옛 도청 터에서 만나게 되었다. 오일팔 민중항쟁과 문화전당의 만남은 역사와 문화, 대중이 함께하는 환상적인 조합이다. 그 이유는 양자의 만남이 과거와 현재의 소통을, 그리고 역사와 문화와 대중의 대화를 상시화해 줄 수 있기 때문이다. 오일팔 민중항쟁이라는 세계적 브랜드와 문화전당이라는 거대한 문화시설이 결합함으로써, 문화전당이 세계적 수준의 문화공간으로 성공할 수 있는 좋은 조건을 갖추었다. 도청 별관의 존치 문제를

Annex have been meaningful experiences for us. By meeting halfway, a path leading to coexistence was found for not only the two buildings but also Gwangju's citizens and all of us who respect democracy, human rights, and peace. Of the facilities of ACC, Asian Culture Information Agency is expected to let visitors experience the diverse cultures of Asia, promoting the possibility of mutual respect and coexistence. The Cultural Exchange Agency, contained in a renovation of a historic site for the May 18th Movement, will hopefully provide a meeting place at the center of Gwangju and the Democratic Movement, for the supporters of democracy, human rights, and peace, to gather their wishes to build a better Asia. On the other hand, the Cultural Promotion Agency plans and executes the creation of culture contents, and by inviting enterprises that engage in cultural productions to Gwangju, the city is expected to become a productive city for cultural media. Certain preconditions must be met for the success of the Asian Culture Complex and the Hub City. Most of the interest so far has focused on the hardware, the problems of which can be solved by the government's financial investments. Currently the national budget is somewhat unsatisfactory but this is soon expected to be improved considering Korea's national prestige. However, it is the software inside that is more important. The success of ACC depends on its software, and this is where the essence of the project lies. Software should be properly set upon its opening, but it should also be continuously amended and innovated afterwards. The quality of the software is correlated with the quality of our culture. Because it is the representative cultural facility of Korea, and regarding the self-imposed responsibility as the facilitator of Asian cultural exchange, we should approach ACC as a matter of national pride. The cultural level of Korea will be judged by the contents of the Asian Culture Complex.

The citizens of Gwangju have an enormous responsibility as the hosts of the Asian Culture Complex that represents the entire nation. Because they initiated the project with emphasis on its tradition as a cultural homeland, the primary responsibility lies in the hands of Gwangju's citizens. They must first play their role as cultural consumers. They must become the most important patrons of the Asian Culture Complex. Unfortunately, the prospect is not that bright when we consider the current participation of Gwangju's citizens in cultural programs. Their stance as a cultural consumer will not change overnight. A practical way to solve this problem is to accustom the younger generation—from school children to college students—to cultural activities. Opportunities should be provided for them during their education to become familiar with cultural activities, and one day, young people from the Gwangju

둘러싼 논쟁과 타협 과정은 우리에게 특별한 경험이 되었다. 즉 조금씩 양보해 두 건물이 상생하고, 광주시민들이 상생하고, 민주·인권·평화를 사랑하는 사람들이 상생할 길을 찾는 과정을 경험한 것이다. 문화전당 시설 중에는 아시아문화정보원이 있다. 이 공간에서 아시아인들이 아시아의 다양하고 상이한 문화를 체험하고 서로 존중하고, 그래서 상생할 수 있는 가능성을 발견하고 체험할 수 있게 되기를 기대한다. 또한 문화전당 시설 중에는 오일팔 민중항쟁 사적지 건물을 개조하여 조성하는 민주평화교류원이 있다. 오일팔 민중항쟁의 중심지인 광주에서 아시아의 다양한 민주·인권·평화운동이 만나 더 나은 아시아를 만들기 위한 다짐의 장이 되기를 바란다.

그리고 문화전당의 시설 중에는 문화창조원이 있다. 문화창조원은 문화 콘텐츠를 기획하고 창작하는 기능을 수행한다. 이 기능이 잘 발휘되고 더 나아가 광주에 문화창조의 기능을 수행하는 기업들이 많이 유치되어 문화를 매개로 한 생산도시가 되기를 기대한다.

문화전당과 문화도시 사업이 성공하려면 몇 가지 전제조건이 충족되어야 한다. 지금까지 관심의 초점이 된 것은 하드웨어에 관한 것이었다. 이 문제는 국가가 재정을 투입하면 어느 정도 해결될 수 있다. 국가의 예산 투입이 만족스럽지 못한 점도 있지만, 한국의 위상을 감안할 때 조만간 해결될 것으로 예상된다. 그러나 보다 중요한 것은 그 안에 채워질 소프트웨어다. 성공 여부는 바로 소프트웨어에 의해 결정될 것이다. 그것은 이 사업의 본질에 해당하기 때문이다. 소프트웨어는 처음부터 잘 갖추어져야 하지만 개관 후에도 계속 교체하고 개선하고 혁신해야 한다. 결국 소프트웨어의 수준은 우리의 문화 수준과 비례한다고 보아야 한다. 한국을 대표하는 문화전당인 만큼, 그것도 아시아 문화의 소통 창구 역할을 자임한 만큼 국가적 자존심을 내걸고 준비해야 한다. 한국의 문화 수준은 바로 아시아문화전당에 의해 가늠될 것이다.

거대한, 그러면서 한국을 대표하는 문화전당이 광주에 건설되는 만큼 광주시민들의 책무도 막중하다. 예향의 전통을 내걸고 이 사업을 유치한 만큼, 광주시민들은 문화전당의 성공을 위한 일차적 과제를 안고 있다. 광주시민들은 먼저 문화 소비자로서의 책무를 수행해야 한다. 광주시민들이 문화전당의 가장 중요한 고객이 되어야 한다. 현재 광주시민들이 문화 프로그램에 참여하는 열기의 수준을 감안할 때 이 문제가 매우 걱정스럽다. 문화 수요자로서의 자세가 갑자기 크게 바뀌는 것은 쉽지 않을 것이다. 이 고민을 타개해 줄 수 있는 가장 좋은 방안은 초·중·고·대학생 등 청소년들에게 문화와 가까이하는 습관을 갖도록 해 주는 것이다. 이를 위해서 학교 교육과정에서부터 청소년들이 문화와 친근할 수 있도록 만들어 주어야 한다. 광주·전남 지역의 청소년들은 문화를 대하는 태도가 다른 지역 청소년들과는 다르다는 인식을 가질 정도로 정성을 기울여야 한다. 문화전당

and Jeollanam-do area will indeed show distinctive cultural motivations. Our hopes are high for the cultural potential of the region's students, since the Agency of Culture for Children comprises a big part of ACC, and local students will naturally have better access to it.

The construction of the Asian Culture Complex cannot alone establish Gwangju as a city of culture. Culture should permeate the city in all levels, enabling Gwangju to present something different from other cities. Elegance should be found in its buildings, streets, and landscape. Culture is life itself. People from other regions should feel the urge to move to Gwangju. It is indeed the responsibility of the whole population of Gwangju.

If all of these conditions can be met, Gwangju and Jeollanam-do can restore their reputation as the cultural homeland, and the Hub City project will become more successful. I hope Gwangju will become a more livable city by turning culture into a productive force, rather than something that is passively consumed. The success of a cultural city depends on the gathered efforts of the government, Gwangju's citizens, and the culture lovers of the nation. In this context, it is my hope that the Hub City project proceeds with the participation and support of not only the citizens of Gwangju but also the whole nation.

Hyup Choi Building the hub for the exchange of Asian culture will not be an easy task. What is clear is that the turning point for new cognition and creation should come in the minds and hearts of all of us. The future of Gwangju depends on the formation of a new class of creative talents, and their active role as the driving force of social development. On the other hand, it will be important to breathe life into every corner of the city, rather than exerting all our efforts on a single megaproject. Our lives should embrace the spirit of openness and generosity, communicating and practicing with open eyes, ears, and hearts to the world. Of primary importance is our determination to continuously rediscover and refine our cultural assets that can be shared with fellow Asians, and furthermore, to maintain an open stance toward embracing diverse cultures. Anyone with a creative mind seeking universal values is welcome to work and live in Gwangju—such is our vision for the city's future.

Organized by Jinbaek Jeong

내 시설 중 어린이문화원의 비중이 매우 크고, 이 지역 청소년들이 이 시설과 보다 쉽게 가까이할 수 있는 만큼, 이 지역 청소년들의 잠재적인 문화 능력에 많은 기대를 갖고 있다.

문화도시는 문화전당만으로 충족되는 것이 아니다. 도시 전체가 문화로 채워져 다른 도시와는 무엇인가 다른 모습을 보여 주어야 한다. 도시 곳곳의 건물 모양, 거리 풍경, 가로수와 정원 조성 등에서 품격있는 모습이 드러나야 한다. 문화는 삶 그 자체이고, 따라서 다른 지역 사람들마저 광주에서 살고 싶은 충동을 느낄 수준의 도시가 되어야 한다. 광주시민 전체의 책무가 아닐 수 없다.

만약 이런 조건들이 충족된다면 광주·전남은 예향으로서의 전통을 다시 복원할 수 있을 것이고, 문화도시 사업도 그만큼 성공 가능성이 높을 것이다. 문화가 단순한 소비재가 아니라 생산재가 되어, 광주가 살기 좋은 곳이 되기를 기대한다.

문화도시 사업의 성공은 국가와 광주시민, 그리고 전국의 문화애호가들의 정성이 함께 했을 때 가능하며, 그런 의미에서 문화도시 조성사업이 광주시민만이 아니라 전 국민의 격려와 참여 속에서 진행되기를 바란다.

최협 아시아 문화교류의 중심을 만드는 일이 결코 쉽지는 않을 것이다. 다만 확실한 것은 새로운 각성과 발상의 전환이 우리 모두의 마음속에서 먼저 일어나야 한다는 점이다. 광주의 미래는 앞으로 새로운 창조계층이 형성되어 사회 발전의 중심세력이 될 수 있느냐에 따라 그 모습이 결정될 것이다. 또 한편으로는 거대한 하나의 프로젝트에 매달리기보다는 도시 구석구석을 사람 냄새가 나게끔 다듬는 작업이 필요하다. 그리고 눈과 귀와 마음을 세계로 열어 놓고 소통하며 실천하는 개방과 포용의 정신이 생활 속으로 들어와야 한다. 우선 필요한 자세는 아시아인들과 나눌 수 있는 우리의 문화적 자산을 재발견하여 갈고 닦는 일에 게으르지 말아야 하고, 한 걸음 더 나아가 다양한 문화를 받아들이는 개방적 자세를 잃지 말아야 한다. 창의적인 생각과 보편적인 가치를 추구하는 사람이면 누구라도 환영받고 활동하며 살아갈 수 있는 열린 도시가 바로 우리가 바라는 광주의 미래인 것이다.

정리 정진백

p.301
Construction site of the Grand Performance Hall, May 2013.
대극장의 건설 현장, 2013년 5월.

Project Chronology
프로젝트 일정

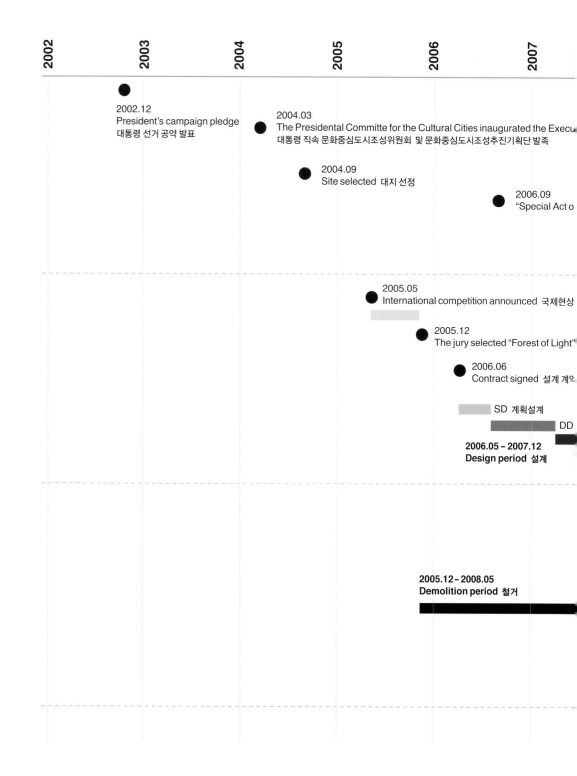

2002   2003   2004   2005   2006   2007

2002.12
President's campaign pledge
대통령 선거 공약 발표

2004.03
The Presidental Committe for the Cultural Cities inaugurated the Execu
대통령 직속 문화중심도시조성위원회 및 문화중심도시조성추진기획단 발족

2004.09
Site selected 대지 선정

2006.09
"Special Act o

2005.05
International competition announced 국제현상

2005.12
The jury selected "Forest of Light"

2006.06
Contract signed 설계 계으

SD 계획설계

DD

2006.05 – 2007.12
Design period 설계

2005.12 – 2008.05
Demolition period 철거

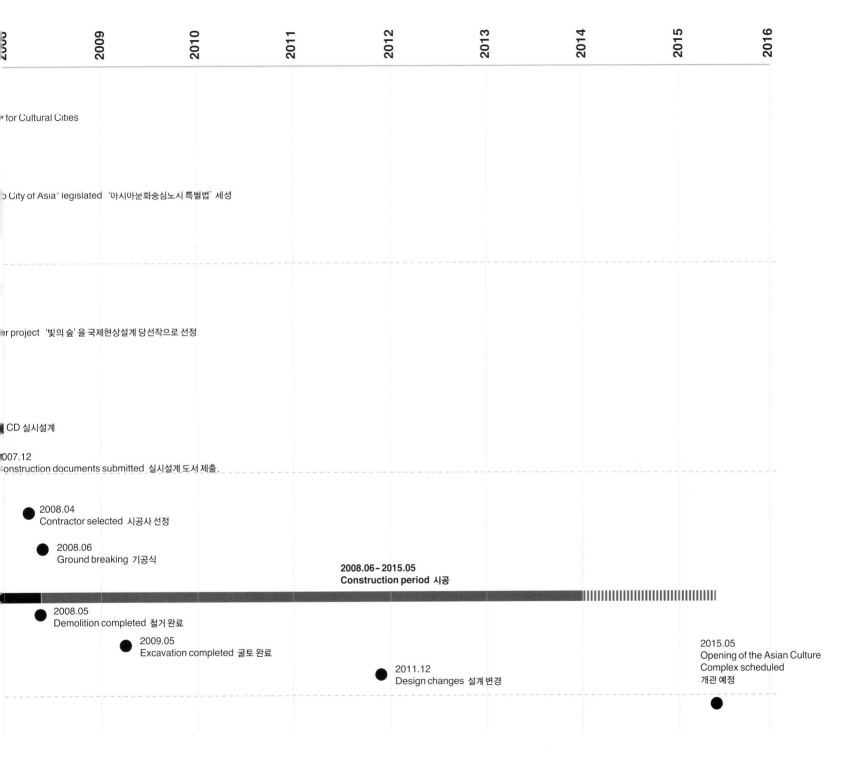

2009 2010 2011 2012 2013 2014 2015 2016

for Cultural Cities

City of Asia" legislated '아시아문화중심노시 특별법' 세성

er project '빛의 숲' 을 국제현상설계 당선작으로 선정

CD 실시설계

007.12
Construction documents submitted 실시설계 도서 제출.

2008.04
Contractor selected 시공사 선정

2008.06
Ground breaking 기공식

2008.06 – 2015.05
Construction period 시공

2008.05
Demolition completed 철거 완료

2009.05
Excavation completed 굴토 완료

2011.12
Design changes 설계 변경

2015.05
Opening of the Asian Culture
Complex scheduled
개관 예정

Project Credits
프로젝트 참여자

CLIENT

Ministry of Culture, Sports,
and Tourism,
Republic of Korea,
Office for Hub City of
Asian Culture

ARCHITECT

Kyu Sung Woo Architects, Inc.
Cambridge, MA, USA

Kyu Sung Woo, Principal

**Competition Phase
05/2005 - 11/2005**

Stephen Lacker
Kyoung Eun Kwon
Irene Kang
Myoung Keun Kim
Choon Choi
Gjergji Bakallbashi
Motomu nakasugi
Joon Suk Suh
Janice Wang

**Design Phase
05/2006 - 12/2007**

Joon Bahng
Michael Mckee
Sanki Choe
Lan Ying Ip
Kyoung Eun Kwon
Irene Kang
Mark DeShong
Stephen Lacker
Andrew Grote

Christine Napolitano
Nathaniel Skerry
Trevor Chalmers
Cameo Roerich
Myoung Keun Kim
Vital Albuquerque
Ramsey Bakhoum
James Nuzam
Philip Chaney
Danielle Blodgett
Robert Harris
Emily Ottinger
Motomu Nakasugi
Barrett Newell
Colleen Paz
Sophia Kim
Kelly Lwu
Steven Poon
Janice Wang
Aliki Hasiotis
Hyang Yi
Min Ter Lim
Charles Lee

Andrew Longmire
Saverio Pananta
Erin Kasimow
Hong Yang
Taehoon Lee
Jeffrey Burchard
Allyson Abbott

**Construction Phase
06/2008 -**

Kyoung Eun Kwon
Vital Albuquerque
Joon Bahng
Nathaniel Skerry
Philip Chaney
Christine Napolitano
Young Ju Kim
Yong Soo Kim
Michelle Petersen
Alex Atwood

ARCHITECTS OF RECORD

Samoo Architects & Engineers
Seoul, Korea

Jong Ryul Han, Senior Principal

Hwan Kim
Chang Won Kim
Ku Hyun Kim
Ji Hyoung Kang
Seong Bo Lim
Hyung Taek Lee
Chang Young Kim
Hyun Jun Park
Hyun Gu Jo
Jeong Eun Kim
Seong Min Park
Claudia Nam
Edward Kim

Heerim Architects & Planners
Seoul, Korea

Young Kyoon Jeong, CEO

Seong Mo Eu
Seon Il Kim
Jong Su Kim
Jin Hyung Jo
Man Jun Park
Ji Hun Kim
Young Jul Cha

CONSULTANT

Structural Engineer

Guy Nordenson and Associates
New York, NY, USA

Kyungjai Structural Engineers
Co., LTD. Seoul, Korea

Climate Engineer

Transsolar Klima Engineering
New York, NY, USA

MEP Engineer

Ambrosino, Depinto & Schmieder
New York, NY, USA

Vantage Technology Consulting
Group
Concord, MA, USA

Samoo Mechanical Consultant
Seoul, Korea

Samoo Tech
Seoul, Korea

Civil Engineer

S-Tech Consulting Group
Seoul, Korea

Landscape Architect

Michael Van Valkenburgh
Associates, Inc.
Cambridge, MA, USA

Seo-Ahn Total Landscape
Seoul, Korea

Building Façade Consultant

Front, Inc.
New York, NY, USA

Lighting

LAM Partners
Cambridge, MA, USA

Bitzro
Seoul, Korea

Acoustic Engineer

Acentech
Cambridge, MA, USA

Theater Consultant

Fisher Dachs Associates, Inc.
New York, NY, USA

Design Consultant

Oswald Nagler (Urban planning)
Waclaw Zaleski (Structure)

PUBLICATION

Chief Director: Hyuk Khang
Director: Kyoung Eun Kwon
In-house Design: Vital
Albuquerque, Christine
Napolitano, Young Ju Kim, Seung
Hyun Kim

Photograph: Hyo Suk Jin (pp.12,
18, 48, 51, 70, 104, 182, 186, 210,
258, 276, 280, 283, 301),
Na Gyeong-taek (pp.73 left, 74-
75, 76 right), Hwang Jonggeon
(p.76 left)

Translation: Choon Choi,
Won Joon Choi

forest of light
asian culture **complex** in progress
kyu sung woo architects

빛의 숲
국립아시아문화전당
우규승 건축

초판1쇄 발행 2013년 12월 31일
발행인 李起雄 **발행처** 悅話堂
경기도 파주시 광인사길 25 (문발동 520-10)
파주출판도시
전화 031-955-7000 팩스 031-955-7010
등록번호 제10-74호
등록일자 1971년 7월 2일
편집 이수정 조윤형 박미
인쇄 제책 (주)상지사피앤비

ISBN 978-89-301-0457-9

이 도서의 국립중앙도서관 출판시도서목록(CIP)은
e-CIP 홈페이지(http://seoji.nl.go.kr)와
국가자료공동목록시스템(http://www.nl.go.kr/kolisnet)
에서 이용하실 수 있습니다. (CIP제어번호:
CIP2013026230)

값은 뒤표지에 있습니다.

forest of light
© 2013 by Kyu Sung Woo Architects

Published by Youlhwadang Publishers.
Paju Bookcity, Gwanginsa-gil 25 (520-10 Munbal-
dong), Paju-si, Gyeonggi-do, Korea
Tel +82-31-955-7000 Fax +82-31-955-7010
www.youlhwadang.co.kr
yhdp@youlhwadang.co.kr

Printed in Korea.